HAYMON verlag

Teresa Reichl

Muss ich das gelesen haben?

Was in unseren Bücherregalen und auf Literaturlisten steht – und wie wir das jetzt ändern

Inhalt

7 **Vorwort**

12 **Willkommen im Basiscamp**

13 Wer oder was ist diese Literatur?
19 Und warum sollte ich lesen?
28 Analysis und Interpretierung
39 Jetzt kommt der Klassiker

51 **Wieso wir lesen, was wir lesen**

55 Who the fuck is Faust?
61 Goethe und Schiller – unsere Klassik-Bros
65 Es gibt keine Frauenliteratur
73 *Weiß, weißer*, Literatur
80 Nun sag', wie hast du's mit der Religion?
83 Das Q in Literatur steht für „queer"
90 If I was a rich man – dann könnt ich auch einen Roman schreiben
98 Einmal Barrierefreiheit zum Mitnehmen, bitte!
105 Thomas Mann? Ich denke nicht
110 Der Kanon ist ein Gewohnheitstier

116 **Ich will mehr! – Was in den Literaturlisten fehlt**

118 Willkommen im Komödienstadl
124 Female Forces
136 Jüdisch gelesen
146 Der Islam gehört zur deutschsprachigen Literatur
152 Nein, das Z-Wort ist nicht okay, Hans-Peter
158 Behindert und krank: Geschichten, die wir brauchen
163 Sponsored by the queer lobby

172 Bühne frei für Bi_PoC Autor*innen
178 Klassenkampf im Bücherregal
186 Es geht auch ohne Buch
190 Okay, aber was, wenn du trotzdem die alten *weißen* Männer lesen musst?

197 **Also nochmal zusammengefasst**

202 Buchempfehlungen
209 Danksagung
211 Quellen und weiterführende Literatur
224 Bonustrack: Funfacts

Vorwort

Servus und willkommen in meinem Buch! Wie wild, das zu tippen. Ich bin Teresa und ich wollte dieses Buch richtig lange richtig dringend schreiben. In der Schule war ich der Deutsch-Nerd, der zum Spaß so Sachen wie Gustav Freytags *Die Technik des Dramas* gelesen hat. Später dann habe ich Deutsch und Englisch auf gymnasiales Lehramt studiert – und selbst da war ich noch manchmal die größte Streberin im Raum. Das muss man echt erstmal schaffen. Sosehr ich alles geliebt habe, was ich lernen durfte, so sehr habe ich mich immer schon geärgert über scheinbar unveränderliche Leselisten, immergleiche Vorgehensweisen und Blickwinkel bei der Analyse oder Interpretation und müdes Lächeln auf Fragen, die ich wohl nicht hätte stellen – oder noch besser, gar nicht erst haben sollen. Dann habe ich angefangen, mich im Internetz über literarische Klassiker aufzuregen, mich in YouTube-Videos, Instastories und TikToks über Literatur zu freuen, sie zusammenzufassen und zu versuchen, einen Kontakt zu den Leuten herzustellen, die am meisten (und unfreiwilligsten) damit zu tun haben: Jugendliche. Und sie haben geantwortet. *Ihr* habt geantwortet. Ihr habt mich gefragt, was ihr euch im Unterricht nicht getraut habt zu fragen. Ihr habt verstanden, was ihr zuvor im Unterricht nicht verstanden habt. Und ihr habt euch bestätigt gefühlt, weil ich die gleichen Werke wie ihr gelesen und auch verstanden habe, sie aber trotzdem teilweise scheiße finde. Das ist erlaubt, es ist sogar normal. Bücher können die größten Klassiker der Welt sein und trotzdem euren persönlichen Geschmack nicht treffen. Darüber ist ein richtiger Austausch entstanden. Viele von euch haben anschließend tatsächlich Bock bekommen, die Werke zu lesen, die für die Schule gelesen werden sollten. Was mich allerdings am meisten umgehauen hat: Ihr habt begonnen, ein Mitspracherecht einzufordern darüber, was ihr in der Schule lesen sollt.

Erwachsene sind leider gut darin, sich darüber aufzuregen, dass Jugendliche immer weniger lesen, immer weniger davon verstehen, sich immer weniger für literarische Klassiker interessieren. Die eigentlichen Fragen sind jedoch: Ist das wirklich so und, falls ja, warum? Wenn ein literarischer Klassiker ach so zeitlos ist, wieso interessieren sich dann immer weniger Leute für ihn? Wieso finden Jugendliche (sowie Erwachsene) den Zugang dazu nicht mehr? Müssen Jugendliche wirklich ohne Hilfestellung Goethe lesen können? Müssen sie sich denn unbedingt ausschließlich in die Lage von längst toten *weißen* Männern versetzen? Gibt es nicht vielleicht (klassische) Literatur, die einen persönlicheren Zugang ermöglicht? Was zur Hölle sind Klassiker in der Literatur überhaupt, wer entscheidet das denn? Sind die wirklich so komplett genial, wie wir glauben? Und was können wir, die Erwachsenen, Lehrkräfte und Menschen, die Literatur vermitteln, tun, um den Zugang zu Klassikern leichter und diverser zu machen?

Jetzt hat sie schon in der Einleitung „*weiße* Männer" gesagt, holy shit! Wenn wir schon dabei sind, kann ich da gleich noch ein bisschen aufräumen: Das hier ist kein Männerhassbuch. Es ist auch kein Autorenhassbuch (mit einer Ausnahme, hehe). Es ist auch kein *Weiße*-, Christ*innen- oder cis Menschenhassbuch. Das hier ist ein Patriarchat- und *White* Supremacy-Hassbuch. Ich hasse nicht, dass *weiße* Männer Bücher geschrieben haben. Ich hasse, dass Frauen und alle FLINTA+-Personen (also Frauen, Lesben, inter, nicht-binäre und agender Personen), Bi_PoC Autor*innen (also Black, Indigenous und People of Colour), queere Autor*innen und Autor*innen, die behindert, nicht christlich oder aus der „Oberschicht" sind, vom Schreiben, Veröffentlichen und Gelesenwerden abgehalten wurden und werden. Und, sorry not sorry, das ist die kollektive Schuld der *weißen* cis Männer. Lässt sich aber alles ändern (in verschiedenen Ausmaßen natürlich) und genau das soll dieses Buch zeigen.

Was wird also hier passieren? Drei Dinge im Groben. Zuerst schauen wir uns an, wozu Literatur eigentlich gut ist: Wieso gibt's die, was tut sie, was bringt sie mir und was will die Schule damit? Was nützt mir das Analysieren und Interpretieren von Literatur fürs Leben und wieso muss ich die Epochen auswendig wissen? Solche Fragen. Im zweiten Teil nehmen wir den Schulkanon unter die Lupe, den es offiziell gar nicht gibt. Von dem außerdem immer behauptet wird, er wäre total neutral, objektiv und nach Niveau der Literatur zusammengestellt (Spoiler: Quatsch). In diesem Teil hinterfragen wir, wieso die brains hinter diesen Texten alles Männer sind, wieso die alle *weiß*, gebildet sind und aus den „oberen Gesellschaftsschichten" kommen und so weiter. Und wo da die Diskriminierung steckt. Im dritten Teil werde ich dann zeigen, wen und was es da noch so gibt. Welche Werke und Stimmen verdrängt und aus dem Kanon verbannt wurden, wo die Frauen sind, die (gender)queeren Menschen, die Bi_PoC, die behinderten Menschen und so weiter. Es soll dabei auch um die Frage gehen, wie wir es vielleicht hinkriegen, dass diese Bücher auch Jugendliche (wieder) interessieren – und zwar mehr als den einen Nerd in der Klasse.

Versteht mich bitte nicht falsch: Ich liebe Literatur. Vielleicht mehr, als gut für mich ist. Ich liebe auch klassische Literatur. Nur war ich damit vor zehn Jahren schon die Ausnahme im Klassenzimmer und das ist so, so schade. Wer also einen Blog hat und bereits die Clickbait-Schlagzeile „Influencerin cancelt im Rundumschlag die ganze deutschsprachige Literatur" vorbereitet hat, soll bitte erstmal weiterlesen. Wir sind auf derselben Seite, ich versprech's.

Dieses Buch hier ist übrigens mit Absicht nicht in wissenschaftlichem Sprachstil geschrieben. Bücher über Literatur sind fast immer von und für Literaturwissenschaftler*innen. Und wenn Teenager keinen Bock haben, Goethe zu lesen, haben sie auch keinen Bock, einen wissenschaftlichen Aufsatz über Goethe zu lesen, komplett verständlich. Da mein Buch für alle lesbar sein soll, besonders für Jugendliche, die sich mit Literatur befassen möchten (oder müssen), gebe ich mein Bestes, mich so einfach wie möglich auszudrücken – und so, wie ich mit 16 gewollt hätte, dass es mir jemand erklärt.

Trotz aller Einfachheit will ich so genau wie möglich sein. Deshalb werde ich nur von „Autoren" schreiben, wenn ich nur Männer meine. Genauso wie ich „Autorinnen" nutze, wenn ich nur Frauen meine, und Autor*innen, wenn ich alle Geschlechter meine (nicht beide, alle!). Und wo man über Diskriminierung spricht, muss man ganz klar über Rassismus sprechen. Deshalb wird von *weißen* Autor*innen, Black, indigenous und/oder Autor*innen of Colour die Rede sein (gesammelt abgekürzt Bi_PoC). Diese sprachliche Unterscheidung macht die strukturelle, unser gesamtes gesellschaftliches System betreffende Diskriminierung sichtbar, unter der negativ Betroffene täglich leiden. Dementsprechend schreibe ich auch *weiß* kursiv und Schwarz groß. Das waren jetzt viele Fach- und Fremdwörter auf einmal, ich weiß. Zum Schluss ergibt das allerdings alles Sinn, trust me.

Ich bin mir sehr bewusst darüber, dass ich dieses Buch als nicht-behinderte, *weiße* cis Frau schreibe, also aus einer sehr privilegierten Position heraus. Deshalb schreibe ich hier teilweise über Diskriminierung, die ich nie erfahren habe und nie erfahren werde, und das ist immer eine schwierige Gratwanderung. Weil ich einerseits den Raum, der mir hier gegeben wird, nutzen und möglichst viel beleuchten will – und nicht nur das, was mich persönlich betrifft.

Weil ich den Raum und die Privilegien, die ich habe, auch als Verpflichtung sehe, meinen Beitrag zu leisten. Es kann schließlich nicht immer nur an negativ Betroffenen hängenbleiben, aufzuklären und auf strukturelle Diskriminierung hinzuweisen. Und das ist, was ich hier tun will. Auf der anderen Seite will ich natürlich keinen Raum einnehmen, der mir nicht gehört oder zusteht. Deshalb verlasse ich mich an vielen Stellen auf die Expertise negativ betroffener Personen.

Man könnte über jedes Kapitel in diesem Buch ein ganzes Buch schreiben – und über manche Kapitel gibt es bereits welche. Was ich hier tun will, ist: zusammenfassen und in Zusammenhang setzen. Denn Feminismus darf nicht nur darauf aus sein, *weiße* Frauen *weißen* Männern gleichzustellen, sondern er muss gegen alle strukturellen Diskriminierungen kämpfen. Wenn ich also „feministisch" schreibe, meine ich intersektionalen Feminismus. Also einen Feminismus, der berücksichtigt und sichtbar macht, dass Menschen mehrfach marginalisiert und auch mehrfach privilegiert sein können. Nur dadurch wird eine bessere und gerechtere Zukunft für *alle* möglich. Vor diesem Hintergrund will ich zeigen, wer im literarischen Kanon alles nicht auftaucht, warum das so ist und dass es noch sehr viel mehr Werke gäbe, die in diesen Kanon gehören sollten. Müssen sogar. Okay? Cool.

Also, auf los geht's los.

Los.

Willkommen im Basiscamp

Hier versuche ich euch die Fragen zu beantworten, die ich mich damals im Deutschunterricht nicht getraut habe zu stellen – und im Studium erst recht nicht. Daran anschließend nehmen wir den deutschen Literaturkanon auseinander, versprochen. Erst muss ich sichergehen, dass wir alle auf der gleichen Seite sind,[1] bestimmte Begriffe geklärt sind und wir alle die gleiche Grundlage haben, auf der wir aufbauen können. Jesus, ich kling jetzt schon wie jede anstrengende Lehrkraft. Aber ich werde es so funny gestalten, wie ich kann – das verspreche ich.

Die Fragen, die wir uns in diesem Teil des Buches stellen, sind also ungefähr folgende:

Was ist eigentlich alles Literatur und wieso gibt's die? Was bringt's mir, die zu lesen? Wenn wir bereits dabei sind: Was bringt es mir fürs Leben, wenn ich Literatur analysieren und interpretieren kann? Warum nerven mich die Lehrkräfte damit? Und was ist eigentlich mit diesen Klassikern? Wer sind die, wer hat die ausgesucht, warum sind die *so* toll, dass ich sie 300 Jahre später auch noch lesen soll?

All diese Fragen hatte ich spätestens seit der Oberstufe und – zumindest in der Schule – hat sie mir niemand wirklich beantwortet. Wäre es nicht sinnvoll gewesen, im Unterricht zuerst einmal die Grundlagen zu klären, bevor man Goethe und Schiller vergleichend interpretieren muss – sodass die allermeisten dieser Fragen gar nicht erst aufkommen? Weil das damals bei mir im Unterricht nicht so war, habe ich dann aus lauter Neugier sogar Deutsch studiert und selbst da blieben die meisten dieser Fragen ungeklärt. Mein ganzes Studium habe ich Werk um Werk um Werk gelesen, ohne dass mir jemand erklärt hat,

---

1 Haha. Weil das hier ein Buch ist. Versteht ihr?

wieso diese Werke eigentlich so berühmt geworden sind. Ich habe mich von einem Klassiker zum nächsten gehangelt, ohne dass mir jemand begreifbar machen konnte, was ein Klassiker eigentlich ist. Ich habe immer wieder gesagt bekommen, dass die Kinder in Deutschland zu schlecht lesen und dass wir Leseförderung betreiben müssen, ohne dass mir jemand mal erklärt hat, was am Lesen eigentlich so geil ist. Was mir Literaturanalyse bringt, habe ich tatsächlich gelernt, na gut. Das liegt aber eher an meinem Job als studentische Hilfskraft (ich hab da Kurse zur Literaturanalyse gegeben) als an meinem Studium. Bei allen anderen Fragen wurde es mir immer peinlicher, dass ich sie überhaupt habe. Bis ich angefangen habe, im Internet nerdy shit zu posten, und dabei gemerkt habe: Wir alle haben diese Fragen, doch niemand beantwortet sie uns. Hier sind also – hoffe ich zumindest – ein paar Antworten auf Fragen, die ihr nicht stellen müssen solltet.

Wer oder was ist diese Literatur?

„Am Anfang war das Wort", heißt es in der Bibel.[2] Überall auf der Welt wurden in Höhlen Geschichten mithilfe von Bildern und Zeichen erzählt. Sobald Babys irgendwas greifen können, werden ihnen fancy Raschelbücher in die Hand gedrückt. Kindern werden Geschichten vorgelesen und Gute-Nacht-Geschichten erzählt und ein gut gefülltes Bücherregal ist in unserer Gesellschaft genauso ein Statussymbol wie ein dickes Auto. In der Schule werden junge Menschen gezwungen, Bücher zu lesen[3], und danach hören die allermeisten wieder damit auf. Das heißt aber nicht, dass sie dann mit Literatur nichts mehr zu tun haben. Ha! Dachtet ihr wohl. Ganz im Gegenteil: Den

---

[2] Glaub ich. Ich hab ja viel recherchiert für dieses Buch, aber das nachzuschauen war mir echt zu albern, sorry.

[3] ... und lesen sie dann trotzdem nicht.

ganzen Tag werden wir vollgedroschen mit Literatur – selbst, wenn wir gar nicht lesen: im Internet, im Fernsehen, im Radio. Also was genau ist Literatur eigentlich?

Die Antwort ist, wie so oft bei Wörtern, die wir unterschiedlich benutzen, schwierig. Verschiedene Leute sagen verschiedene Dinge, die Literatur definieren sollen. Ursprünglich galten im deutschen Sprachraum Definitionen in Richtung „alles, was schriftlich aufgezeichnet wurde". Im dtv-Lexikon steht zusätzlich aber noch: „im engeren Sinn das gesamte schöngeistige Schrifttum". Schöngeistig meint Sprache, die nicht rein zur Kommunikation, sondern kunstvoll eingesetzt wird. Das wäre das, was wir unter Belletristik kennen, also ganz grob: Romane. Keine Sachbücher auf jeden Fall. Obwohl unsere erste Definition vorhin die einschließt. Merkt ihr, wie widersprüchlich das wird? Wenn man das Wort „Literatur" übersetzt (aus dem Lateinischen natürlich!), bedeutet es „Buchstabenschrift", was wieder zur ersten Definition führt, aber ebenso in die falsche Richtung geht, weil wir uns mittlerweile einig sind, dass auch mündlich überlieferte Geschichten Literatur sind. Das würde also heißen: Literatur ist alles, was eine Geschichte erzählt und mit Fiktion, also Erfundenem, arbeitet.

Hier werden schon die ersten Stimmen laut, die sagen: „Ja, und was ist mit Tagebucheinträgen, Briefen oder Autobiografien? Die sind schließlich keine Fiktion!" Na ja, doch? Also irgendwie schon? Nehmen wir mal folgendes Beispiel: Ich streite mit meinem Bruder und erzähle meiner Mama davon. Mein Bruder erzählt ihr auch davon. Glaubt ihr, meine Mutter würde zweimal exakt das Gleiche zu hören bekommen? Never ever. Weil ich die Geschichte so erzählen würde, wie sie für mich passiert ist und wie sie sich für mich angefühlt hat, und mein Bruder würde das Gleiche machen. Das heißt nicht, dass er oder ich lügen,[4]

4 Wobei, seien wir ehrlich: Ich hätte safe gelogen.

sondern nur, dass die Wahrheit für uns unterschiedlich ist. Genauso ist es mit Tagebucheinträgen, Briefen und Autobiografien. Sie sind vielleicht nicht frei erfunden, aber sie erzählen eine subjektive Wahrheit – also eine Geschichte. Damit sind sie Literatur.

Und da kommen wir gleich zum nächsten Begriff, über den gestritten wird: Text. In den letzten Jahrzehnten hat sich der Begriff unglaublich ausgeweitet. Texte sind jetzt nicht mehr nur geschriebene Dinge, sondern auch Bilder, Symbole, Videos, Lieder, Tänze, quasi alles, was etwas ausdrückt oder aussagt. Also ist jede Literatur Text, aber nicht jeder Text ist Literatur.[5] Dieses Ausweiten des Begriffs hat eben genauso bei der Literatur stattgefunden. Literatur ist also nicht mehr nur mündlich oder schriftlich überlieferte Geschichten, sondern meint nun auch zum Beispiel digitale Formen: Fernsehformate, Werbung, YouTube-Videos, Podcasts, TikToks, Instastories, Fotos, alles das. Hier werden euch überall Geschichten erzählt – zu verschiedenen Zwecken. Geschichten können einfach Zeitvertreib sein, spannend, traurig, schön, alles zusammen. Geschichten können euch ebenso gut von etwas überzeugen oder euch etwas verkaufen wollen.[6] Sie können wahr sein oder erfunden – und alles, was dazwischen liegt. Alles das sind Geschichten, alles das ist Literatur.

Sachtexte – das haben euch eure Deutschlehrkräfte bestimmt tausendmal erklärt – sind quasi das Gegenteil von Literatur: nicht fiktional, nicht subjektiv (sollen sie zumindest nicht sein) und sie sind nie einfach nur zur Unterhaltung da. Sie haben immer einen Zweck, wollen informieren, argumentieren, beschreiben, anleiten oder irgendwie sowas. Was ich hier übrigens mache, ist, im besten Fall, also ich probiere es zumindest, eine Mischung aus beidem. Ich will euch informieren – aber unterhaltend.

---

5 So, wie alle Daumen Finger sind, aber nicht alle Finger Daumen. Get it?

6 Zum Beispiel, indem Mädchen und Frauen davon überzeugt werden, dass ihre Beinhaare eklig sind. Das hat sich Gillette ausgedacht.

Deshalb ist das, was ihr gerade in euren Händen haltet, ein sogenanntes „erzählendes Sachbuch". Fancyschmancy.

Wenn wir also bei der deutschen Literaturgeschichte ganz, ganz vorne anfangen, nachdem wir jetzt die wichtigsten Fachwörter geklärt haben, gibt es erstmal sehr lange Zeit nur mündliche Literatur. Lieder, Geschichten, Gedichte, alles das wurde von Generation zu Generation weitergegeben. Aufgeschrieben wurden die Geschichten aus einem einfachen Grund nicht: Es gab keine Schrift, also keine deutsche. Es gab verschiedene Keilschriften oder Hieroglyphen, die krasse Expert*innen auch lesen können, wir aber halt nicht, das ist okay. Die Deutsche Literaturgeschichte im Sinne von aufgeschriebenen Werken ging im Mittelalter los. Das heißt eben nicht, dass es davor keine Literatur gab, sondern dass wir leider nur wissen, was irgendjemand irgendwann mal aufgeschrieben hat – und das fing so um 750 nach Christus an, da gab es nämlich zum ersten Mal eine mehr oder weniger einheitliche deutsche Schriftsprache. Logischerweise hat man, sobald es sowas wie eine Schrift gab, damit angefangen, aufzuschreiben, was vorher immer nur mündlich überliefert wurde – das erste Sicherheitsbackup der deutschen Geschichte quasi. Das älteste überlieferte Buch auf Deutsch (genauer auf Althochdeutsch) ist übrigens der *Abrogans*. Geschrieben haben damals fast nur Geistliche und erstmal nur Mönche, bevor es Nonnen erlaubt war. Die Texte waren also oft Gebete oder Beschreibungen von besonderen Anlässen. Zu dieser Zeit war vieles noch Latein (auch der komplette Gottesdienst). Gesprochen wurde zwar schon Alt- bzw. ab ca. 1050 n. Chr. Mittelhochdeutsch, jedoch gab es noch keine fixen Regeln, wie man Wörter schreiben sollte. Mittelhochdeutsch ist das Deutsch, das im Mittelalter gesprochen wurde. Es ist zwar Deutsch, wenn man es genau nimmt, aber ich musste das an der Uni lernen und es ist fast eine Fremdsprache. Komplett andere Grammatik, komplett andere Vokabeln teilweise, aber ultraspannend, zu sehen, wo viele Wörter, die wir heute täglich verwenden, herkommen und was sie vor langer Zeit bedeutet haben.[7]

Schnell wurde es Mode unter Adeligen, ihre Söhne[8] von Geistlichen unterrichten zu lassen – logo kriegt der Adel, was er will. Auch ein paar Normalos mischten sich bald unter die Schriftstellenden. So im 11. Jahrhundert – da ist aus Althochdeutsch dann schon Mittelhochdeutsch geworden, Sprachwandel, so geil – wurde also deutlich mehr über Sachen geschrieben, die nichts mit der Kirche zu tun hatten und die allmählich auf Mittelhochdeutsch aufgeschrieben wurden. Oft wurden Lieder und Geschichten niedergeschrieben, die man bis dahin nur mündlich überliefert hatte.[9] Die Texte waren also gar nicht unbedingt dafür da, gelesen zu werden, sondern um *vor*gelesen und bis dahin nicht vergessen zu werden. Weil es damals noch keinen Buchdruck oder Möglichkeiten zur Kopie des Geschriebenen gab, wurden unterschiedliche Handschriften der gleichen Texte von unterschiedlichen Leuten angefertigt, die heute noch zum Teil erhalten sind. Der Wortlaut oder auch die ganze Geschichte unterscheidet sich dabei teilweise stark. Verschiedene Geistliche, die die gleiche Geschichte an anderen Orten und zu anderen Zeiten aufgeschrieben haben, haben nämlich teilweise drastisch andere Geschichten erzählt bekommen. Wenn die aufschreiben, wie sie die Geschichte kennen (das ist die

---

7 Kleiner not so fun fact am Rande: Wörter, die etwas mit Weiblichkeit zu tun haben, wurden mit der Zeit deutlich öfter zu Schimpfwörtern als Wörter, die etwas mit Männlichkeit zu tun hatten – komisch, oder? Kann mir gar nicht erklären, wie das passieren konnte.

8 Natürlich nur die Söhne.

9 Da zählt zum Beispiel das *Nibelungenlied* dazu. Wobei das so scheiße lang ist, dass ich mich echt frage, wie irgendjemand sich das gemerkt haben kann. Ich hatte mit dem *Zauberlehrling* schon zu kämpfen ey.

Handschrift), unterscheidet sich das fertige Buch natürlich von anderen Versionen. Das war ein bisschen wie bei Stille Post.

Verschriftlichte mündliche Literatur gibt es übrigens öfter, und ihr kennt sie: die Märchen der Brüder Grimm zum Beispiel. Die haben die zwei nicht erfunden, ganz im Gegenteil: Die gab es schon ganz, ganz lange vorher (und hui, diese Versionen waren nochmal deutlich brutaler als die Märchen, die wir kennen). Umgekehrt geht natürlich auch: Wenn ich Poetry-Slam- oder Kabarett-Auftritte habe, trage ich meine Texte mündlich vor. Es gibt dazu schriftliche Fassungen, die aber praktisch niemand zu Gesicht bekommt. Wenn ihr also meine Texte kennt, kennt ihr sie nur als mündliche Literatur, obwohl sie zuerst aufgeschrieben existiert haben. Die mündliche Überlieferung von Literatur und das Vortragen bieten nochmal ganz neue Möglichkeiten, das Geschriebene zum Leben zu erwecken. Wenn das auf einer Bühne passiert, nennt es sich Performance. Da kann man schön damit spielen, dass das, *was* vorgetragen wird, und die Art, *wie* es vorgetragen wird, ganz unterschiedliche Geschichten erzählen – sehr spaßig. Und auf jeden Fall: Literatur.

Die Frage ist also wirklich nicht, wann die Menschen angefangen haben, sich Geschichten auszudenken, sondern die Frage ist, ab wann wir aus der Jetztzeit auf diese Geschichten zugreifen können. Geschichten, also Literatur, gab es immer schon und wird es immer geben. Was sich verändert, ist das Medium. Die Schriftrolle von gestern ist das Storytime-Video von heute, sag ich immer.[10] *Wie* man also Geschichten erleben kann, ob man sie lesen, hören, sehen oder anfassen kann, wird immer vielfältiger und das ist mega super! Auch *wer* Geschichten erzählt und wer in den Geschichten vorkommt, wird immer diverser und holla,

---

10 Ich sag das nie.

klar lieben wir das! Trotzdem ist das Geschriebene immer noch eine der wichtigsten Arten, etwas zu erzählen, was wunderbar ins nächste Kapitel überleitet. Ich bin so ein Fuchs einfach.

Und warum sollte ich lesen?

Lesen gilt wirklich nicht als das coolste Hobby der Welt, vor allem unter Jugendlichen, und das bricht mir das Herz. Weil: Ich liebe Lesen. Und nicht auf eine „Schaut, was ich alles Schlaues lese, ich Superintellektuelle"-Art, denn ich lese extrem gern Texte, die nicht super „schlau" sind. Ich verbring nicht meine ganze Freizeit mit Klassikern, dafür reicht mein Hirn einfach nicht – und muss es auch überhaupt nicht. Manchmal brauch ich einen vorhersehbaren, mittelmäßigen Thriller, den ich einfach fix durchlesen kann, ohne dass ich viel denken muss. Manchmal kauf ich mir aktuelle Jugendbücher, die sich spannend anhören, und freu mich, wie viel besser die sind als die *Freche Mädchen – Freche Bücher*-Reihen, die ich so als Teenager gelesen hab.[11] Oder ich lese zum 100. Mal *Was man von hier aus sehen kann* von Mariana Leky oder die *Tintenwelt*-Trilogie. Ich bin insgesamt ein Fan davon, Bücher öfter zu lesen. Ich schau aber genauso gern Serien und Filme so lange an, bis ich sie auswendig kann. Denn: Je bekannter mir die Story ist, desto mehr kann ich mich darauf konzentrieren, *wie* die Geschichte erzählt wird, egal ob im Buch oder im Fernsehen.

Seit meiner Kindheit lese ich gern, aber damals hatten wir nicht super viele Kinder- und Jugend-Bücher zu Hause, weil mein großer Bruder alles gernhatte, nur

---

11 No offence an diese Bücher, damals waren die das Beste, was es gab. Aber. Na ja.

keine Bücher.[12] Meine Mama hatte zwar ungefähr 1000 Liebesromane, doch die durfte ich als Kind nicht lesen und als Jugendliche wollte ich sie nicht lesen. Also hab ich erst die kleine Bücherei im nächstgrößeren Kaff[13] durchgelesen und dann die meines Gymnasiums. Meine Mama hat mir immer gern Bücher gekauft, aber teilweise habe ich täglich zwei gelesen und das ging natürlich ins Geld. Also wieder in die Bücherei und das gleiche Buch zum fünften Mal lesen wie Belle aus *Die Schöne und das Biest*.[14] Ich werde mir übrigens ewig was darauf einbilden, dass ich *Die Tribute von Panem* gelesen habe, bevor es cool war. Noch ein bisschen mehr darauf, dass ich nie *Fifty Shades of Grey* gelesen hab. Dafür *Twilight*. Mit Passion. Und dafür werde ich mich niemals schämen.

Lesen war jedenfalls nicht der top Grund, weshalb ich uncool war in der Schule, ich hab noch wilderen Shit gemacht,[15] aber geholfen hat es nicht. Ich verstehe es, dass vor allem jetzt die Versuchung, einfach eine Stunde oder fünf auf Social Media abzuhängen, statt ein Buch zu lesen, sehr groß ist. Was glaubt ihr, wie oft ich ein Buch neben dem Kopfkissen liegen habe und dann doch TikToks anschaue, bis mir die Augen zufallen? Ich versteh es also. Vor allem in der Schule muss man so viel unfreiwillig lesen. So viele Sachtexte, so viele komplizierte Texte, Tafelanschriften, Textaufgaben, historische Quellen … NATÜRLICH wollt

---

12 Ich hab ihn gefragt, wie viele Bücher er in seinem Leben gelesen hat, und er hat gesagt: „Keine Ahnung, höchstens zehn. Aber die Biografie von Slash zweimal.“ Er ist Gitarrist, was soll ich sagen.

13 LG an Maria aus der Bücherei Simbach, die mir mein liebstes Bilderbuch irgendwann geschenkt hat, weil es außer mir eh nie jemand ausleihen wollte.

14 Das ist wohl der einzige Disney-Film, den ich als Kind nie gesehen hab, weil meine Mama das Biest zu gruselig fand, und ich fühle mich um Repräsentation betrogen, not gonna lie.

15 In fünf Theatergruppen zu sein, zum Beispiel, oder gern in die Schule zu gehen.

ihr dann nicht auch noch privat lesen. Zum Spaß. Noch dazu, wenn ein Buch so viel kostet wie ein Monat Netflix, und TikTok komplett kostenlos ist. Da wundert es niemanden, dass die meisten Leute aufhören zu lesen, wenn sie mit der Schule oder dem Studium fertig sind. Aber: Lesen ist gut für uns. Für alle. Echt. Dieses Kapitel ist also eine Liebeserklärung ans Lesen, ein Plädoyer für Bücher jeder Art und wahrscheinlich der verzweifelte Versuch, euch zu überreden, wieder freiwillig einen Roman in die Hand zu nehmen – und wenn es *Fifty Shades of Grey* ist. Das Beste ist aber: Ich werde beweisen, dass Lesen gut für uns alle ist. Also nicht ich persönlich, sondern sehr kluge Leute haben verschiedene Dinge bewiesen und davon erzähl ich euch jetzt.

Erstmal ganz grundlegend: Unser Gehirn ist ein wirklich, *wirklich* wichtiges Organ und wir sollten wirklich, *wirklich* gut darauf aufpassen und es wirklich, *wirklich* gut trainieren. Das macht Lesen hervorragend, aber das ist keine neue Information für euch, denke ich. Wahrscheinlich haben euch eure Lehrkräfte und Eltern bereits oft genug erzählt, dass Lesen intelligenter macht, eure sprachlichen Fähigkeiten und euer Gedächtnis verbessert. Das stimmt alles, aber mein Gott, wer braucht schon ein gutes Gedächtnis, wenn man doch eh alles kurz am Handy aufschreiben oder nachschauen kann?! Was vielleicht neu ist, ist die Tatsache, dass Lesen tatsächlich das Hirn verändern kann. Mega wild. Das funktioniert ungefähr so: Wenn man liest, wird der Teil des Gehirns stark beansprucht, der für das Aufnehmen von Sprache zuständig ist, also gibt's da während des Lesens eine höhere Vernetzung, die Neuronen eskalieren da komplett. Diese Vernetzung geht nach dem Lesen nicht sofort weg, sondern ist noch eine Zeit lang da, sie wirkt also nach. Noch krasser finde ich, dass der Teil des Gehirns, der für die Motorik zuständig ist, beim Lesen stimuliert wird. Also wenn ihr ein Buch lest, in dem jemand geht, läuft, kämpft oder sonst was körperlich anstellt,[16] wird der gleiche Teil des Gehirns beansprucht, wie wenn ihr besagte körperliche Aktivität gerade selbst ausführt. Euer Hirn kriegt es also hin, euch beim Lesen in den Körper der Person in dem Buch zu versetzen – TATSÄCHLICH. Ich weiß nicht, ob ihr das kennt, ich presse zum Beispiel automatisch meine Lippen aufeinander, wenn in einem Buch steht, dass jemand die Lippen aufeinanderpresst. Ihr schlüpft also nicht nur sprichwörtlich in die Figuren im Buch, sondern auch wissenschaftlich belegt tatsächlich mit eurem Hirn. Das ist ein bisschen gruselig, aber vor allem sehr spannend – und gut für euer brain!

Außerdem kann Lesen euer Leben verlängern. Das klingt so richtig nach Science-Fiction, ist jedoch tatsächlich wahr. Eine Studie der Yale-Universität hat Leute, die über 50 waren, zwölf Jahre lang begleitet und es kam raus, dass die Wahrscheinlichkeit zu sterben volle 20 Prozent niedriger ist für die Leute, die lesen. Mein erster Gedanke war: Logo. Leute, die zum Spaß lesen, haben vielleicht eher gut bezahlte Jobs, Geld und überhaupt die Zeit, sich hinzusetzen und einen Roman zu lesen, – und das stimmt auch! Am meisten lesen übrigens akademische Frauen aus höheren Einkommensklassen. Aber: Bei dieser Studie wurde auch herausgefunden, dass komplett egal war, welche soziale Zugehörigkeit, welche Bildung, welches Geschlecht, welche *Race*, welches Einkommen oder welchen Beziehungsstatus die Personen hatten – Lesen hatte auf alle eine positive Auswirkung. Genauso egal war der Gesundheitszustand – mental oder physisch – der Studienteilnehmenden. Zum Spaß lesen – und zwar Belletristik und keine Zeitschriften oder Zeitungen – verlängert das Leben. Es gab darüber hinaus eine nennenswerte Unterscheidung

16 Ihr denkt das Gleiche wie ich, oder?

zwischen echten Büchern und eReadern, letztere stinken nämlich gegen Bücher ein bisschen ab, so sorry.

Was ich am interessantesten finde: Welche Bücher gelesen wurden, ist komplett egal, Hauptsache: Fiktion. *Faust* ist also genauso geeignet wie ein *Freche Mädchen – freche Bücher*-Band. Auch Bücher doppelt und zehnfach zu lesen, macht keinen Unterschied. Wenn man nämlich ein Buch liest, passieren zwei Dinge: sogenanntes „deep reading" und emotionale Verbindung. „Deep reading" meint, dass man, während man ein Buch liest, mehrere Dinge gleichzeitig macht: die einzelnen Wörter und Sätze verstehen, den Zusammenhang, die Geschichte, die Perspektive – grob gesagt: das Buch als Ganzes erfassen und im Vergleich zur echten Welt setzen. Während man das tut, baut man eine emotionale Verbindung zu den Figuren im Buch auf. Man fiebert mit, lacht oder weint vielleicht.[17] Das fördert soziale Wahrnehmung und emotionale Intelligenz – und kann die Lebenszeit erhöhen.

In einem Buch für Gen Zs damit zu werben, dass Lesen das Leben verlängern kann, ist vielleicht kein super Move, wenn man sich den Stand der Klimakrise und der Welt ansieht und die komplett berechtigte Zukunftsangst, die sich genauso bei mir breitmacht. Lesen kann euer Leben aber nicht nur länger, sondern auch entspannter machen. Und wenn ihr (und ich) etwas brauchen könnt, dann Entspannung. Wir werden den ganzen Tag zugeballert mit Infos über Klima, Kriege, Kapitalismus und die Kardashians[18] und sollen dabei unser eigenes Leben klarkriegen – das ist stressig. Und jetzt Obacht: Nur sechs Minuten am Tag ein Buch zu lesen, kann euch 68 Prozent entspannter werden lassen. FUCKING ACHTUNDSECHZIG PROZENT in nicht

---

17 Throwback zu mir mit 16, als ich *Im Westen nichts Neues* gelesen habe und um drei Uhr morgens so krass heulen musste, dass meine Mama wach geworden ist. Sorry nochmal.

18 See what I did there?

mal einmal *All too well (Ten Minute Taylor's Version)*. Also wenn wir's schaffen würden, für nur diese Zeit vor dem Schlafengehen das Handy in den Flugmodus zu schalten, wär schon viel gewonnen. Denn uns zu entspannen, schafft Social Media nicht, ganz im Gegenteil. Wir werden dadurch noch gestresster – trotz Blaulichtfilter am Handybildschirm. Einen Film oder eine Serie zu schauen, entspannt nicht annähernd so gut wie ein Buch. Nicht mal eine Zeitschrift lesen kommt da ran. Lesen lässt nämlich die Muskeln entspannen und das Herz langsamer schlagen – ist also das wirklich perfekte Einschlafritual. Ich sag das nicht als Mutter, die sich aufregt, weil ihr zu viel am Handy hängt, sondern als irgendwas zwischen Millennial und Gen Z, die das selbst meistens nicht hinkriegt.[19]

Die Studie der Wissenschaftlerin Dr. Josie Billington fasst alles das sehr gut zusammen. Hier wurden über 4.000 Leute in eine Lese- und eine Nicht-Lesegruppe aufgeteilt. Die Lesegruppe sollte 20 Minuten am Tag einen Titel ihrer Wahl lesen und die Ergebnisse sind fast zu gut, um wahr zu sein: Wer liest, kann sich dauerhaft weniger gestresst und deprimiert fühlen, weil Lesen eine Parallelwelt aufmacht, in der man seine eigenen struggles einfach draußen lassen kann oder in der man herausfinden kann, dass man nicht die einzige Person in einer bestimmten Lebenssituation ist. Ein Teil der Lesegruppe in dieser Studie hat sogar angegeben, dass das Gefühl von Einsamkeit durchs Lesen weniger wurde. Außerdem haben Menschen, die lesen, oft ein höheres Selbstbewusstsein und können besser mit schwierigen Situationen umgehen. Das liegt daran, dass man durchs Lesen quasi second hand so viel Verschiedenes erlebt, dass es einem leichter fallen kann, andere Perspektiven zu sehen, zu verstehen und gelesene Erfahrungen auf

---

19 Fragt mal meine acht Stunden Bildschirmzeit täglich.

sich selber zu beziehen. Auch Entscheidungen zu treffen, Dinge zu planen oder zu priorisieren kann einem leichter fallen, wenn man regelmäßig liest. Lesende können leichter anerkennen, dass Rückschläge und Scheitern einfach zum Leben dazugehören und sich nicht vermeiden lassen. Stellt euch mal eine Geschichte vor, in der alles immer glattgeht. Mega langweilig!

Wer liest, kann sich den eigenen Freund*innen näher fühlen. Nicht nur, weil Lesen dazu führen kann, dass man größere Empathie anderen gegenüber entwickelt, sondern weil Bücher eine noch bessere und bedeutsamere Möglichkeit bieten, Erfahrungen zu teilen. Wenn ich zum Beispiel einer Freundin sage: „Hier, lies mal *Kurt* von Sarah Kuttner, es hat mir komplett mein Herz rausgerissen und hinterher wieder zusammengeflickt“,[20] kann das sehr viel über mich und vielleicht meine Ängste oder meine Gefühlslage aussagen. Mehr, als ich der Freundin in dem Moment erklären könnte. Wenn ich mich in Büchern gesehen und verstanden fühle, können diese Bücher ebenso gut anderen helfen, mich besser zu verstehen. Am meisten helfen sie eh mir selber, sind wir ehrlich. Weil man aber nicht nur Bücher liest, in denen die Hauptperson exakt ist und aussieht wie man selber, kann Lesen auch dazu führen, dass einem soziale Probleme bewusster werden. Was Lesen nämlich mega fördert, ist das Verstehen vom Fremden und Empathie auf allen Ebenen: andere Lebensweisen, andere Verhaltens- und Handlungsweisen, anderes Erscheinungsbild, andere Werte- und Normvorstellungen. Lesen ist eine Premium-Möglichkeit, um sich in andere Lagen und Perspektiven zu versetzen und dadurch zu sehen, wie unterschiedliche Leute unterschiedlich denken, handeln und fühlen, welche unterschiedlichen Probleme sie haben, wie unterschiedlich die Voraussetzungen für Liebe oder

---

[20] Hat es. Lest das. Huiuiui.

Bildung für verschiedene Menschen sind – ihr versteht, wo ich hinwill.

Jakob der Lügner von Jurek Becker zum Beispiel hat mir wahrscheinlich mehr über „Ghettos“ und das jüdische Leben während des Nationalsozialismus beigebracht als jeder Sachtext, den wir im Unterricht gelesen haben. *The Hate U Give* von Angie Thomas hat mir die Augen dafür geöffnet, wie tief Rassismus in der Gesellschaft verankert ist. *Bus 57* von Dashka Slater hat mir gezeigt, wie vielfältig, individuell und fließend Gender ist. Ich habe bei *Kim Jiyoung, geboren 1982* von Cho Nam-Joo um eine Mutter geweint, obwohl ich keine bin. Bei *Mädchen, Frau etc.* von Bernardine Evaristo habe ich um eine Schwarze nicht-binäre Person geweint, obwohl ich beides nicht bin. Bei *Kurt* von Sarah Kuttner habe ich um ein Kind geweint, das ich nicht habe. Bei *Meine erste Lüge* von Marina Mander habe ich mit einem zehnjährigen Jungen mitgeweint, obwohl ich nie einer war. Ich habe mit Woyzeck und Wendla aus *Frühlings Erwachen* geweint, mit dem *Fräulein von Sternheim* und Margreth aus *Die Judenbuche*, mit der *Marquise von O. …* und Gregor Samsa aus *Die Verwandlung*, mit *Iphigenie auf Tauris* und Paul aus *Im Westen nichts Neues* – JESUS MARIA, ich hab sogar in *Miez Marple und die Kralle des Bösen* von Fabian Navarro um eine scheiß Taube geweint.[21] Der Punkt ist: Ich konnte mich in all diese Menschen (und Tiere) hineinversetzen und mit ihnen weinen, weil Lesen mir das beigebracht hat.

Wir müssen also richtig was verschissen haben, wenn trotz all diesen Argumenten und Fakten immer weniger gelesen wird, vor allem unter Jugendlichen. Erwachsene, und insbesondere Eltern, vergessen nie darauf, sich darüber aufzuregen. Wir hatten den PISA-Schock in den 2000ern, danach eine Umstrukturierung des Lehrplans,

---

21 Aber nicht um Werther. Fick Werther. Kein Mitleid mit dem No. 1 Third-wheeler und Gaslighter.

und immer wieder Headlines darüber, dass Jugendliche zu viel am Handy und vor dem Fernseher und zu wenig vor Büchern hängen. Well, liebe Erwachsene, I hate to break it to you, aber das ist einfach auch zum großen Teil eure Schuld. Wir leben in einer digitalen Welt, in der süchtig (und depressiv) machende Apps kostenlos sind (Instagram zum Beispiel) und wieder andere explizit gebaut werden, um Kinder und Jugendliche anzusprechen (TikTok zum Beispiel). Wir leben in einer analogen Welt, in der entweder behauptet wird, dass sich Jugendliche für nichts mehr interessieren würden oder – sollten sie das doch tun – dass sie eh keine Ahnung haben, wovon sie reden. Wie soll man da lieber ein Buch (das noch dazu eine erwachsene Person geschrieben hat) in die Hand nehmen, anstatt eine App zu öffnen und sich auf diesem Weg mit anderen Jugendlichen zu verbinden? Wieso soll man sich für *eine* Geschichte entscheiden, wenn man alle 15 Sekunden eine neue haben kann? Ich bin Teil der ersten Generation, die (zumindest so ab dem Alter von zwölf) mit Social Media groß geworden ist, und ich glaube, die Generationen vorher können sich das nicht so ganz vorstellen, welche emotionale Bindung wir zum Internet haben und wie wichtig es für unser alltägliches Leben ist. Wir können nicht einfach unsere Smartphones wegwerfen. Doch wir können (und sollten!) dem Handy öfter eine Pause gönnen – und zwar am besten mit einem Buch. Wir müssen es also schaffen, Lesen cooler zu machen, egal, wie uncool das klingt. Dafür brauchen wir neue Perspektiven, neue Autor*innen, neue Erzählweisen. Wir brauchen aber auch neue Zugänge zu Klassikern, wenn wir nicht wollen, dass sie in der Bedeutungslosigkeit verenden. Und da ist es die erste Aufgabe der Erwachsenen, Jugendlichen zuzuhören und sie ernst zu nehmen.

Wir halten also fest: Zum Spaß lesen = mega geil, lieben wir, nehmen wir uns jetzt alle vor, machen Buchclubs auf und leben lange und ungestresst. Haben wir einen Deal? Cool, ausgemacht.

Analysis und Interpretierung

In unterschiedlichem Ausmaß wird an allen Schulen Literatur gelesen, analysiert und interpretiert. Aber warum eigentlich der Quatsch? Also lesen, na gut, nur wozu denn interpretieren? Was soll ich dabei denn lernen? Und was bringt mir das? Witze werden doch nicht besser, wenn man sie erklärt, also warum muss ich mir SO GENAU erklären lassen, wieso ein Buch unfassbare Kunst und gut ist? Vor allem, wenn ich es selber vielleicht komplett scheiße fand? Wieso muss ich mich dann auch noch selber damit auseinandersetzen und da rumanalysieren und interpretieren!? Die Antwort ist ein Wort, für das man mich schon allein der Erwähnung wegen canceln könnte, aber da müssen wir jetzt kurz durch: literarische Kompetenz.

Ich weiß, wir hassen das Wort „Kompetenz", also nur ganz kurz: Es gibt einen Unterschied zwischen literarischem Wissen und literarischer Kompetenz (und natürlich insgesamt zwischen Wissen und Kompetenz). Und – tut mir voll leid – ihr braucht beides, um einen Text richtig verstehen zu können. Ganz egal, wie alt er ist. Literarisches Wissen ist relativ einfach definiert: Das heißt, dass ihr zum Beispiel wisst (surprise!), wann ungefähr welche Epoche war, was da so typisch war, vielleicht ein paar Leute, die in der Zeit vielbeachtete Werke geschrieben haben, wie diese Werke heißen, die sie geschrieben haben, Metrum, Reimschemata, rhetorische Stilmittel ... Das sind Dinge, die man zwar mehr oder weniger stur auswendig lernen muss und – meiner Meinung nach – der langweiligere Teil des Deutschunterrichts sind, aber dafür weiß man sie dann und gut ist. Außerdem ist es halt schon geil manchmal, wenn man erkennt, wie wo was zusammenhängt. Gut, ich bin ein Nerd, was glaubt ihr, wieso ich dieses Buch geschrieben habe? Funfact an dieser Stelle: Über TikTok-Trends und Memes Bescheid zu wissen, ist genauso literarisches Wissen, weil – alle zusammen: Im Internet gibt es auch Literatur. Alles, wo irgendwie irgendwas erzählt wird, ist Literatur. Cool. Weitermachen.[22]

Was jetzt genau literarische Kompetenz ist, darüber haben sehr viele sehr belesene Leute Bücher und Artikel geschrieben, Modelle erstellt und erklärt und das ist alles leider immer ein bisschen kompliziert. Das sind nämlich eben nicht Dinge, die man einfach auswendig lernen kann, und dann weiß man's, sondern Kompetenzen (oder „Fähigkeiten" und „Fertigkeiten" genannt) muss man erarbeiten und üben, um sie anwenden zu können. Stressig. Deshalb werde ich versuchen, das so einfach wie möglich zu erklären, aber das Beste gleich mal vorweg: Ihr alle tut all das eh längst – müsst ihr auch. Erstmal von vorne. Also: Ich halte mich hier an das Modell der Didaktiker*innen Anita Schilcher und Markus Pissarek, weil damit habe ich fürs Staatexamen gelernt und eine Zwei geschrieben. Was gut genug für mein Examen war, ist gut genug für euch, damit müsst ihr jetzt einfach klarkommen. Das sind natürlich alles nur Vorschläge und Annäherungen, doch irgendwo muss man ja anfangen.

Was schaut man sich denn nun in der Literaturanalyse an? Ganz grob: Inhalt und Discours. „Discours" ist wieder ein großes Wort. Das ist die Art und Weise, wie eine Geschichte dargestellt wird. Den Begriff kann man gut mal in den Raum schmeißen und klug wirken. Dann gibt's noch den „kulturellen Kontext" und die „kulturelle Situierung", die ganz viel mit literarischem Wissen zu tun haben und damit Voraussetzung dafür sind, dass man sich mit Literatur überhaupt auseinandersetzen kann. Wenn man alles das ein bisschen verinnerlicht hat, entwickelt man hoffentlich nicht nur einen eigenen

---

22 Hier wollte ich eigentlich irgendein aktuelles TikTok zitieren (genauer „Okaaaaaay let's go!"), aber das kennt ja schon wieder niemand mehr, wenn das Buch dann draußen ist, und ich versuche hier verzweifelt, mein Cringe-Level so niedrig wie möglich zu halten. Na ja, schade.

Geschmack für Literatur, sondern damit ein ausgeprägtes Fiktionalitätsbewusstsein, das ihr – wie euch im Laufe dieses Kapitels auffallen wird – tatsächlich tagtäglich im Alltag braucht. Das waren sehr viele Fachbegriffe jetzt, aber ich verspreche euch, im Grunde kennt ihr das alles schon. Also nochmal und so, dass man damit hoffentlich was anfangen kann:

Literarische Kompetenz ist das, was ihr können müsst, um einen literarischen Text verstehen zu können. Natürlich in unterschiedlichem Ausmaß, je nach Klasse und Schulart (oder Bundesland), aber wir klappern hier mal nur die Basics ab, ich will ja nicht den Lehrkräften ihren Job wegnehmen. Ich möchte euch hier also aufdröseln, woraus literarische Kompetenz besteht und welches Werkzeug ihr braucht, um Literatur untersuchen zu können, beziehungsweise was ihr lernt, wenn ihr literarische Texte analysieren und interpretieren sollt, und was zur Hölle euch das fürs Leben bringt (Spoiler: mehr, als ihr denkt.).

Inhalt also. Was ist das eigentlich? Drei Dinge: Handlung, Figuren und semantische Ordnungen. Das Letzte sagt euch wahrscheinlich am wenigsten und ist das Schwierigste, also fangen wir hier an, damit wir das Schlimmste gleich hinter uns haben. Semantische Ordnungen zu erkennen, heißt eigentlich nur, dass ihr versteht, was die Weltordnung (oder die Weltordnungen) der Geschichte ist. Jede Geschichte spielt in einer eigenen Welt und Welten funktionieren immer gut mit Gegensätzen. Gut und Böse, Reich und Arm, Menschen, die Mathe mögen, und normale Leute.[23] Diese Gegensätze müssen gar nicht im Zentrum der Geschichte stehen, aber sie sind praktisch immer da, wenn auch oft

---

[23] Das ist komplett ein Joke aus Unsicherheit. Ich bewundere alle Leute, die mit Zahlen umgehen können. Ich hatte fünf Punkte im Matheabitur und mein Lehrer meinte: „Passt, weiter kannst du eh nicht zählen." Recht hatte er. LG an dieser Stelle.

unterschwellig. Oft passiert es, dass es verschiedene Welten oder Ordnungen gibt, die in irgendeiner Form aufeinanderprallen. Kennt ihr zum Beispiel die *Narnia*-Bücher? Genau das: die reale Welt vs. die Fantasiewelt Narnia. Das liegt daran, dass der Mensch ein Schubladentier ist und sich die Welt gern in Ähnlichkeiten und Gegensätzen vorstellt. Das macht dem Kopf zwar weniger Arbeit, kann aber wirklich problematisch werden, Stereotype, also klischeehafte Bilder und Vorurteile, füttern und systematische Diskriminierung befeuern. Wenn nämlich zum Beispiel jemand in einem Werk behauptet, Männer seien besonders willensstark, was heißt das denn dann für alle anderen Geschlechter? Oder wenn jemand darüber witzelt, dass die Deutschen so fleißig sind, was sagt das denn über andere Nationalitäten aus? Da kann man schön rausanalysieren, wie in der Literatur und auch in kompletten Fantasiewelten zum Beispiel Sexismus und Rassismus reproduziert werden, oft unbewusst. Das finde ich wirklich so schade, wenn jemand in einem Buch eine super tolle fiktive, also nicht reale Welt baut, und darin sind automatisch die Frauen die, die die Kinder erziehen, und Männer haben die Machtpositionen. Da werden dann einfach die Verhältnisse wie in der echten Welt reproduziert – und die sind ja echt nicht mega gut. Dazu kommt noch, dass doch wenigstens in fiktiven Welten Diversität normal sein könnte. Aber nein, da sind trotzdem immer alle *weiß*, niemand ist queer oder behindert oder ist mehrgewichtig. Und wenn doch, wird es als Problem oder Konflikt der Figur abgehandelt. Da macht sich eine Person mega Mühe, eine richtig gute Geschichte zu schreiben, und hätte die Möglichkeit, eine komplett neue Welt zu basteln, und kriegt es nicht hin, die Dinge, die in der echten Welt falschlaufen, richtiger zu machen oder halt einfach nicht zu reproduzieren, also zu übernehmen. Vielleicht können in der Geschichte alle fliegen und Gedanken lesen und haben Hörner, und trotzdem gibt es Menners, die sexistische Witze machen, oder alle sind auf Diät. What the fuck. Es könnte so schön sein. Aber zurück zum Thema.

Weiter mit der Handlung. Also ganz schlicht: Was passiert? Was explizit passiert, ist das, was auserzählt wird, und was implizit passiert, ist das, was nicht in Worten dasteht und was man trotzdem (im besten Fall) versteht. Dass Faust und Gretchen Sex hatten zum Beispiel, steht nirgends direkt, aber spätestens, als sie schwanger ist, checkt ihr auch, was los war, oder? Herzlichen Glückwunsch, ihr habt eine Kompetenz! Damit es überhaupt eine Handlung geben kann, braucht es ein Ereignis. Ein Ereignis liegt vor, wenn eine Grenze zwischen zwei semantischen Ordnungen (oder halt Welten) in dem Text überschritten wird.[24] Bei Faust wäre das zum Beispiel der Zeitpunkt, als Mephisto aus dem Pudel auftaucht. Da geht die Geschichte erst richtig los, weil er von seiner Zauberhimmelwasauchimmer-Welt in die (ebenso fiktive) Welt von Faust rübergeslidet kommt. Was noch als Ereignis zählt, ist eine deutliche Regelüberschreitung innerhalb einer semantischen Ordnung. Als Gretchen den Schmuck von Faust annimmt zum Beispiel – hui, wie unchristlich von ihr. Damit man die Handlung richtig verstehen kann, muss man außerdem die erzählte Zeit im Text verstehen. Als Faust nämlich zum Beispiel von seiner kleinen Orgie – die nur eine Szene lang ist – wieder da ist, ist sein Baby nicht nur schon geboren, sondern bereits tot[25], also sind inzwischen gut zehn Monate vergangen. Manchmal gibt es nicht nur Zeitsprünge nach vorne, sondern auch Rückblicke oder insgesamt verschiedene Zeitstufen – wie bei *Der Schimmelreiter* von Theodor Storm zum Beispiel. Ganz besonders fancy finden Schriftstellende

---

[24] Seht ihr, wie Wissen aufeinander aufbaut? Mega geil.

[25] Sorry für den Spoiler!

„temporale Nullstellen“. Das sind Stellen in der Geschichte, die nicht erzählt werden, wo wir wieder bei der impliziten Textbedeutung sind.[26] Ihr solltet also dazu in der Lage sein, die Geschichte in der richtigen Reihenfolge im Kopf zu haben, egal, in welcher Reihenfolge sie erzählt und wie sehr mit verschiedenen Zeitebenen gearbeitet wurde.

Nun noch die Figuren, natürlich. Die haben immer Merkmale, und die muss man rauslesen und interpretieren können, um den Text zu verstehen. Diese Merkmale können wieder explizit und implizit im Text vorkommen. Explizit ist das Einfachere. Zum Beispiel, wenn Faust sagen würde: „Hallo, ich bin Faust und ich bin ein Arsch“. Das sagt er halt aber nicht, sondern er lässt Gretchen schwanger, minderjährig und ohne Mutter oder sonst wen sitzen und fährt auf eine Orgie, die neun scheiß Monate dauert. (Ihr merkt, der Kerl macht mich richtig sauer.) Dass er das also tut, statt zu sagen, dass er ein Arsch ist, ist somit ein implizites Figurenmerkmal. Weil man liest, was er tut, und sich denkt: „Aha. Was ein Arsch.“ Tada, schon ist analysiert und interpretiert.

Wenn ihr alles das analysieren und interpretieren könnt, habt ihr auf jeden Fall mal verstanden, was in dem Text so passiert, wer wer ist, wer was warum tut und was in der Welt des Textes alles „normal“ ist und was nicht. Das ist mega! Damit kommen wir zum Discours, also *wie* der Text und die Geschichte gemacht sind. Da gibt es einmal die „Überstrukturierung“. Auch ein sehr großes Wort. Überstrukturierung erkennen heißt, dass ihr checkt, dass ein Text ein Text ist und damit nicht wie Alltagssprache funktioniert. Immer. Egal ob Goethe-Gedicht oder Instagram-Post. Am wichtigsten (und einfachsten zu erkennen) ist die Überstrukturierung bei Gedichten. Also das typische

---

26 Wollte nur, dass ihr diesen Fachbegriff zum Rumschmeißen habt. Gern geschehen.

Reim-, Metrum-, Rhetorik-Gedöns. Dass so niemand im Alltag redet, ist wohl klar.[27] Was hier auch dazugehört, sind sprachliche Bilder, die man nicht wörtlich verstehen darf. Sowas wie: „Ich könnte dich auffressen!“. Wenn das jemand zu mir sagt und ich es wörtlich verstehen würde, würde ich davonlaufen, stattdessen freu ich mich drüber. Den ganzen Bums solltet ihr also benennen (Wissen) und interpretieren (Kompetenz) können.

Zum Discours gehört außerdem die Vermittlungsebene. In Erzähltexten gibt es immer eine Erzählstimme – und die ist genauso wenig echt wie die Figuren, die Welt und die Ereignisse in dem Text. Einer der größten Fehler, den man daher beim Analysieren und Interpretieren von Literatur machen kann, ist also, die Erzählstimme mit der Autor*innenpersönlichkeit gleichzusetzen. Ganz gleich wie viele Parallelen und Ähnlichkeiten man da entdecken mag: Die Erzählstimme (oder auch eine andere Figur) ist niemals exakt die Person, die das geschrieben hat. Das muss man erstmal checken. Euch muss also klar werden, wer euch die Geschichte erzählt. Ist das eine allwissende Erzählstimme, die von außen draufschaut und ganz neutral berichtet? Ist es die Perspektive einer Figur aus der Geschichte, die natürlich nur ihre Sicht kennt, vielleicht manches falsch versteht oder darstellt? Oder wird vielleicht mit der „Wahrheit“ gespielt und es bleibt unklar, was wirklich passiert und was sich die Erzählstimme nur einbildet? Das sind meine liebsten Bücher, wenn man gar nicht weiß, ob man gerade verarscht wird oder nicht.[28] Man kann also nicht nur analysieren, *was* erzählt wird, sondern auch, *wie* es erzählt wird. Ist das nicht geil? Ich lieb das einfach.

---

27 Außer mein Kunstlehrer aus der Zehnten, der nur in Reimen gesprochen hat. Shoutout!

28 Zum Beispiel *Vater unser* von Angela Lehner oder *Schweig!* von Judith Merchant. Da wird man nur auf falsche Fährten geführt.

Dann gibt es noch den „kulturellen Kontext“ und die „kulturelle Situierung“. Jeder literarische (und eigentlich auch jeder nicht-literarische) Text entsteht mit einem gewissen „kulturellen Wissen“. Kulturelles Wissen ist Wissen über die Welt, das in einem bestimmten Teil der Welt (sei dieser Teil räumlich oder zeitlich) für wahr gehalten wird. Heißt aber nicht, dass das wirklich wahr sein muss. Zu diesem kulturellen Wissen gehören zum Beispiel bestimmte Werte und Normen. Jemanden zu ermorden ist verboten. Hunde sind süß. 14-Jährige zu schwängern und anschließend abzuhauen ist uncool. Sowas. Werte sind ein bisschen schwammiger als Normen, weil sie eher was sind, woran sich Leute freiwillig orientieren, weil die das Ideal darstellen. Normen könnten zwar nur gesellschaftliche Richtlinien sein (lass keinen Pups in einem vollen Aufzug zum Beispiel), aber halt auch juristische (verschick keine dick pics). Und hier kommen die Klassiker besonders ins Spiel. Wenn man nämlich rausfinden will, was der kulturelle Kontext einer bestimmten Zeit oder Epoche war, schaut man sich natürlich Texte aus der Zeit an. Repräsentative Texte, um genauer zu sein. Wieso das nicht super gut klappt, da kommen wir später noch drauf. Werte und Normen ändern sich ständig und das ist gut so. Wenn man sich zum Beispiel Werbungen von früher anschaut, in denen Frauen erklärt wird, dass sie exakt zwei Probleme im Leben hätten, nämlich was sie kochen und was sie anziehen sollen, muss ich erst lachen und dann werde ich sehr wütend. Das war damals kein Witz, sondern das geltende Frauenbild – und das muss man wissen, um die Werbung richtig zu verstehen. Je besser man die jeweiligen Anschauungen, Werte und Normen kennt, desto besser versteht man die Texte aus einer anderen Zeit, ganz klar. Das ist besonders bei älteren Werken wichtig, sonst versteht ihr nur Bahnhof – und das hilft euch eigentlich nur bei *Bahnwärter Thiel*.[29]

Wenn ihr das alles verstanden habt, also Inhalt und Discours und die kulturelle Situierung und alles, entwickelt ihr ein sogenanntes „Fiktionalitätsbewusstsein". „Bewusster Umgang" ist wieder so ein Erwachsenenbegriff, wenn sie einem erklären wollen, man hängt zu viel vor dem Fernseher oder im Internetz rum. Das heißt hier aber eigentlich nur: Seid euch bewusst, dass kein (!) literarischer Text die Wirklichkeit, in der wir leben, 1:1 abbildet, sondern immer eine eigene Welt erschafft. Egal, wie nah die Geschichte vielleicht an etwas ist, das wirklich passiert ist, oder ob die Figuren reale Personen darstellen oder ob ihr selber auch schon mal eine Wette mit dem Teufel eingegangen seid: Literarische Texte sind gemacht. Komplett. Immer. Vom Sonett bis zum Storytime-Video. Bei manchen Texten ist das offensichtlicher als bei anderen, klar. Aber auch autobiografische Literatur zum Beispiel sind literarische Texte. Obwohl die Autor*innen selber dabei waren und die Wahrheit erzählen. Das soll nämlich jetzt nicht heißen, dass jemand lügt oder übertreibt oder so. Null. Es ist nur eben trotzdem immer noch ein literarischer Text (im Gegensatz zum Sachtext). Ihre Mütter oder ihre Freund*innen würden die Geschichte sicher anders erzählen.

Dieses Bewusstsein braucht ihr ständig. Auch, wenn es euch nicht so vorkommt: Ihr musstet es erst erlernen. Stellt euch vor, ihr hättet keine dieser Kompetenzen und würdet zum Beispiel bei jedem Text davon ausgehen, dass er komplett wahr ist. Stell ich mir richtig anstrengend vor: Ihr würdet der Axe-Werbung glauben, dass euch Frauen nachrennen, wenn ihr es benutzt, und spamigen Pop-ups, dass wirklich eine Katrin zwei Kilometer von euch entfernt

---

[29] Kleiner Literaturjoke.

mit euch chatten will. Ihr analysiert und interpretiert quasi 24/7. Die Sprachnachrichten der besten Freundin (von der ihr wisst, dass sie gern übertreibt), die Instagram-Captions von Promis oder Influencer*innen (die der Selbstinszenierung und -charakterisierung dienen), die Storytime-Videos auf TikTok oder YouTube (die ein Weltbild bauen, in dem die erzählende Person selber am besten dasteht),[30] Podcasts, Liedtexte, Musikvideos, Filme, Werbung – euer Leben ist komplett vollgepumpt mit literarischen Texten, die richtig gedeutet werden müssen. Oft ist es gar nicht so offensichtlich, dass man einen literarischen Text vor sich hat. Die Politik ist hierfür ein gutes Beispiel: Wenn man zum Beispiel kapiert, dass AfD-Politiker*innen in ihren Reden nur Geschichten erzählen, um Angst zu verbreiten (sei es vor Geflüchteten oder Homosexuellen, nur komischerweise nicht vor einer Pandemie), und man die Erzählstrukturen und Kunstkniffe verstehen kann, glaubt man ihnen leichter kein Wort.

Was ihr automatisch nach und nach entwickelt, wenn ihr so vor euch hin analysiert, ist ein eigener Geschmack. Ich mag zum Beispiel personale Erzählstimmen lieber als allwissende. Ich mag Romane mit viel direkter Rede lieber als ohne. Wenn's zu viele Zeitsprünge oder Perspektivenwechsel oder Personen gibt in einer Geschichte, komm ich schnell durcheinander. Und Thriller von Männern lese ich zum Beispiel auch quasi gar nicht mehr, weil ich noch keinen einzigen gelesen hab, bei dem ich nicht mindestens eine Frauenfigur ganz furchtbar stereotyp oder flach fand. Das Problem, das man in der Schule hat, ist, dass man das alles nicht nur gut belegen, sondern auch noch mit dem akzeptierten Vokabular aufschreiben können muss. Ich privat kann klar finden, dass Faust ein verzweifelter boy mit Midlife-Crisis ist, der mal seine Libido und sein Privileg in den Griff bekommen soll. Aber in der

---

30 I'm talking to you, James Charles.

Klausur habe ich halt trotzdem geschrieben, dass er ein Wissenschaftler ist, der mit allen Mitteln versucht, herauszufinden, was die Welt im Innersten zusammenhält – und beides ist richtig. Was in den Mittelpunkt der Interpretation rückt, hängt am Ende davon ab, für wen und wofür sie ist. Also musste ich mich in der Klausur oft ein bisschen zusammenreißen.

Das ist auch ein wichtiger Punkt, der immer wieder in den Kommentaren unter meinen Videos auftaucht: die *eine* richtige Interpretation. Die es natürlich nicht gibt. Das liegt einfach daran, dass wir unser aktuelles kulturelles Wissen genauso wie unsere eigenen Privilegien und Marginalisierungen nicht einfach ausblenden können. Ich kann zwar wissen, dass mit 14 Jahren unfreiwillig verheiratet werden früher normal war, wütend macht es mich beim Lesen trotzdem. Ich könnte 100 Leuten ein und dasselbe Gedicht zeigen und es würden komplett unterschiedliche Reaktionen kommen, hundert Pro. Das ist ja das Geile an Literatur und Kunst überhaupt: Sie ist subjektiv. Ein Gedicht, das mich zu Tränen rührt, kann andere wütend machen, nostalgisch, glücklich oder gar nichts auslösen. Genauso ist es mit Musik, Bildern, Filmen und jeder Form von Literatur. Und nur, weil in irgendeinem Lektüreschlüssel von 1980 steht, dass ein Werk soundso zu interpretieren ist, ist eine andere Interpretation noch lange nicht falsch. Das hat man spätestens gemerkt, als ein Ausschnitt aus *Vor dem Fest* von Saša Stanišić im Hamburger Abitur drankam, er selbst mitschrieb – und nur 13 Punkte bekam. Wenn's der Autor selbst nicht schafft, alle Punkte bei der Interpretation zu erreichen, scheinen wir wohl einen Knick in der Bewertung zu haben, nicht? Es muss einfach mit reinspielen dürfen, welche Lebensrealität man selber hat, welches (kulturelle) Wissen und einfach, welchen Geschmack man hat.

Wir brauchen Literaturanalyse übrigens ständig im Alltag. Nämlich überall da, wo Geschichten erzählt werden. Also nicht nur in Büchern und im Fernsehen, sondern auch auf Social Media, im Wahllokal und beim Eisessen mit der Familie. Um nicht alles zu glauben, was irgendwo steht oder erzählt wird. Tatsächlich, um zurechtzukommen. Wir müssen erkennen können, was eine Frage der Perspektive ist, wie Personen sich inszenieren, um bestmöglich dazustehen, wo uns jemand was verkaufen will – eben wo uns *Geschichten* erzählt werden. Und es ist super wichtig zu hinterfragen, *wie* und mit welchem Ziel und *von wem* sie uns erzählt werden. Das hängt alles eng mit Medienkompetenz zusammen, weil sich die meisten (literarischen) Texte, die wir so lesen, im Interwebs abspielen, aber ein Kompetenzkapitel ist echt genug für dieses Buch, finde ich. Medienkompetenz bildet ihr eh auch von selber aus, wenn ihr viel mit Medien hantiert, und das tut ihr ja quasi 24/7, also da vertrau ich euch voll.

Jetzt kommt der Klassiker

Wir sehen also ein, warum wir lesen sollten. Na gut. Und analysieren und interpretieren und alles. Na gut. Wenn alles Text ist und ich alle Teile der literarischen Kompetenz[31] mit allen Texten üben kann – wieso dann Klassiker? Wieso muss ich Bücher von (meistens) *weißen* Männern lesen, die (meistens) bereits ewig tot sind, um Dinge zu üben, die ich (meistens) genauso gut mit einem Liedtext trainieren kann, den ich eh schon auswendig kann? Oder mit einem Poetry-Slam-Text, den ich wenigstens witzig finde? Oder mit irgendeinem Text von irgendjemandem nicht Totes vielleicht?

Das Hauptargument, das als Antwort auf diese Frage meistens kommt, überzeugt mich herzlich wenig: „Das ist einfach großartige Literatur, die man halt gelesen haben muss." Ja wow, Hans-Peter, was ne großartige Analyse. Auf „Warum muss ICH das?" mit „Weil MAN das muss!"

---

31 Wie ihr dieses Wort jetzt einfach rumschmeißen könnt, mega.

zu antworten ist nie eine gute Idee, da kriegst du in der Erörterung keine gute Note, das sage ich dir. Außerdem, wer entscheidet denn, was großartige Literatur ist und was man gelesen haben muss? Die Antwort überrascht exakt niemanden: *weiße* cis Männer, meistens. Hallo, *weiße* patriarchale Strukturen! Dass das so ist, liegt an ganz vielen Faktoren, die später noch aufgedröselt werden. Hier sind wir nämlich bei einem riesigen Problem angekommen: Klassiker sind (oder sollen es zumindest sein) repräsentative Texte einer bestimmten Zeit (der kulturelle Kontext, remember), sie repräsentieren aber nicht die Gesamtgesellschaft. Nicht mal annähernd. Das muss ein einzelner Text gar nicht, doch die Gesamtheit der Texte sollte das – im Bücherregal wie im Deutschunterricht. Weit gefehlt, richtig weit. Klassiker repräsentieren zum Großteil gebildete, christliche, *weiße*, nicht-behinderte, hetero cis Männer aus den „oberen Gesellschaftsschichten". Na gut, Lessing war meistens pleite, der hat sein Geld immer wieder versoffen und verspielt, also war er einfach selber schuld, sorry. Versteht mich nicht falsch: Ich will nicht sagen, dass wir all diese Männer aus dem Kanon streichen sollen[32], gar nicht. Aber es kann doch nicht sein, dass wir, wenn wir Klassiker lesen, NUR diese Perspektive kennenlernen. Oder dass nur diese Perspektive zum Klassiker taugt. Vieles, was erstmal neutral klingt, wie zum Beispiel die „Wirkung" eines Werkes, die „Relevanz" oder auch wie ästhetisch oder vielschichtig ein Werk empfunden wird, ist überhaupt nicht neutral und objektiv, sondern immer subjektiv und vor allem: patriarchal, rassistisch und durch und durch von Diskriminierung geprägt.

Literatur, vor allem klassische Literatur, hat immer ganz viel mit Prestige und Ansehen und, wenn wir ganz ehrlich sind, viel mit Angeberei zu tun – das wird alles mit „Klasse haben" umschrieben, damit es sich fancier

---

32 Nur Thomas Mann, der kann gehen wegen mir.

anhört. Da geht es dann darum, wer die teuersten Ausgaben von Büchern hat, wer die meisten Goethe-Dramen gelesen hat, wer Kant am besten verstanden hat und wer die meisten Adorno-Zitate auswendig kennt.[33] Ich glaube, die meisten Klassiker werden verkauft, um im Anschluss in Bücherregalen aus Nussholz zu stehen und so auszusehen, als wären sie gelesen worden. Es geht dabei nicht darum, Spaß beim Lesen zu haben oder die Geschichte spannend zu finden, sich gesehen zu fühlen oder um all die anderen Dinge, die Lesen so toll machen. Sondern es geht darum, herzuzeigen, wie „schlau" und gebildet (und reich) man ist. Es geht darum, sich von anderen abzuheben – es geht um Klassismus. Klassismus ist die Diskriminierung aufgrund der sozialen Herkunft und/oder der sozialen und ökonomischen Position und geht oft mit Rassismus, Ableismus und anderen Diskriminierungsformen einher. Das heißt, dass Menschen strukturell diskriminiert werden, die zum Beispiel nicht studiert haben, arbeits- oder wohnungslos sind oder in Armut leben. Da geht es eben nicht nur um Geld, sondern auch sehr viel um sozialen Status – und was ist eine teure Ausgabe von *Faust,* wenn nicht ein Statussymbol? Porsche in der Einfahrt, *Faust* im Regal. Status kann man mit Geld demonstrieren, aber genauso zum Beispiel mit der Wortwahl und ganz besonders gern wird Status gezeigt, indem sich über die Leute lustig gemacht wird, die ihn in den Augen der Statusmenschen nicht haben. Bildung (die eh rein gar nichts damit zu tun hat, wie clever man ist) ist eben auch immer noch eine Geld- und Statusfrage. Ich, zum Beispiel, bin die Tochter eines Handwerkers aus einem Minidorf im tiefsten Niederbayern. Wir hatten nie Geldprobleme, überhaupt nicht, wir waren regelmäßig im Urlaub und meine Eltern konnten mich mein ganzes Studium über unterstützen. An der

---

[33] Wenn vor mir noch irgendein Typ „Es gibt kein richtiges Leben im falschen" sagt, während er in seinen Big Mac beißt, beiß ich zurück, ehrlich.

Uni habe ich mich trotz dieser Privilegien nie wohl oder gar zugehörig gefühlt, ganz im Gegenteil: Ich habe mich aktiv ausgeschlossen gefühlt. Weil wer Dialekt spricht (so wie ich), kann nicht gebildet sein, wer Hegel nicht schon mit der Muttermilch aufgesogen hat (so wie ich), kann das nicht mehr nachholen, und wer „Fachbegriffe" statt „Fachtermini" sagt (so wie ich) und dann nicht mal alle davon kennt – ciao Kakao.[34] Kompliziert daherreden können und mögen die Leute im deutschen Sprachraum wirklich besonders gern. Ich habe teilweise für meine Hausarbeiten in Deutsch mehr Wörter googeln müssen als für die in Englisch, weil da in Sachtexten der Fokus sehr viel mehr auf Verständlichkeit gelegt wird als bei uns. Das merkt man sehr deutlich, wenn über Klassiker gesprochen oder geschrieben wird.[35] Wer nämlich Klassiker so erklären oder analysieren will, dass es nicht nur für Leute mit Germanistik-Master verständlich ist, kriegt „Trivialisierung" vorgeworfen, also dass es viel zu einfach gemacht wird und damit die Bedeutung und die Kunst der Werke verschandelt wird. Mir wird regelmäßig gesagt, ich würde klassische Literatur kaputtmachen, einfach, indem ich betrunken (auf meinem YouTube-Kanal) darüber rede – oder eben so, wie ich mit meinen Freund*innen drüber reden würde. Dass Leute das so stört, ist, Überraschung!, auch Klassismus. Dahinter steckt nämlich der Gedanke, dass nur bestimmte Menschen bestimmte Kunst verstehen können und sollen.

Klassiker haben eben mit der „gesellschaftlichen Klasse" zu tun. Und die „niedrigeren Klassen" haben nicht nur weniger bis keinen Zugang zu Klassikern[36] – sei es wegen des Geldes oder wegen der Sprachbarriere. Sie können sie natürlich auch schlecht produzieren. Wie soll eine

---

34 Das ist Latein für: Vergiss es.

35 Auch deshalb ist dieses Buch mit Absicht nicht hochgeistig formuliert.

36 An dieser Stelle LG an den Reclam-Verlag, der klassische Literatur deutlich zugänglicher gemacht hat.

Geschichte einer Person aus der „Arbeiter*innenklasse", einer Frau, einer Person mit Migrationsgeschichte, einer Person of Colour, einer behinderten Person, einer wohnungslosen Person, einer trans Person, einer Schwarzen Person, einer Person unter der Armutsgrenze, einer queeren Person oder einer Person, die in mehreren dieser Kategorien lebt, ein Klassiker werden, wenn sie kein Mensch „erster Klasse" ist? Die (deutsche) Literaturgeschichte liefert eine deutliche Antwort: So gut wie gar nicht. Das wird in den nächsten Kapiteln noch einzeln aufgedröselt, ich will es aber hier mal in aller Deutlichkeit sagen: In der klassischen Literatur wird so getan, als ginge es darum, wie „gut" ein Werk ist – was auch immer das heißen soll –, während es in Wahrheit sehr viel mehr darum geht, wer es geschrieben hat. Und wenn das kein *weißer* cis Mann war (oder zumindest der Name von einem draufsteht), hat man wirklich schlechte Karten.

Doch was genau ist denn jetzt ein Klassiker? Da haben wieder viele Leute viele verschiedene Definitionen aufgestellt, meine liebste ist diese: „Ein Klassiker ist ein Werk, das nicht aufhört, zu sagen, was es zu sagen hat." Das ist natürlich super individuell und nicht die Definition, die am weitesten verbreitet ist. Mir hat *Faust* zum Beispiel schon was gesagt, vielen sagt er jedoch nichts außer „langweilig", also ist er für sie kein Klassiker, wenn man es genau nimmt. Vor allem im Schulkontext sind mit Klassikern erstmal alte oder ältere Werke gemeint – eben die, die man in der Schule liest. Ob *Das Parfüm* von Patrick Süskind oder *Nichts* von Janne Teller auch Klassiker sind, obwohl sie 1985 und 2000 erschienen sind: schwierig zu sagen. Oder *Corpus Delicti von Juli Zeh* und *Tschick* von Wolfgang Herrndorf aus 2009 und 2010.[37] Die Antwort ist: Ich weiß es nicht. Für mich irgendwie schon, schließlich sind die auch alle mindestens zwölf Jahre alt und sagen

---

37 Das sind die „neusten" regelmäßig in der Schule gelesenen Werke, die ich so gefunden habe. Richtig lächerlich.

(mir) immer noch, was sie zu sagen haben. Für mich ist aber beispielsweise *The Hate U Give* von Angie Thomas schon ein Klassiker und das ist erst fünf Jahre alt. Man kann also nicht super sachlich und genau einkreisen, was jetzt eigentlich ein Klassiker ist und was nicht. Was ich weiß: Die meisten denken eher an Goethe und Schiller als an Angie Thomas und Juli Zeh, wenn jemand „Klassiker" sagt. Eine Meinungshoheit darüber, was ein Klassiker wird und was nicht, hat jedenfalls keine Einzelperson – und das find ich super! Das ist doch das Geile an Literatur und Kunst überhaupt, dass jeder Mensch einen individuellen Geschmack hat und andere Sachen gut findet. Trotzdem lassen sich Leute natürlich nicht davon abhalten, über Klassiker zu schreiben und zu urteilen, wie zum Beispiel der italienische Schriftsteller Italo Calvino in seinem Buch *Warum Klassiker lesen?*. Das Buch habe ich mir natürlich zur Recherche reingezogen und ich muss sagen: Ich bin jetzt ein bisschen sauer.

Also erstmal ganz grundlegend: Er bespricht in dem Buch 35 Werke und nicht eins davon ist nicht von einem Mann. Ich frag mich mittlerweile echt, wieso man solche Bücher heute immer noch druckt!? Über Bücher, Veranstaltungen oder was auch immer schauen so viele Leute drüber, bevor sie öffentlich werden, wie kann denn niemandem auffallen, wenn da nur ein Geschlecht vertreten ist? Na ja. Calvino hat auf jeden Fall eine Einleitung geschrieben, in der er probiert, zu erklären, was ein Klassiker ist (da ist die Definition von oben her), er redet aber auch sehr viel unnötig „schlau" daher. Er bedient sich echt aller klassistischen Strukturen, die ich oben kritisiert habe, indem er zum Beispiel sagt: „Die Dickens-Liebhaber[38] in Italien sind eine kleine Elite von Leuten." Alter, was zur Hölle?! Kleine Gruppe, kleiner Kreis, nein nein, die Elite muss es sein, die Dickens mag, nicht der Pöbel. Ich will

---

[38] Natürlich gendert der boy auch nicht, wo kämen wir denn da hin?!

nicht zu sehr ins Detail gehen, weil wirklich viel an dem Buch repräsentiert, wie über Klassiker geschrieben wird, und mich das einfach nur aufregt, am allermeisten aber das: Er spricht explizit Jugendlichen ab, Klassiker „angemessen" lesen und verstehen zu können: „In der Jugend kann das Lesen unergiebig sein – aus Ungeduld, Zerstreutheit, Unkenntnis der Gebrauchsanweisung oder Mangel an Lebenserfahrung". Ich weiß nicht, wie es euch geht, ich jedenfalls habe zu keiner Zeit in meinem Leben so viel gelesen wie als Jugendliche.[39] Wie wir mittlerweile wissen: Lesen hilft sehr gut gegen Zerstreutheit und Mangel an Lebenserfahrung.[40] Aber was bitte ist denn mit „Unkenntnis der Gebrauchsanweisung" gemeint? Und wessen Schuld ist das?

Ich finde nicht, dass Jugendliche schuld sind, wenn sie Klassiker nicht verstehen oder nichts mit ihnen anfangen können und deshalb keinen großen Aufwand betreiben, um sie zu verstehen. Die Sprache ist alt, die Themen sind alt, die Perspektiven sind alt, problematisch und immer die gleichen. Oft ist man so damit beschäftigt, den Sinn der einzelnen Sätze zu verstehen, dass man mit der Handlung nicht hinterherkommt. Ich kann nicht zu Jugendlichen sagen: „Hier ist *Faust*, jetzt sind zwei Wochen Osterferien, lest den mal!" Man braucht Hintergrundwissen und Hilfestellungen, um sich die ersten Male durch Klassiker kämpfen und überhaupt verstehen zu können, wieso das Ding ein Klassiker geworden ist. Ich schmeiße ja auch niemanden in *Avengers: Endgame*, wenn die Person keinen einzigen Marvel-Film gesehen hat, und bin dann sauer, wenn sie ihn nicht gut findet oder nicht versteht.[41] Das ist halt nicht, wie es klappt. Die Schule ist für die meisten der erste

---

39 Ich frag mich echt, wie ich in der Schule nicht ständig eingeschlafen bin, so viele Nächte wie ich durchgelesen hab.

40 „Teresa, Hilfe! Wir haben ein Schädlingsproblem!" – „Lass mich das machen, ich hab *Die Verwandlung* gelesen, ich kenn mich aus."

41 It's me. Ich bin jemand. Und ich hab überhaupt gar nichts verstanden.

(und wohl oft der einzige) Kontaktpunkt mit klassischer Literatur. Geben wir uns doch ein bisschen Mühe damit! Es sollten alle Jugendlichen die Chance haben, zu verstehen, was gelesen wird. Nicht nur die, die in der Grundschule schon die *Faust* Graphic Novel geschenkt bekommen haben und deren Eltern mehr Bücherregal als Wand haben. So, erstmal genug gerantet.

In dem Kapitel über Literaturanalyse habe ich schon ein bisschen erklärt, wieso es auch wichtig ist, ältere Bücher zu lesen. Eben um die deutsche Geschichte und Kultur zu verstehen. Wo unsere Werte und Normen herkommen, wie sie sich entwickelt haben und wieso ein paar von denen vielleicht nicht so super gut sind – um endlich was dagegen zu unternehmen. Was wir mit (klassischer) Literatur auch lernen sollen, ist Fremdverstehen. Also sich in andere Verhaltensweisen, Lebensweisen, Moralvorstellungen und eben Zeiten hineindenken zu können und sie im besten Fall begreifen und verstehen zu können. Das klappt natürlich sehr gut mit aktuellen Büchern, die sich von der eigenen Lebensrealität unterscheiden und im heutigen kulturellen Kontext entstanden sind, aber es geht eben auch sehr gut mit Klassikern. Was braucht man dafür? Empathie. Und wo kriegt man die her? Durchs Lesen. Wie praktisch!

Lesen ist Perspektivenwechsel, ganz besonders bei klassischer Literatur. Man muss sich nämlich (ähnlich wie im Geschichtsunterricht) in andere Perspektiven hineindenken, die sich rein historisch sehr von der eigenen unterscheiden. Um diese Perspektive also einnehmen zu können, muss ich über die Zeit und die Umstände, in denen das Werk spielt oder in der der Text entstanden ist, Bescheid wissen. Deshalb sage ich, dass man *Faust* nicht einfach ohne Hilfestellung über die Osterferien lesen kann – da hat man überhaupt keine Chance, zu verstehen, was abgeht. Wie Personen in Büchern handeln, hat nämlich auch super viel mit den herrschenden Moralvorstellungen und der Rolle in der (damaligen) Gesellschaft zu tun.

Zum Beispiel: Manche Leute lesen *Effi Briest* und denken sich: Feminist icon, hat sich gegen den Ehemann aufgelehnt, der total kacke zu ihr war, der ist komplett eskaliert, sie muss es ausbaden, schade, aber passiert. Alle hassen Instetten, Effis Mann, seines Zeichens Profi-Ekel und Teilzeit-Gaslighter. Obacht, Plottwist: Fontane hat ihn als Inbegriff des guten Menschen geschrieben. Kein Scheiß! Für Fontane war Instetten ein top Ehemann, der nur getan hat, was er musste, um seine Ehre zu behalten – und Effi ist die, die die Ehe kaputtgemacht hat.[42] Wenn man das Ding aber jetzt liest – ohne Hintergrundwissen –, hat man null Chance, das zu kapieren.

Klassiker lesen hilft eben auch dabei, zu verstehen, wo wir und unser verkorkstes Weltbild herkommen. Strukturelle Probleme wie Rassismus, Ableismus, Antisemitismus oder Sexismus sind natürlich auch in der Literatur verankert. Wenn man zum Beispiel *Die Juden* von Lessing liest, versteht man, dass Rassismus gegen jüdische Menschen wahrlich keine Erfindung von Hitler, sondern schon lange, lange vorher tief in der Gesellschaft verankert war. Oder wenn man sich irgendeine Frauenfigur von Schiller[43] anschaut, wundert einen nicht, dass Frauen immer noch nicht gleichberechtigt sind. Wenn man sich Literatur aus der Aufklärung anschaut, ist es wirklich traurig, zu sehen, wie man einige Stereotype heute immer noch in der *Bild* lesen muss. Diskriminierung ist kein schnelllebiger Trend, sie sitzt uns seit Jahrhunderten in den Knochen. Es sind viele kleine Dinge, eben auch in der Literatur, die Diskriminierung festigen und fördern. Auch deshalb ist es unglaublich wichtig, Literatur aus unterdrückten und marginalisierten Perspektiven zu lesen, wo immer es geht.

---

42 Sorry an alle, die gern *Effi Briest* lesen, ihr dürft sie weiter als feminist icon sehen natürlich.

43 Looking at you, Frau Miller aus *Kabale und Liebe*.

Geschichte wird von Gewinner*innen geschrieben, genauso wie der Kanon. Weil das so ist, lesen wir Geschichten über Frauen von Männern, über trans* Personen von cis Personen, über Schwarze, indigene und Menschen of Colour von *weißen* Personen, über jüdische Personen von christlichen und über behinderte Personen von nicht-behinderten. Und dann wundern wir uns auch noch, wie es sein kann, dass wir ein komplett falsches Bild von all diesen Menschen haben. Dabei ist es so einfach: Wir hören ihnen nicht zu. Komplett mit Absicht, seit Jahrhunderten. Es geht nicht darum, irgendwem „eine Stimme zu geben". Wir haben alle eine Stimme. Nur ignorieren wir den Großteil der Stimmen einfach oder noch schlimmer: wir zwingen sie zum Schweigen. Aus Gewohnheit, aus Faulheit, weil es eben immer schon so war. Weil man da sich selbst und die eigenen Werte hinterfragen müsste, weil man sich mit seinen eigenen Vorurteilen und internalisierten Diskriminierungsformen auseinandersetzen müsste. Und weil es auch bedeuten würde, Raum an andere abzugeben, die bisher keinen oder nur wenig Platz in der Gesellschaft eingenommen haben. Klar, das tut erst mal weh und ist anstrengend[44], aber halt auch nötig. Das ist nicht nur ein Ding in der Literatur, sondern betrifft praktisch alle Lebensbereiche, ganz besonders die Politik. Daran sind wir so gewöhnt, dass es niemanden mehr wundert, wenn ein komplett *weißes* Gremium über Rassismus und ein komplett cis männliches über Abtreibung tagt.

Zurück dazu, wie ein Buch ein Klassiker wird. „Klassiker entstehen durch die Kommunikation über Texte", sagt die Literaturwissenschaftlerin Prof. Dr. Andrea Geier. Heißt, um ein Klassiker zu werden, muss viel über ein Werk gesprochen oder geschrieben werden. Sie müssen oft analysiert, interpretiert, übersetzt und zitiert wer-

---

[44] Da führen wir uns auf wie die Kinder, die anfangen zu heulen, weil sie jemand anderem wehgetan haben.

den und so weiter. Dabei spielen Schulen, Universitäten und Verlage die bedeutendsten Rollen. Find ich logisch. Eines Tages habe ich die Studie #frauenzählen gelesen, in der herauskam, dass 2018 noch doppelt so viele Bücher von Männern als von Frauen rezensiert und besprochen werden, dass Kritiken deutlich öfter von Männern verfasst werden und dass von diesen von Männern verfassten Kritiken drei Viertel wiederum Texte von Männern besprechen. Bei Frauen, die Kritiken schreiben, ist das Verhältnis zumindest ausgewogen. Nicht nur sind mehr Kritiken von Männern verfasst, sondern genau die sind meistens auch länger. Wenn das alles 2018 noch der Fall ist, brauchen wir uns wirklich nicht wundern, wie es so wenige Frauen in den deutschen Kanon geschafft haben.

Unterdrückten Stimmen aus der Vergangenheit zuzuhören hilft übrigens außerdem dabei, sich im Heute zurechtzufinden. Zu verstehen, dass seit Jahrhunderten das Gleiche gesagt, das Gleiche gefordert wird. Dass man nicht alleine ist. Dass man ein Recht hat, wütend zu sein auf die Welt, wenn sie nicht für einen gebaut wurde. Es hilft niemandem was, in Klassikern Rassismus oder Frauenfeindlichkeit kleinzureden mit „Mein Gott, damals war das halt so“, denn das wäre genau die Chance, zu verstehen, *wieso* es damals eben so war – und wieso sich seitdem eventuell gar nicht so viel geändert hat. Die Vergangenheit zeigt uns nicht nur, wo wir herkommen, sondern auch, wieso die Welt heute so ist, wie sie ist.

Wir finden Klassiker also so mega gut, weil wir durch sie ganz viel darüber lernen können, wo wir und unsere Gesellschaft herkommen. Über verschiedene Zeiten und was die Menschen damals bewegt hat, über Probleme und Denkweisen und menschliche Eigenheiten, die so wesentlich sind, dass sie heute noch genauso sind wie damals. Dass wir uns auf Klassiker aber einen runterholen, hängt auch mit Status zusammen und dem Fakt, dass wir damit angeben wollen, wenn wir was verstanden haben; wir wollen die Einzigen sein, die es *ganz* verstanden haben, wir wollen es besser verstehen als alle anderen. Und ein bisschen sind es auch einfach gute Texte, die uns beeindrucken, weil sie uns immer noch Gefühle fühlen lassen, obwohl sie schon so alt sind. Noch ein Grund dafür, den Klassiker-Kanon zu erweitern, um noch mehr solcher Bücher zu finden und sich beeindrucken zu lassen.

Wieso wir lesen, was wir lesen

Jetzt, da wir wissen, was alles Literatur ist und wofür wir Lesen im Generellen und Klassiker im Speziellen brauchen, schauen wir uns doch mal an, was genau so gelesen wird – und wieso. Natürlich habe ich jetzt keine wissenschaftliche Studie gemacht, welche Werke am häufigsten gelesen werden,[45] sondern mich auf den Bereich beschränkt, in dem ich mich auskenne: die Schule. Denn hier sollte, finde ich, besonders sorgsam ausgewählt werden, was gelesen wird. Ich habe mich also in die Deutsch-Lehrpläne für die Oberstufen aller deutschen und österreichischen Bundesländer eingelesen,[46] weil fast nur hier Klassiker gelesen werden, und um die wird's im Folgenden größtenteils gehen. Meine Recherchen ergaben, dass die Werkauswahl in den allermeisten Schulen relativ frei ist, also wenig konkret vorgegeben ist. Meistens wird verlangt, eine Ganzschrift, also ein komplettes Werk, aus einer bestimmten Epoche oder eines bestimmten Genres zu lesen. Oft gibt es, wie in Hessen, noch ein paar Eigenschaften, die das gewählte Werk haben muss. Zum Beispiel:

- ästhetische Qualität und geschichtliche Bedeutung
- exemplarischer Charakter für die jeweilige Epoche, Textart oder Gattung
- motiv-, form- und stilgeschichtliche Relevanz
- thematische Bedeutung für die Schüler*innen bezogen auf ihre Mit- und Umwelt sowie auf Grundprobleme der menschlichen Existenz

Das kann natürlich ein bisschen alles und nichts heißen. Und da stellt sich natürlich auch schon wieder die Frage, wer denn genau entscheidet, was ästhetisch und relevant

---

45 Und die Verkaufszahlen sind auch nochmal was ganz anderes als das, was wirklich gelesen wird.

46 Fuck ja, alle. So lieb hab ich euch.

ist und was Bedeutung hat.[47] Wenn man Schüler*innen fragt, ob die gelesenen Werke Bedeutung für sie hatten ... Können wir uns denken, seien wir ehrlich. In Bayern ist das einzige fest vorgeschriebene Werk *Faust,* in Bremen zum Beispiel sind die Autoren fix: Büchner, Goethe und Shakespeare. Drei *weiße,* christliche, cis boys also. Im Saarland werden fix *Nathan der Weise* von Lessing, *Faust* von Goethe, *Terror* von Ferdinand von Schirach und *Corpus Delicti* von Juli Zeh gelesen – das sind zumindest zwei Leute, die noch leben, und sogar eine Frau, juhu! In Sachsen ist einer der Wahlbereiche im Leistungskurs, in denen Lehrkräfte aus mehreren Themen aussuchen können, das Werk von Karoline von Günderrode. In Mecklenburg-Vorpommern wird ebendiese auch vorgeschlagen, genauso wie Werke von Bettina von Arnim, Annette von Droste-Hülshoff, Anna Seghers, Mascha Kaléko, Ingeborg Bachmann und sehr, sehr vielen Männern natürlich. Sachsen-Anhalt ist komplett eskaliert: Die haben einfach eine Liste mit Empfehlungen, auf der über 100 Autor*innen stehen und noch viel mehr Werke. Da stehen sogar 24 Frauen drauf – allerdings keine mit mehr als einem empfohlenen Werk und soweit ich recherchieren konnte nur *weiße,* nicht-behinderte und nicht-queere Autor*innen.

In Österreich sind die Werke an sich auch nicht festgelegt. Da sollen beispielsweise an allgemeinbildenden höheren Schulen antike Texte gelesen werden (die aber quasi automatisch von *weißen* Männern sind), dann kommen Mittelalter, Humanismus, Reformation, Barock und so weiter und so fort. Dabei sollen Sprach- und Gesellschaftswandel erkannt und die Themen auf das Heute bezogen werden. Im letzten Semester soll es sogar um Themen wie Interkulturalität, Migration oder Gender gehen. So festgelegt wie in manchen Teilen Deutsch-

---

47 Fragt mal Pierre Anthon aus *Nichts,* der ist da Experte, hab ich gehört.

lands sind die Lektüren also in Österreich nicht. Und: Auf Empfehlungslisten finden sich auffällig viele Frauen. Das ist mir tatsächlich im Studium auch schon aufgefallen: Wenn jemand nach Autorinnen fragt, fallen immer zuerst Ingeborg Bachmann und Elfriede Jelinek ein – beides Österreicherinnen.

Ich bin ehrlich: Bei den gefühlt gleichen drei Werken, von denen ich immer lese, dass ihr sie lesen müsst, dachte ich wirklich, mehr Lehrpläne hätten fixe Werke vorgeschrieben. Deshalb finde ich es wirklich eine berechtigte Frage, wieso denn gefühlt immer das Gleiche gelesen wird, obwohl man in der Schule theoretisch alles lesen kann. Was ist denn dieser Schulkanon eigentlich, den es offenbar offiziell gar nicht gibt? Wer hat den gemacht? Wer ist da drin? Wer nicht? Und wieso? Und meine Kernfrage: Wieso sind das fast alles Männer? *Weiße* Männer, um genau zu sein. *Weiße* cis Männer. *Weiße,* christliche cis Männer. *Weiße,* christliche, hetero cis Männer. *Weiße*, christliche, hetero cis Männer ohne Behinderung. *Weiße*, christliche, hetero cis Männer ohne Behinderung aus der „oberen Gesellschaftsschicht".

Das gilt natürlich für die Autoren der Werke, aber ganz oft auch für die Figuren *in* den Werken. Ganz einfach, weil man natürlich am besten über eigene Erlebnisse und Lebensrealitäten schreiben kann – das ist komplett normal und in Ordnung. Das Problem ist, dass diese super kleine Gruppe der Gesellschaft eben nicht nur über sich selbst schreibt, sondern über alle. Wenn das passiert, sind die Figuren voller Stereotype und Klischees und das spielt der Diskriminierung natürlich wieder perfekt in die Karten. Dann lesen wir nämlich Geschichten über Frauen, behinderte Personen, homosexuelle und/oder trans* Personen oder über Bi_PoC und haben ein komplett falsches Bild von ihnen, das uns erstmal wieder aus dem Kopf rausgeprügelt werden muss – mega anstrengend. Außerdem kann es wirklich großen Schaden anrichten, in der Schule Geschichten lesen zu müssen, in denen

Personen, die in Teilen sind wie man selbst, diskriminiert werden. Dass diese Perspektive als „gängig" gilt und sich die Autor*innen damals wie heute anmaßen, über alle zu schreiben, prägt uns und unser Weltbild. Der wirklich unlustige Witz an der Sache ist ja: Alle Menschen, die nicht *weiße*, christliche, hetero cis Männer ohne Behinderung aus der „oberen Gesellschaftsschicht" sind, werden als „anders" dargestellt und abgestempelt und unterdrückt. Dabei ist es doch genau andersherum mit der Minderheit.

Ich konnte nicht genau ausrechnen, wie viel Prozent der Gesamtbevölkerung unsere „klassischen" Klassikerautoren ausmachen, aber meine blauäugige erste Einschätzung war: „Vielleicht so 20 Prozent" – haha, I wish. Zum Bürgertum, zu dem die meisten dieser Schriftsteller gehörten, zählten nur sieben bis zehn Prozent der Bevölkerung. Das ist nur eine der sieben Kategorien, und wenn wir davon ausgehen, dass die Hälfte des Bürgertums Frauen waren (was wahrscheinlich nicht ganz stimmt), sind wir schon bei fünf Prozent oder drunter. Wenn man alle Kategorien zusammenrechnet – was ich nicht mal könnte, wenn ich die Zahlen hätte, machen wir uns nichts vor –, dann, na ja, also sagen wir so: In den Bundestag würde es die Partei der Klassikerautoren nicht schaffen.

Da muss einem doch schon das pädagogische Herz bluten. Wie soll ich denn die ganze deutsche Literaturgeschichte lehren, wenn ich nur Werke einer super kleinen Nischengruppe lese? Sorry, wahrscheinlich halt gar nicht. Bevor jetzt bestimmte Leute einen roten Kopf bekommen, zwei Dinge: Ich will nicht, dass alle diese Autoren aus dem Lehrplan verschwinden. Ich will keine Werke „verbieten",[48] ich möchte nur ergänzen. Und: Ich will nicht den Lehrkräften die Schuld in die Schuhe schieben. Ein Werk, zu dem es wenig bis kein Unterrichtsmaterial gibt, mit einer Klasse zu lesen, ist fast schon unmöglich. Man müsste

---

[48] Außer die scheiß *Marquise von O. ...* vielleicht, aber dazu kommen wir noch.

alle Materialien selber erstellen und erarbeiten – dazu fehlt einfach meistens die Zeit. Aber lasst uns doch mal ganz genau hinschauen und fragen, wie es dazu kommen konnte, dass die Nische einer Nischennische die deutsche Literatur eingenommen hat. (Spoiler: Die Zauberwörter fangen mit P und W an und enden mit atriarchat und hite Supremacy.) Wie es sein kann, dass Diversität und marginalisierte Sichtweisen in der Literaturauswahl für die Schule schlichtweg keine Rolle spielen. Willkommen im zweiten Teil des Buches: Wie zum Fick ist unser Schulkanon eigentlich hierhergekommen?

Who the fuck is Faust?

Dass Goethes *Faust* so berühmt und wichtig für die deutsche Literatur wurde, hat im Groben zwei Gründe: Goethe und Faust. Wir wissen ja schon, dass Goethe mit Schiller einer der wichtigsten Babos[49] der deutschen Literaturgeschichte war. Aber *Faust* ist quasi DAS deutsche Drama überhaupt. Das einzige Stück, das zum Beispiel namentlich im bayerischen Lehrplan für Gymnasien steht. Das berühmteste, meistzitierte Werk der deutschen Literaturgeschichte, auf das sich immer noch alle Literaturwissenschaftler*innen und Lehrkräfte einen runterholen. Nur wieso eigentlich?

Da haben wir als Erstes den Fauststoff. An *Faust* hat Goethe wirklich, wirklich lang gearbeitet. Doch nicht nur er! Das ist das Ding: Der Fauststoff ist ewig alt und war bei den Leuten sehr bekannt. Auf Wikipedia stehen einfach insgesamt über 50 literarische Werke mit Faust-Bezug, darunter eben Goethe, aber auch Thomas Mann[50] und sein Sohn Klaus Mann, Storm, Heine, Hesse, Lessing, bla bla. Ungefähr alle wichtigen deutschen boys halt. Auch zum Beispiel Christopher Marlowe (der mit Shakespeare

[49] Oh Gott, sagt man das noch? Bestimmt nicht. Na ja.

[50] Hassen wir. Er hat ein ganzes Kapitel bekommen.

gemeinsam geschrieben hat) hat schon ein Drama über Faust verfasst. *Faust* ist also nicht irgendeine von Goethe erfundene Story, sondern nimmt Bezug auf eine historische Person, die die Leute über Generationen hinweg fasziniert hat.

Wer ist dieser historische Faust jetzt also? Na ja, das ist der Witz: Das weiß man nicht ganz genau. Es gab ziemlich sicher einen Dr. Johann Georg Faust, der um 1500 gelebt hat – um die Zeit spielt auch Goethes *Faust*. Der hat in Knittlingen in Baden-Württemberg gewohnt und war Zauberer. Jep, ich dachte auch, dass er ein super anerkannter Wissenschaftler war, wie bei Goethe. Na gut, genau genommen war er Alchemist und Astrologe, aber auch Wunderheiler, Magier und Wahrsager – ein richtiges Multitalent also.[51] Mit seinen Skills (die die meisten für Quatsch gehalten haben) ist Faust von Stadt zu Stadt gezogen, um sein Geld zu verdienen. Wilder Kerl also, über den es ein paar wilde Geschichten gibt: Er soll Horoskope erstellt haben, die später wahr geworden sind, er soll wegen dunkler Magie im Gefängnis gewesen sein, er soll einem Geistlichen ein Mittel verschrieben haben, durch das sich seine Haut abgelöst haben soll, lauter so lustige Sachen. Gestorben soll Faust bei dem Versuch sein, Gold herzustellen (das war das Ziel der Alchemie, die sowas wie die Vorstufe der Chemie war). Weil seine Leiche so furchtbar aussah, waren sich die Leute sicher: Der Teufel selbst muss ihm seine Seele aus dem Leib gerissen haben. Klar. Das wird's gewesen sein. Nicht die Explosion oder so. Weil die Leute wilde Geschichten lieben, wurden die Geschichten immer wilder mit der Zeit, vor allem nach Fausts Tod. In diesen Geschichten, die dann auch verschriftlicht wurden, heißt Faust manchmal Johann Georg, manchmal nur Johann oder Georg oder Jörg und bei Goethe heißt er Heinrich, weil: Warum nicht, was kostet die Welt?! Und je länger

51 Hundert Pro hätte dieser Faust selber Masken gehäkelt und Corona mit Steinen geheilt, hätte er die Chance gehabt.

der echte Faust tot war, desto mehr sind die Fakten und die Legenden über ihn zu einem Brei verschwommen, in dem man keine Stückchen mehr sieht.[52] Es gab also tausend Millionen Legenden und die hat Johann Spieß 1587 in seinem Buch *Historia von D. Johann Fausten* gesammelt und veröffentlicht. Da beschwört Faust dreimal Mephisto und kapiert beim letzten Mal erst, dass das der Teufel ist. Dann schließt er einen Vertrag mit ihm, besucht die Hölle oder diverse Sterne, beschwört Helena aus der Unterwelt, all the fun stuff. Dieses Buch wurde irgendwann die Nummer-eins-Quelle für alle Leute, die etwas über Faust schreiben wollten – und das waren unendlich viele, allein weil es unendlich viele Legenden über den Typen gab. Und natürlich ist alles, wo der Teufel auftaucht, immer besonders interessant.

Die Geschichten um Faust gehören also zu den berühmtesten im deutschsprachigen Raum und er war und ist darüber hinaus bekannt, zur Zeit Goethes noch mehr als jetzt. Heißt auch: So wirklich selbst ausgedacht hat Goethe sich die Geschichte nicht. Das ist ja insgesamt ein Thema bei Klassikern: Sie sind im Grunde oft einfach sehr gut geschriebene Fanfiction – also reale Personen oder Begebenheiten verwoben mit Fiktion. *Faust*, also das Stück von Goethe, ist 1808 erschienen, beschäftigt hat sich der Autor mit dem Stoff aber schon seit 1770 ungefähr. Goethes erster Kontakt mit dem Fauststoff war ein Puppentheater, was komplett nichts zur Sache tut, ich finde das nur einfach mega witzig. Auslöser für seine Arbeit an dem Stück war jedoch die Hinrichtung von Susanna Margaretha Brandt, die (wie Gretchen) ihr Kind getötet hat. Auch die Gretchentragödie hat Goethe sich also nicht selbst ausgedacht, der alte Halunke.[53] So entstand zunächst der *Urfaust*, der allerdings erst nach Goethes Tod veröffentlicht wurde. Darin liegt der Fokus sehr auf der Gretchenstory, Mephisto

---

52 WOW, war das ein ekelhafter Vergleich, tut mir leid.

53 Tschuldigung dafür!

taucht zwar auf, aber eine wirkliche Wette gibt es nicht. Und das ganze Gelehrtending ist relativ kurz gehalten. In *Faust. Ein Fragment*, das 1788 fertig war, fehlt noch die Kerkerszene, in der Faust Gretchen vor der Hinrichtung retten will, dafür ist ein bisschen mehr Mephisto und ein bisschen mehr Gelehrtentragödie drin. Ab da dauerte es nochmal 20 Jahre, bis *Faust. Der Tragödie erster Teil* fertig war. Über den zweiten Teil will ich übrigens wirklich nicht reden, weil, puh, war Goethe da alt und auf Droge, das muss wirklich niemand verstehen und den liest man komplett zu Recht nicht in der Schule.

Was ist jetzt so besonders an dem Stück selbst? *Faust* wurde in der Weimarer Klassik geschrieben, das muss man hier mitdenken. Wenn die im klassischen Drama dieser Zeit was geliebt haben, dann Regeln: die Freytagsche Dramenpyramide, die Einheit von Ort (keine Nebenschauplätze), Zeit (Handlung spielt an einem einzigen Tag) und Handlung (keine Nebenhandlungen), fünf Akte, Blankvers, alles das. Vielleicht kennt ihr *Maria Stuart* von Schiller oder *Iphigenie auf Tauris* von Goethe, das sind Musterbeispiele. Und Goethe denkt sich jetzt einfach „I don't think so, baby" zu allen Regeln, die er selbst so trendy gemacht hat. *Faust* hat keine Akte, die Szenen haben Titel, es gibt grob tausend Schauplätze, Figuren und Nebenhandlungen (in *Faust II* noch viel mehr), einen freien Rhythmus, die Handlung dauert länger als neun Monate – kurz: Das Ding hält sich an keine einzige Regel des klassischen Dramas. Kein Wunder also, dass das Werk (erstmal) nur so mittelgut ankam – und wenn es gut ankam, dann auch eher bei der Jugend. Unvorstellbar, oder? *Das* Alte-*weiße*-Männer-Stück überhaupt war, als es herauskam, Protest, war Auflehnung gegen bestehende Regeln und kam bei Goethes eigener Altersgruppe (er war 59, als es erschienen ist) echt nur durchwachsen an. Die Rezensionen haben sich geteilt in „Das war's, das ist das Ende des deutschen Dramas!" und „Das ist die Zukunft des deutschen Dramas!". Uraufgeführt im Theater wurde das Stück erst über zehn

Jahre nach Erscheinen des Buches und auch da nur einzelne Szenen daraus. Es ist also nicht erschienen und alle sind sofort ausgerastet. Es ist erschienen und die Leute waren sich uneinig, ob Goethe jetzt durchgedreht ist oder nicht.[54] Hier sieht man wieder sehr schön, dass genau das, was an *Faust* damals neu, anders und vielleicht ein bisschen sonderbar war, das ist, was ihn jetzt so berühmt macht. Fast so, als wäre das auch irgendwie der Sinn von Literatur und Kunst überhaupt, nicht immer alles wie die anderen zu machen und mit Regeln und Traditionen zu brechen. Groundbreaking.

Deutschland war also 1808 noch nicht wirklich bereit für Goethes *Faust*, was auch daran liegt, dass Faust ziemlich die erste moderne Figur war, die auf der deutschen Bühne dargestellt wurde. Faust hängt in Goethes Werk zwischen Religion, Wissenschaft und Natur, zwischen dem Streben nach Wissen und seinen Trieben, zwischen Midlife-Crisis und Pubertät, zwischen Verführung, Ehrgeiz und Selbstfindung. Das war ein bisschen viel für die Leute der Weimarer Klassik, die der festen Überzeugung waren, dass das eigene Verderben eine komplett gerechte Strafe dafür ist, wenn man sittlich oder moralisch Scheiße gebaut hat.[55] Später, um die Zeit der deutschen Reichsgründung herum, also Ende des 19. Jahrhunderts, wurde das Werk wiederentdeckt und Faust zum Prototyp-Mensch (bzw. Mann) auserkoren, was höchst problematisch ist.

Fakt ist: Goethes Faust verkackt. Richtig hart. Immer wieder. Alles, was er am Anfang will, ist ein sinnvolles Leben und zum Schluss hat er eine 14-Jährige geschwängert und in den Kerker gebracht, ein totes Kind, halb aus Versehen einen Mord begangen und an noch einem Mitschuld und was weiß ich was für Geschlechtskrankheiten von diversen Hexen. Faust war am Anfang des Stücks ein

---

54 Ist er. Aber erst später.

55 Was Faust sowas von tut, holla die Waldfee, und damit auch noch davonkommt.

hochangesehener Gelehrter und zum Schluss ist er ein spätpubertärer Lustmolch mit dem mächtigsten Sidekick der Literaturgeschichte. Ich würde also davon abraten, Faust zu glorifizieren, just saying. Genauso finde ich die Diskussion etwas befremdlich, wie und ab wann Gretchen schuldig ist. Schuldig? Sie ist ein 14-jähriger Teenager, der von einem alten Mann und dem Teufel höchstpersönlich gegroomt wird, was soll sie denn machen? Das ist komplettes victim blaming, wenn man mich fragt.

Was (meiner Meinung nach) an Goethes *Faust* so aktuell bleibt, ist das Streben nach Sinn, obwohl man nicht mal weiß, wie dieser Sinn aussehen soll oder ob es den überhaupt gibt. Und die Frage, was man alles tun und riskieren würde dafür, ihn zu finden. Aber auch, dass man immer mehr über die Welt und darüber, was man alles nicht weiß und versteht, nachdenkt, je mehr man weiß und versteht. Oder dass man immer trauriger wird, je mehr man weiß und versteht. Mir geht's zum Beispiel immer so, wenn ich über die Klimakrise oder strukturelle Diskriminierung nachdenke, oder insgesamt ... über die Welt. Faust zeigt eben, dass es menschlich ist, verzweifelt alles zu probieren, um das eigene Leben lebenswert und sinnvoll zu machen, auch wenn die Vorschläge vom Teufel höchstpersönlich kommen. Ich weiß nicht ganz genau, was ich alles tun würde, wenn mir jemand ein glückliches und erfülltes Leben verspricht. Eventuell keine 14-Jährige schwängern. Aber wohl schon einiges.

Faust kann also von mir aus gerne als das wichtigste Werk der deutschen Literaturgeschichte bezeichnet werden, „eines der wichtigsten" würde jedoch reichen, so genau kann man das doch nie sagen. Ich persönlich hab *Faust* in der Schule schon geliebt – und das nicht nur, weil ich eine tolle Lehrerin und 15 Punkte in der Examenprüfung hatte. Nicht nur, weil ich in unserer Inszenierung Gott gespielt hab und mir Sünden für das Publikum ausdenken durfte. *Faust* hat mit mir was gemacht, was in mir berührt. Auch sehr viel Fremdscham und Ekel, aber gut. Das sind ja genauso Gefühle.

Goethe und Schiller – unsere Klassik-Bros

Goethe und Schiller sind unbestritten die zwei bekanntesten Literaten, die die deutsche Literaturgeschichte so hat. Fragt sich nur, warum? Also nicht „warum" im Sinne von „ich bezweifle das", sondern „warum" im Sinne von „alle sagen das immer und es hat mir nie jemand erklärt und auf gutefrage.net konnte das niemand komplett beantworten, help". Ich hab mir die beiden mal genauer angeschaut und hoffe, dass ich diese Frage vollständig beantworten kann. Die größte Enttäuschung vorneweg: Nein, es ist nicht sicher, ob die beiden mehr als Freunde waren, wenn ihr wisst, was ich meine. Ich habe mich durch alle (!) ihre Briefe gelesen und leider keine eindeutigen Hinweise gefunden. Ja, sie waren eng befreundet. Ja, sie haben sich davor bissi gehasst. Ja, sie waren best friends und haben sich manchmal ein bisschen mehrdeutig ausgedrückt, aber das beweist im geschichtlichen Kontext leider gar nichts, so sorry. Also eventuell keine gay icons[56], die zwei. Dann schauen wir uns halt ihre Literatur genauer an, mein Gott, wenn es sein muss.

Goethe und Schiller waren beide super jung, als sie ihre ersten literarischen Erfolge hatten. Das sag ich deshalb dazu, weil ich die immer als alte Männer im Kopf hatte. Im Sturm und Drang, was insgesamt eine junge Bewegung war, war Goethe erst Mitte 20. Als er den *Götz von Berlichingen* geschrieben hat, war Goethe 24 Jahre alt, *Die Leiden des jungen Werthers* verfasste er mit 25. Schiller war 22-jährig, als er *Die Räuber* geschrieben hat – ich finde, das hat man irgendwie gar nicht im Kopf. Da kannten die beiden sich noch nicht, das kam erst, als Goethe 39 und Schiller 28 war. Und holla, die beiden waren zunächst keine Fans voneinander. Goethe kam grad von seiner berüchtigten Italienreise wieder und war

56 Wobei sie sich nachweislich tatsächlich ein Mal geküsst haben! Da haben sie sich doll über ein Wiedersehen gefreut, weil sie davor beide super krank waren und sich deshalb ewig nicht gesehen haben.

sehr ernst unterwegs und Schiller war, na ja, einfach ein überhyptes Baby für ihn. „Schiller war mir verhasst“, hat Goethe sogar mal geschrieben. Schiller erinnerte ihn zu sehr an sich selbst, als er noch jung und wild war – und wofür er sich später schämte.

Erst sechs Jahre später trafen sich die beiden wieder. Nachdem Schiller Goethe einen Brief geschrieben hatte, waren die beiden best friends bis zu Schillers Tod zehn Jahre darauf. Sie schrieben sich unendlich viele Briefe, die alle gut dokumentiert sind. Schiller fanboyt darin Goethe und der fühlt sich verstanden.[57] Goethe dachte mit der Zeit immer mehr, dass Schiller der Einzige wäre, der seine Auffassung von Kunst und Literatur verstand. Diese Freundschaft ist ein wichtiger Grund dafür, dass die beiden heute so bekannt sind. Sie haben sich über die Zeit von einem Jahrzehnt hinweg schriftlich über Literatur ausgetauscht, was bedeutet, dass wir durch sie ganz genau wissen, was damals wichtige Themen und das Ziel von Literatur waren und womit die beiden gestruggelt haben. Probleme hatte Schiller jedenfalls immer ein bisschen mehr als Goethe. Er war eben nicht ganz so berühmt, nicht ganz so reich und nicht ganz so gesund. Er war immer wieder krank und starb mit nur 45 Jahren an einer Lungenentzündung.[58] Die beiden haben viel zusammen geschrieben, abwechselnd, im Wettstreit und als Team. Diese Zusammenarbeit war so eng, dass man bei manchen Texten nicht weiß, welcher Teil von wem ist. Es gibt zum Beispiel den berühmten Balladenzyklus *Wallenstein*, die beiden haben aber auch kecke Gedichte über andere Dichter geschrieben und sie darin ein bisschen verarscht. Außerdem haben sie beim Schreiben verschiedene Drogen ausprobiert und zum Beispiel rausgefunden, dass sich betrunken oder auf Opium deutlich

[57] Da hätte Goethe auch easy mit seiner Schwester drüber reden können, aber siehe das Kapitel über Frauen.

[58] Goethe hingegen wurde 82 und wollte kurz vor seinem Tod noch eine 17-Jährige heiraten, ew.

besser schreiben lässt als bekifft. Die beiden waren also wirklich nicht immer die ernsten, alten Männer, die über die großen Probleme der Menschheit sinniert haben. Sie waren auch einfach Menschen, die Spaß haben wollten.

Heute bezeichnet man die Zeit zwischen Goethes Italienreise und Schillers Tod als „Weimarer Klassik". Manchmal heißt es auch von der Reise bis Goethes Tod, je nachdem, wen man fragt. Dass die Weimarer Klassik die Perle unter den Literaturepochen ist, merkt man schon daran, dass wir alles „klassische" Literatur nennen und „Klassiker", was einfach gute und bedeutsame Literatur sein soll. Der Höhepunkt der Weimarer Klassik ist das (gemeinsame) Schaffen von Goethe und Schiller. Ich will jetzt nicht zu genau erklären, was die Weimarer Klassik ist, aber ganz grob ist das Ziel der Klassik, an die Kunst der griechischen Antike ranzukommen – oder das, was die Leute dafür hielten. Da wurden Abhandlungen darüber geschrieben, was das Schönheitsideal damals war und wie Kunst – bildende Kunst und auch Dichtung – auszusehen haben, damit man möglichst nah an das antike Ideal rankommt. Sie haben also nicht die Klassik erfunden, sondern sich an dem orientiert, was für sie klassisch war.

Ich bin kein riesiger Fan der Klassik, also ganz subjektiv, weil mir das alles ein bisschen zu angeberisch ist. All diese Harmonie und der Einklang zwischen Pflicht und Neigung schreit für mich einfach nur nach Privilegien. Wenn man zum Beispiel weiß, dass Schiller seine Abhandlung über Würde mit vergorenen Äpfeln im Schreibtisch geschrieben hat, die ihn high gemacht haben, die aber so gestunken haben, dass Goethe ihm gedroht hat, ihn nie mehr zu besuchen, wenn er sie nicht endlich wegschmeißt – ich weiß auch nicht ... Andererseits spiegelt die Klassik immer noch sehr die deutsche Mentalität wider, finde ich. Während in der Zeit der Französischen Revolution Leute auf der Straße kämpften und sich gewaltsam holten, was sie wollten für sich selbst und den Staat, wollten Goethe und Schiller und die anderen Klassikdudes eine Evolution statt einer Revolution. Sie wollten mit Abhandlungen und Vernunft die Welt ändern – quasi von zu Hause aus. Man muss sich das bildhaft vorstellen: Überall brennt alles, ganz Europa ist in Aufruhr, alles ist instabil und die deutschen Dichter und Denker schreiben Dramen über Harmonie und schöne Seelen. Na ja.

Auf jeden Fall gelten die Werke aus der Weimarer Klassik – und damit eben vor allem die Werke von Goethe und Schiller – oft als das Ästhetischste (also das Schönste und Formvollendetste), was die deutsche Literaturgeschichte so zu bieten hat. Der Fokus lag auf dem Drama, Lyrik gab es auch in überschaubarem Maße und Epik bzw. Prosa, also längere zusammenhängende Erzählungen, gab es kaum. Werke wie *Maria Stuart*, *Iphigenie auf Tauris* oder *Wilhelm Tell* sind im Blankvers geschrieben, die Sprache ist einheitlich und geregelt, die Form ist fix und immer gleich, alles ist symmetrisch. Es gelten die Regeln von Aristoteles, alles ist vorgegeben, es wird dem hinterhergeschrieben, was für das höchste künstlerische Ideal gehalten wurde – komplett ohne Bezug zur damaligen Realität. Das führt eben dazu, dass ich persönlich das alles ein bisschen aufgesetzt und langweilig finde. Aber es trägt eben auch dazu bei, dass die Werke noch ein bisschen zeitloser sind als andere Klassiker – schließlich waren sie schon aus der Zeit gefallen, als sie geschrieben wurden.

Zusammenfassend lässt sich also sagen: Die Weimarer Klassik ist die berühmteste Literaturepoche der deutschen Literaturgeschichte und Goethe und Schiller waren (mit Wieland und Herder, zugegeben) die berühmtesten Typen in der Weimarer Klassik, deshalb sind sie insgesamt die berühmtesten Typen der deutschen Literaturgeschichte. Ich gebe zu: Ich habe auch ein bisschen mehr erwartet, aber recht viel mehr gibt es dazu eigentlich nicht zu sagen. Zur richtigen Zeit am richtigen Ort die richtige Kunst gemacht und den richtigen boy, äh best friend gehabt.

Es gibt keine Frauenliteratur

Ich glaube, ihr könnt euch nicht vorstellen, wie genervt manche Professor*innen von mir waren, als ich noch studiert habe. Ich war nämlich die, die immer nach der ersten Sitzung eine E-Mail geschrieben hat mit der Frage, ob es denn nicht möglich wäre, in dem Kurs auch etwas von einer Frau zu lesen. Nur ein Werk von über zehn, die wir im Semester behandeln sollten. Nur eins. Ein einziges. Bitte, bitte. Die Antwort von allen, bis auf einen Dozenten[59] (bei Dozentinnen musste ich die E-Mail nie schreiben überraschenderweise, wer hätte das gedacht?!), war immer die gleiche: „Es gibt ja nix. Frauen haben einfach nicht geschrieben. Es gibt aus dieser Zeit/zu diesem Thema/aus dieser Gattung/you name it einfach nichts von Frauen, geschweige denn von genderqueeren Personen." Im Folgenden wird es leider erstmal sehr binär zugehen und es wird von Männern und Frauen die Rede sein, genauer: von *weißen* cis Männern und *weißen* cis Frauen. Zu queeren Personen gibt es allerdings auch noch ein Kapitel, I promise! Da ist die Forschung nur leider *noch* weiter hinten.

Was ich damals schon im Gefühl hatte, kann ich jetzt gut recherchiert behaupten: Dass es nichts gibt, ist kompletter Bullshit. Frauen haben geschrieben, immer schon. Sie *sollten* jedoch nicht. Sie wurden aktiv davon abgehalten, schreiben zu lernen, zu lesen, zu veröffentlichen, und – sollten sie das doch geschafft haben – wurden sie nach ihrem Tod wieder aus den Regalen, Bibliotheken und Leselisten verdrängt. Nicht aus Versehen vergessen, nicht *whoopsie* hinters Regal gefallen, sondern mit Absicht verdrängt. Von Männern. Nein, nicht von allen Männern natürlich, aber halt auch *nur* von Männern. Darum geht's. Ebendiese Männer waren und sind es, die entscheiden, was

[59] Shoutout an der Stelle! Er hat nicht nur seinen Kursplan umgeschmissen, sondern auch zugegeben, dass ihm das nicht mal aufgefallen ist und dass das Teil des Problems ist.

ein Klassiker wird und was nicht. Und es wurde mehrfach bewiesen, dass zwar alle immer so tun, als würde es dabei nur um die Qualität der Literatur gehen, am Ende besprechen Männer einfach lieber und öfter andere Männer und deren Bücher und sie finden diese tendenziell auch besser. Das heißt natürlich nicht, dass alle Männer evil sind, das heißt nur, dass wir schon sehr lange in einem *weiß*-eurozentristischen Patriarchat leben und Männer so bisher machen durften, was sie wollten – und das ist für niemanden gut.[60] Aber starten wir erstmal ganz vorne. Ganz, ganz vorne. Bei Roswitha von Gandersheim.

Wer? Roswitha von fucking Gandersheim, die erste deutsche Dichterin, von der wir wissen. Sie hat so um 950 rum gelebt und war eine Stiftsdame.[61] Sie gehörte also zu einem Orden, ohne ein Gelübde abgelegt zu haben, die Rebellin. Roswitha war auf jeden Fall ultra gebildet und hat die sieben freien Künste studiert – und darüber hat sie auch geschrieben, und zwar auf Latein. Sie hat sogar ihr eigenes literarisches Schaffen in drei Kategorien eingeteilt (das Legendenbuch, das Dramenbuch und historische Schriften) und ich find's nur geil. Außerdem hat sie unter anderem Dramen geschrieben, in denen Heldinnen – ja, Frauen, ganz richtig – im Mittelpunkt standen und sich gegen gewalttätige Herrscher durchsetzen mussten. Das taten sie mit Klugheit und Mut. Wie gut klingt das? Der erste deutsche Dichter, von dem wir Überlieferungen haben, lebte übrigens keine 100 Jahre davor. „Damals haben Frauen einfach noch nicht geschrieben" will ich also einfach nie wieder hören. Benutzt das Internet, dafür ist es da, Suchmaschinen sind gratis. Noch ein kleiner not so fun fact: Der Historiker Joseph von Aschbach wollte im 19. Jahrhundert beweisen, dass Roswitha nicht echt gewesen sein konnte. Der Grund? Eine Frau hätte auf keinen Fall so gut Latein

---

60 Genau, damit meine ich vor allem Elon Musk und Jeff Bezos.

61 Haha, im doppelten Sinne. Versteht ihr? Sagt mir bloß nicht, der ist schlecht, weiß ich selbst, aber ich konnte ihn nicht liegen lassen.

gekonnt, genauso wie sie auf keinen Fall so komisch und erotisch hätte schreiben können. Das ist mittlerweile komplett widerlegt, zeigt dennoch ganz gut, wie tief der Gedanke von „Hä, eine Frau kann doch gar nicht xy" sitzt und wie lange er schon existiert und einfach bullshit ist. Genauso lange, wie Frauen schreiben, wollen ihnen Männer einreden, dass sie es nicht können. So einfach ist das leider. Und so kann es passieren, dass es Leute gibt, die mitverantwortlich dafür sind, was an Schulen gelesen werden muss, und Zeitungen wie der *Süddeutschen* in Interviews erzählen wollen, es gäbe wirklich einfach zu wenig Literatur von Frauen, weil sie ganz lange gar nicht geschrieben hätten, und wenn doch, seien die Werke „nicht geeignet"[62] – schließlich seien „Frauenthemen", was auch immer das sein soll, nicht relevant genug, um alle etwas anzugehen. Es ist so scheiße schade, dass es immer noch so viele Leute gibt, die das wirklich glauben. Leute, die Ahnung haben, die das studiert haben, die es einfach besser wissen müssten.

Um das also ein für alle Mal klarzustellen: Frauen haben immer schon geschrieben – angefangen im Kloster oder am Hofe –, nur unter deutlich erschwerten Bedingungen. Morgens vor dem Aufstehen oder abends, nachdem alle im Bett waren, im Geheimen oder unter Pseudonym, manchmal auch im Namen ihrer Ehemänner, Brüder oder Väter. Goethe hat die Briefe seiner Schwester verbrannt, weil sie zu gut geschrieben waren, und gleichzeitig hat er behauptet, Frauen könnten keine Kunst schaffen. Frauen konnten sich nicht wie Thomas Mann einfach wochenlang von der eigenen Familie wegsperren, um ungestört arbeiten zu können. Frauen hatten das Essen zu kochen, die Kinder zu versorgen und den Haushalt zu führen, sie hatten gefällig zu sein und ihre ehelichen Pflichten zu erfüllen. Wenn es ihnen nicht gut ging, wurde ihnen eine Kur verschrieben und damit alles, was Kunst ist, verboten. Kein Lesen, kein

---

62 Als ich das gelesen habe, bin ich vom Schreibtisch aufgestanden und hab in ein Kissen geschrien, no joke, fragt meinen Nachbarn.

Malen, kein Schreiben, das wäre zu anstrengend für „das schwache weibliche Geschlecht“ gewesen. Das ist also, weshalb es wirklich deutlich weniger alte Werke von Frauen gibt. Nicht, weil sie „einfach nicht geschrieben haben“, sondern weil sie aktiv daran gehindert wurden. Das begann schon in der Kindheit: Die Erziehung von Mädchen war darauf ausgerichtet, dass aus ihnen gute Gattinnen und Mütter wurden, und nicht darauf, sie zu bilden.

Wenn man sich jetzt heute mit Leuten darüber unterhält, was sie so lesen und von wem, kriegt man meistens die Antwort, dass das Autor*innen-Geschlecht egal sei. Gut muss das Buch halt sein. Trotzdem haben die meisten Leute deutlich mehr Männer als Frauen im Regal stehen – sei es die Autor*innen oder die Protagonist*innen betreffend und auch, wenn es um aktuelle Literatur geht. Immer noch werden deutlich mehr Männer als Frauen verlegt, und je höher das Ansehen eines Verlages ist, desto weniger Frauen werden veröffentlicht. Komisch, oder? Fast, als wäre das ein strukturelles Problem. Eine der Folgen: In Deutschland lässt sich immer noch sehr gut Abitur machen, ohne auch nur ein einziges Werk von einer Frau oder einer genderqueeren Person gelesen zu haben, ganz zu schweigen von anderen Marginalisierungen. Auf dem Satz kann man erstmal ein bisschen rumkauen. Trotz der ganzen Studien und wiederentdeckten Werke und obwohl der Staat weiß, *dass* und *welche* Stimmen unterdrückt werden, weil er die Studien teilweise selbst in Auftrag gibt, ist das heute immer noch so. Wie kann das denn bitte sein?

Die *Süddeutsche Zeitung* hat versucht, genau das rauszufinden und mit den Kommissionen zu sprechen, die festlegen, was in den einzelnen Bundesländern in der Schule gelesen werden muss. Erfolg hatte die Redaktion dabei keinen. Nur aus Baden-Württemberg wollte jemand Verantwortliches mit ihnen sprechen. Diese Person ist der Frage nach fehlenden Frauen erst mit einem „Na ja, es beschwert sich immer irgendwer über irgendwas“ ausgewichen und hat schließlich Folgendes geantwortet: „Es gibt halt einen engeren Kanon, und Goethe, Schiller, Kleist, Kafka, Eichendorff gehören dazu." Wo wir wieder dabei wären, dass die Antwort auf die Frage „Warum ist das so?" „Weil es halt so ist" lautet. Was für ein Meisterwerk der Argumentation – und das von einer Fachkraft! Der Kanon ist das Totschlagargument, die feste, unveränderliche Instanz, die uns vorschreibt, was wir lesen *müssen*, dabei ist das kompletter Quatsch. *Wir* entscheiden, was der Kanon ist. Der Kanon ist veränderbar und war es auch immer schon. Es ist schließlich nicht einfach irgendwann eine Liste mit Werken von Männern vom Himmel gefallen, der Kanon wurde *gemacht*, mit System. Was ihn nicht zu einem Argument dafür macht, dass man nichts von zum Beispiel Frauen lesen soll, sondern zu einem Beweis dafür, warum fast nur Männer gelesen werden. Und wenn man bedenkt,[63] dass Frauen vor dem Gesetz noch keine vollwertigen Menschen waren, als Goethe sein Genie zugesprochen wurde, wundert einen eigentlich auch gar nichts mehr.

Das ist natürlich alles nicht mega offensichtlich – und das ist Teil des Problems. Was wir lesen, ist halt, was wir lesen. Man hat das Gefühl, dass man daran nichts ändern kann, vor allem rückwirkend, und dass die Auswahl im (Schul-)Kanon objektiv und neutral ist. Aber das stimmt nicht: Sie ist, wie wir jetzt wissen, patriarchal und diskriminierend geprägt, wie so ziemlich unser ganzes Leben. Doch: Wir können das nicht nur ändern, wir *müssen* es auch. Alle Literaturwissenschaftlerinnen, mit denen die *Süddeutsche Zeitung* geredet hat, waren sich nämlich komplett einig, dass sich ohne Probleme ein rein weiblicher Kanon für die Schule bilden lassen würde.[64] Es geht eben nicht nur darum, was die Epochen und Gattungen widerspiegelt oder gut in den Lehrplan passt. Es geht auch um Repräsentation, es geht um Vorbilder für alle in der Klasse, es geht darum, wem zugehört wird und wer zuhören muss,

[63] ... oder das Kapitel über Klassiker liest, ehem. Ich sag's nur.

[64] Das hab ich gemacht. Findet ihr hinten im Buch!

wer erzählen darf und wessen Geschichte dafür nicht „wichtig genug" oder „geeignet" ist. Das lässt sich auf FLINTA+-Personen genauso beziehen wie auf alle anderen marginalisierten, also gesellschaftlich an den Rand gedrängten, und diskriminierten Menschen. Die Summe aller literarischen Bücher, die wir in der Schule lesen, sollte doch zumindest einen Großteil der Gesamtbevölkerung abbilden – und nicht nur die eine Nischennische, die wir eh alle schon auswendig kennen und die alles andere mit „damals war das halt so" blockiert.

Dadurch, dass Literatur so patriarchal geprägt ist und war, sind wir alle daran gewohnt, die Welt durch die Brille (*weißer*) Männer zu sehen.[65] So lernen wir, wie Männer denken, wie sie fühlen, wie sie erwachsen werden, was sie bedrückt, worüber sie sich freuen, was ihnen etwas bedeutet. Männliches Erleben ist eben menschliches Erleben – und weibliches Erleben ist eine Nische. Marcel Reich-Ranicki, einer der wichtigsten deutschen Literaturkritiker, hat zum Beispiel einmal gesagt: „Wen interessiert schon, was die Frau denkt, was sie fühlt, während sie menstruiert?" – das sei dann nämlich keine Literatur, sondern „ein Verbrechen". EIN FUCKING VERBRECHEN. Ich raste komplett aus. Reich-Ranicki hat übrigens auch behauptet, Frauen könnten sehr viel besser Gedichte und Novellen als Romane schreiben, „fragen Sie mich nicht, warum. Fragen Sie einen Gynäkologen!" Ah, wow, weil ich ja alles mit Menstruationsblut schreibe, klar. Literatur von Männern ist also schlicht Literatur und damit für alle – neutral und allgemeingültig. Literatur von Frauen ist aber Frauenliteratur – von Frauen, für Frauen und damit eine Nische.

Dabei ist doch das Schönste am Lesen, sich in Perspektiven einzufühlen so gut es geht, die sich von der eigenen deutlich unterscheiden. Es würde Jungs und Männern also durchaus etwas bringen, sich auch mal

---

[65] Die Empathie, die wir beim Lesen aufbauen, remember?

zum Beispiel in Geschichten von Frauen oder genderqueeren Personen einzufühlen.[66] Es sollte doch wirklich das Ziel des Literaturunterrichts sein, dass sich am Ende der Schulzeit alle gesehen gefühlt haben und sich auf so viele andere Perspektiven wie möglich eingelassen haben, oder nicht? Das ist es doch, was Literatur will. Das ist es doch, was Literatur können sollte. Was sogar nur Literatur kann in dem Ausmaß. Und vielleicht, ganz vielleicht, würde mehr Literatur von Frauen in der Schule auch ein bisschen Frauenhass vorbeugen. Weil man sich zumindest einmal wirklich in eine einfühlen musste.

Dabei ist es gar nicht so, als würde sich die Schule gegen Geschichten von Frauen wehren, überhaupt nicht. Wir lesen schließlich *Maria Stuart* von Schiller, *Effi Briest* von Fontane, *Iphigenie auf Tauris* von Goethe und *Emilia Galotti* von Lessing. Geschichten von (*weißen* privilegierten) Männern über (*weiße* privilegierte) Frauen und damit (*weiße* privilegierte) Frauen als zentrales Thema scheinen (wenn man mal die Stereotype dabei vergisst) nicht das Problem zu sein. Frauen (ganz besonders nicht *weiße* und privilegierte!) als Kunstschaffende sind das Problem. Die gute Nachricht: Es hat sich da aber schon einiges getan, vor allem seit den 60er Jahren, in denen die Frauenbewegung Fahrt aufnahm. Werke wurden wiederentdeckt, Verlage brachten neue Übersetzungen oder Reihen mit ausschließlich Autorinnen heraus, Frauen gewinnen jetzt wichtige Preise und werden angemessen rezensiert[67] – zumindest manchmal, zumindest überhaupt mal. Das sollte doch was bewegen. Das sollte doch überspringen auf die Schulen. Da muss man doch inzwi-

66 Und damit meine ich NICHT zum Beispiel *Effi Briest*, Leute. Ich meine Werke, die nicht von Männern geschrieben sind.

67 Wobei die Kritiker dann trotzdem meistens noch das Bedürfnis haben, das Kleid oder den Lidstrich der Autorin zu erwähnen – weil das ja mega ausschlaggebend ist dafür, wie gut man schreibt, klar.

schen einen Wandel merken. Dann schaut man auf die Liste der an Gymnasien empfohlenen Bücher in Baden-Württemberg und sogar unter dem Überthema „Versuche weiblicher Identitätsfindungen“ sind nur sechs Frauen (*weiß* und privilegiert natürlich) – und fucking neun Männer. Da kann man doch nur noch den Laptop in die Ecke schmeißen.[68]

Also warum dringt diese positive Veränderung nicht durch? Wo genau liegt das Problem? Meine Vermutung: eine Mischung aus Stolz, Faulheit und Angst. Wir sind ein bisschen zu stolz auf unsere Dichter und Denker. Kritik an Goethe, Schiller oder auch Kant[69] und Hegel zu äußern, bringt einem wiederum viel Kritik ein und das verstehe ich einfach nicht. *Natürlich* waren Goethe und Schiller komplette Frauenfeinde, *natürlich* waren sie rassistisch und ableistisch, also abwertend gegenüber behinderten und kranken Menschen, *natürlich* haben sie ganz viel Quatsch erzählt, für damalige Verhältnisse und erst recht aus heutiger Sicht. Man muss diese offensichtlichen Dinge doch zumindest benennen dürfen. Die werden wohl abkönnen, wenn man ihre Werke kritisiert, sie sind doch schon die berühmtesten Dichter Deutschlands, was wollen sie denn noch?! Wir sind so stolz auf unsere Schriftsteller, dass wir alles abschmettern, was ihnen gefährlich werden könnte – und da gehören Frauen halt dazu, upsi. Dazu kommt natürlich eine gehörige Prise „das haben wir immer schon so gemacht“ und „der und der gehören aber halt zum Kanon, die kann man ja jetzt nicht einfach weglassen“. Neue Perspektiven mitdenken ist anstrengend, sich für neue Themen zu interessieren ist anstrengend, Gleichberechtigung gut zu finden ist anstrengend … Was dabei aber viel wichtiger ist: wie anstrengend und gefährlich (!) das alles für negativ Betroffene ist. Ich weiß schon: Zu Werken, die neu in der Schule gelesen werden, muss Unterrichtsmaterial erstellt

---

68 Oder dieses Buch kurz. Ich wär euch nicht böse. Tut, was ihr tun müsst.

69 Freut euch auf das nächste Kapitel, wenn ihr Kant auch nie mochtet.

werden, es muss Handreichungen geben und Klassensätze, es muss eventuell neue Arten von Aufgaben geben – das alles ist aufwendig und anstrengend. Und es hat doch bisher alles gut geklappt so, also lieber mal lassen. Dann ist da noch die Angst. Die Angst, dass zum Beispiel cis Väter die Wände hochgehen, wenn ihre cis Söhne über Menstruation und Schwangerschaft lesen müssen. Die Angst, dass manche in der Klasse von Erfahrungen erzählen oder Aussagen treffen, die der Lehrer eventuell nicht sofort nachvollziehen oder verstehen kann – weil ihm vielleicht wirklich bisher nicht bewusst war, wie unterschiedlich die Welt Männer und alle anderen behandelt. Die Angst, dass man in der Klasse über Feminismus reden muss, obwohl man davon nichts hält, oder über „Frauenthemen", die einen nicht interessieren oder die man ekelhaft findet. Es geht hier um nicht weniger als die Verachtung von Frauen und so vielen Lebensrealitäten und die damit verbundene Angst, dass junge Menschen lernen, dass sie rebellisch sein dürfen und laut und sexuell selbstbestimmt und die Hauptfigur und so viel mehr, dass das ihr gutes Recht ist. Es geht um die Angst, dass den Männern – den toten wie den lebendigen – etwas weggenommen wird, nur weil Frauen und genderqueere Personen etwas bekommen, das sie bisher nicht hatten. Da liest man doch lieber weiter Goethe und lässt zum tausendsten Mal Gretchen sterben, damit Faust leben kann, und diskutiert, wie arg sie daran selber Schuld hat.

Weiß, weißer, Literatur

In Geschichtsbüchern wird oft vom europäischen „Wettlauf um Afrika" geredet. Es wird so dargestellt, als wären *weiße* Leute aus Europa ganz nett nach Afrika geschippert und hätten sich den Kontinent „erschlossen" und „zivilisiert". Kompletter Bullshit natürlich. In afrikanischen Ländern gab es zum Beispiel Universitäten, Bibliotheken oder auch den Kaiserschnitt, lange bevor es all das in Europa gab. Afrikanische Menschen (the Moors) haben zum Beispiel die ersten Bibliotheken nach Spanien gebracht und das Land so zur „modernsten“ Gesellschaft der damaligen Zeit gemacht. Nix da „zivilisieren“, es war ein Zerstören. Im Geschichtsunterricht hieß es aber (bei uns zumindest): „Na ja, damit hatte Deutschland ja quasi nichts zu tun, das waren England und Frankreich, wir waren da viel zu spät dran.“[70] Und, again: Bullshit. Dass Deutsch*land* so lange keine Kolonien hatte, liegt rein daran, dass das Deutsche Kaiserreich erst 1871 gegründet wurde – da war der Handel von versklavten Menschen größtenteils schon verboten. Wer durchaus Kolonien hatte, waren vor allem Kaufleute, Finanziers und Handelskompanien. EDEKA heißt ausgeschrieben zum Beispiel „Einkaufsverein der Kolonialwarenhändler“. Außerdem gab es viele Reisende, Forscher*innen, Schriftsteller*innen und, Obacht, „Abenteurer*innen“, die die Sensationsgier in die Kolonien trieb und die allein durch ihren Aufenthalt dort mindestens Mitschuldige wurden.

Obwohl die Deutschen offiziell erst 1871 Kolonialgebiete hatten und sie 1919 (nach dem ersten Weltkrieg) wieder abgeben mussten, besaßen sie in der Zwischenzeit das drittgrößte Kolonialgebiet nach Frankreich und England – nix da „quasi nicht beteiligt“. Die erste Kolonie eines Deutschen gab es 1683 und in nicht einmal 50 Jahren wurden bis zu 30.000 Menschen von deutschen Kaufleuten versklavt – alles noch vor der Reichsgründung. Es wurden auch versklavte Schwarze und indigene Menschen nach Deutschland gebracht, dort verschenkt, „ausgestellt“ und vorgeführt, weil das Besitzen von versklavten Menschen als Zeichen großer Macht galt. Rein rechtlich gab es übrigens kein Verbot, dass eine Schwarze und eine *weiße* Person heiraten durften – natürlich nur, solange beide getauft waren. Es gab also ein paar Einzelfälle, in denen ehema-

[70] Ich fühle mich genötigt, zu betonen, dass das natürlich kein direktes Zitat aus einem Geschichtsbuch ist.

lige versklavte Menschen zumindest ein Stück weit in die deutsche Gesellschaft aufgenommen wurden.

Während der Aufklärung, also so um 1800 herum, als es das Kaiserreich noch gar nicht gab, war der Handel von versklavten Menschen im deutschsprachigen Raum das Megathema der Gelehrten. Es wurden Abhandlungen und Aufrufe geschrieben, die Sklaverei abzuschaffen, und gleichzeitig waren alle so rassistisch, dass man kotzen möchte. Alles wurde „rational" und „objektiv" begründet – wie zum Beispiel die „Rassentheorie" von Kant.[71] Eines vorweg: Menschenrassen gibt es nicht. Punkt. Absoluter Quatsch. Nur, dass wir das mal aus dem Weg haben. Kant hat es aber mit seiner Theorie geschafft, Rassismus „medizinisch" und „biologisch" zu „belegen" – und hat damit den Grundstein für den Rassismus gelegt, der bis heute tief in unseren gesellschaftlichen Strukturen verankert ist. Sidefact: Kant war selbst nie in Afrika. In keinem einzigen afrikanischen Land. Er hat Europa überhaupt nie verlassen, der Aufkläreronkel – aber groß Abhandlungen schreiben … In einer dieser Abhandlungen stellt er jedenfalls viele steile Quatschthesen über People of Colour, Schwarze und indigene Menschen auf, zum Beispiel, dass sie keinen Arbeitswillen hätten, faul wären oder stinken würden. Wenn man sich mal Artikel in der *Bild* über Geflüchtete ansieht, findet man immer noch genau das. Dem deutschen Sprachraum steckt diese Idee, dass Schwarze, indigene Menschen und People of Colour irgendwie „anders" wären – und mit „anders" ist immer minderwertig gemeint –, tief in den Knochen.

Wenn man nach Amerika oder auf andere europäische Länder schaut, ist der Rassismus dort nicht weniger strukturell oder weniger weit verbreitet, die Menschen sind sich aber sehr viel bewusster, dass es strukturellen Rassismus gibt. Das liegt daran, dass die Sprache, die Beschäftigung und die Erforschung von Rassismus – besonders

---

71 Dazu habe ich ein YouTube-Video gemacht!

durch negativ Betroffene – dort weiter ist. Die deutschsprachigen Länder liegen bei der „ich dekonstruiere meinen Rassismus"-Mission im internationalen Vergleich weit zurück. Das liegt zu einem sehr großen Teil daran, dass besonders die Deutschen nach der Sklaverei auch für den Holocaust hauptverantwortlich waren. Damit haben wir erfolgreich verdrängt, dass wir schon lange, lange vor Hitler unfassbar rassistisch waren. Rassismus steckt so tief in unserer Gesellschaft, dass er uns ganz oft gar nicht auffällt – und genau das ist Teil des Problems.

Auch hier ist es also wieder das typische Muster: Es wurde unglaublich viel über Schwarze Personen, indigene Menschen und People of Colour geschrieben, und das von ekelhaft vielen Leuten, die selbst nie eine Person gesehen haben, die nicht *weiß* war. Und wie sehen Bi_PoC in der deutschen Literatur aus? Unfassbar stereotyp und rassistisch geprägt. Hier zeigt sich am deutlichsten, was ein weiteres Riesenproblem unseres Kanons ist: Eurozentrismus, also die falsche Überzeugung, dass Europa der Mittelpunkt der Welt ist. Also klar werden im deutschsprachigen Raum hauptsächlich Werke aus dem deutschsprachigen Raum gelesen, aber darauf sollten wir uns wirklich nicht beschränken. Der Begriff wird aber auch benutzt, um zu rechtfertigen, dass sich die *weiße* Machtgesellschaft *in* Europa nicht nach den Bedürfnissen marginalisierter Menschen richtet. Das ist nicht nur rassistisch, sondern auch richtig gefährlich. Das wissen wir inzwischen, trotzdem wird diese Denke in vielen literarischen Werken reproduziert und in der Beschäftigung mit Klassikern nicht aufgearbeitet und thematisiert. Wie kann es sonst immer noch sein, dass Schwarze Menschen, indigene Menschen und People of Colour schon in Deutschland lebten, als es Deutsch*land* noch gar nicht gab, aber wenn jemand fragt, warum nur Werke *weißer* Menschen gelesen werden, ist die Antwort wieder: „Na ja, es gibt halt sonst einfach nichts"?

Es spielt auf jeden Fall eine Rolle, dass das Erleben aus Sicht von Bi_PoC auch als „Nischenthema" behandelt wird. Und das gilt nicht nur für die Literatur! Der Zensus, die große Volkszählung in Deutschland, hat 2011 einfach nicht mitgezählt, wie viele Bi_PoC in Deutschland leben, sondern nur erhoben, dass es über 22 Millionen „Menschen mit Migrationshintergrund" in Deutschland gibt und fast zwölf Millionen, die die sogenannte „ausländische Bevölkerung" darstellen – Tendenz steigend. Diese Zahlen sagen aber absolut nichts darüber aus, ob die Personen von Rassismus negativ betroffen sind oder nicht. Bi_PoC müssen nämlich zu diesen Gruppen nicht dazugehören. Man schätzt, dass allein ungefähr eine Million Schwarze Menschen in Deutschland leben, und 2020 gab es auch den ersten Afrozensus Deutschlands, bei dem zumindest in Teilen erfasst werden konnte, wie die Lebensrealität Schwarzer Menschen in Deutschland ausschaut und wie und wo sie überall Rassismus erfahren – nämlich überall. Anscheinend finden aber immer noch viele *weiße* Menschen, dass sie mit Rassismus nichts zu tun hätten, solang sie keine Neonazis sind. Wozu also etwas von Schwarzen Autor*innen, indigenen Autor*innen oder People of Colour lesen, wenn mich deren Leben doch gar nichts angeht? Ein weiterer Punkt ist, dass Bi_PoC sein und „deutsch sein" in sehr vielen Köpfen immer noch nicht zusammengeht. Das beginnt bei der Frage, wo jemand denn *genau* herkäme, bis zu Horst Seehofer, der 2018 behauptete, dass die Migration die Mutter aller Probleme wäre und der Islam nicht zu Deutschland gehören würde. Aha, Horsti, du nimmst also gern die Arbeiter*innen, aber ihre Kulturen sollen sie von Deutschland fernhalten? Rassismus aus dem Lehrbuch, mein Freund. Gib mir mal deine Adresse, ich schenk dir *Exit Racism* von Tupoka Ogette zum Namenstag.[72]

„People of Colour" wurde übrigens erstmals im 20. Jahrhundert als Selbstbezeichnung Schwarzer Menschen in

72 Namenstag ist übrigens ein SEHR katholisches Ding. Müsst ihr nicht kennen, echt nicht.

den USA verwendet. Diese Bezeichnung wurde dann von anderen PoC übernommen. Darum meint People of Colour heute nicht nur Schwarze Menschen, sondern eben alle, die nicht *weiß* sind. Um aber zu verdeutlichen, dass Schwarze und indigene Menschen global (also weltweit) ganz spezifische Formen von Rassismus erfahren, werden Schwarze und indigene Menschen in der Bezeichnung „Bi_PoC" noch einmal extra benannt. Der Unterstrich steht dabei als Platzhalter für alle Menschen, die negativ von Rassismus betroffen sind und für sich eine andere Selbstbezeichnung gewählt haben. In Deutschland sind zum Beispiel 21,5 Prozent der „ausländischen Bevölkerung" aus asiatischen Ländern wie Syrien, Afghanistan und dem Irak, aber auch China, Vietnam, Thailand, Indien oder Japan. Habt ihr je in der Schule eine Lektüre von asiatischen Autor*innen gelesen? Ich nicht. Auch nicht von jemandem aus Brasilien, Kolumbien oder anderen Ländern Südamerikas. Dabei gehören alle diese Identitäten zu Deutschland. Damit einher geht, dass alle Kulturen, Religionen, Bräuche, Moden, alles Make-up, alle Lebensrealitäten zu Deutschland gehören. Und sie gehören verdammt nochmal ins deutsche Bildungssystem. Antiasiatischer Rassismus wird in Europa im Übrigen kaum thematisiert und aufgearbeitet. Dabei haben wir überlieferte Schriften aus dem 13. Jahrhundert, in denen Asiat*innen als „anders", „exotisch" und „gefährlich" dargestellt werden – rassistische Stereotype, die sich bis heute gehalten haben. Deutsche hatten übrigens auch Kolonien im asiatischen Raum, hier fühlten sie sich genauso überlegen. Auch während des Nationalsozialismus wurden in Deutschland Asiat*innen ausgewiesen oder in Konzentrationslager verschleppt und ermordet. Noch in den 90ern wurden Gebäude, in denen viele Vietnames*innen wohnten, unter Applaus von Zuschauenden, von Rechtsradikalen angegriffen. Asiatische Menschen sind auch oft von benevolentem, also „gutmütigem" Rassismus betroffen, gelten beispielsweise als besonders „intelligent" und als „Vorzeigemigrant*innen", gleichzeitig werden aber vor allem ostasiatische Frauen sexualisiert oder infantilisiert, also als sehr kindlich wahrgenommen und dargestellt, während Männer desexualisiert und feminisiert werden. Wichtig ist: Auch benevolenter Rassismus, der auch oft als „positiver Rassismus" bezeichnet wird, ist Rassismus und daher in keinster Weise in Ordnung. Antiasiatischer Rassismus wurde durch die Covid-Pandemie noch deutlich verstärkt und verschlimmert, weil sie mit unglaublich vielen negativen Stereotypen und Schuldzuweisungen gegen ostasiatische Menschen daherkam.

Auch der Rassismus gegen indigene Menschen ist im deutschsprachigen Raum tief verwurzelt. Unser Haus- und Hof-Schriftsteller Karl May hat zum Beispiel mit seinen *Winnetou*-Büchern maßgeblich dazu beigetragen, wie wir indigene Menschen sehen. Ganz zu schweigen von den Filmen, in denen sie natürlich von *weißen* Schauspieler*innen in red face, also als indigene Menschen verkleidet und geschminkt, verkörpert werden. Heute noch können *weiße* Musicaldarsteller Winnetou (oder Jesus) spielen, ohne dass sie sich darüber bewusst sind, wie rassistisch das ist. Kaum wird Kritik dazu geäußert, kommt die Beleidigtheits-Keule, weil die Rolle ja für *ihn*, den Darsteller, nichts mit der Hautfarbe zu tun hat – klar. Für mehr als 40.000 Deutsche ist es ein Hobby, sich als I-Wort zu verkleiden. Sie sind in Vereinen, wo sie Tänze oder „Rituale" aufführen, mal ganz abgesehen von der Faschingszeit. Diese Art von Faszination vom „Wilden Westen" inklusive dem immer wieder benutzten I-Wort hat eben gar nichts von respektvollem Interesse, sondern wird als Spiel gesehen, als Fantasiewelt. Eine völlig verzerrte und romantisierte Lebensrealität von Menschen „nachzuspielen", denen in Wahrheit gewaltsam Land, Freiheit und Leben entrissen wurde und wird, kann einfach kein Faschingssketch oder Hobby sein.

Ich weiß nicht, wie das bei euch ist, aber ich habe in der Schule nicht gelernt, dass wir in Deutschland ein Rassismus-Problem haben. Mein Gymnasium hat sich „Schule ohne Rassismus – Schule mit Courage" nennen dürfen und trotzdem haben Lehrkräfte das N-Wort und das I-Wort gesagt und wir sollten im Kunstunterricht „afrikanische Skulpturen" und an Fasching „I-Wort-Kostüme" basteln. Was ich also sagen will: Der Fakt, dass so ziemlich alle Lektüren, die an deutschen Schulen gelesen werden, von *weißen* Autor*innen stammen, ist komplett kein Zufall. Hier paart sich Ignoranz und eine „das geht mich doch nichts an"-Haltung mit Rassismus[73] und wahrscheinlich mit der Angst, sich mit dem eigenen Rassismus, den eigenen Privilegien und der persönlichen Rolle im rassistischen System als *weißer* Mensch auseinandersetzen zu müssen. Klar ist das beängstigend und unbequem, aber wir könnten dafür sorgen, dass die nächsten Generationen nicht erst in ihren 20ern oder 50ern lernen, dass Rassismus in Deutschland existiert und was er für die negativ Betroffenen für Auswirkungen hat. Da hilft natürlich nur ein diverserer Literaturkanon auch nicht, aber irgendwo muss man ja anfangen, nicht wahr?

Nun sag', wie hast du's mit der Religion?

Deutschland ist wirklich ein sehr christliches Land, Österreich genauso. Hui, sind und waren wir christlich – daran ändern die rapide steigenden Kirchenaustritte herzlich wenig.[74] Der Staat ist christlich, das System ist christlich, die gesetzlichen Feiertage und die Schulferien sind christlich. Wenn man dann noch in Bayern wohnt und aufgewachsen ist – prost Mahlzeit. Bei uns muss in jedem Klassenzimmer ein Kreuz hängen, in meiner Schulzeit wurde am Morgen mit der ganzen Klasse gebetet und in

---

[73] Der kann natürlich unterschwellig und nicht mit Absicht sein, ne? Das ist ja das Ding mit dem rassistischen *System*. Man checkt das lange nicht.

[74] Meine Oma hat meinem Bruder und mir übrigens verboten, aus der Kirche auszutreten, bis sie tot ist. Also sie versteht, dass wir das wollen, aber ihr Seelenheil geht vor, sagt sie. Sei's ihr vergönnt.

Ethik hat man von katholischer Religion eigentlich nur gewechselt, damit man die Schulgottesdienste schwänzen kann. 2020 sind noch ca. 27 Prozent der Menschen in Deutschland katholisch, 24,5 Prozent evangelisch – zumindest auf dem Papier. 37 Prozent haben keine Religionszugehörigkeit (mehr), Tendenz steigend. Darüber hinaus haben wir in Deutschland noch 6,5 Prozent muslimische Menschen, zwei Prozent orthodoxe Christ*innen und drei Prozent Gläubige anderer Religionen, darunter gut 91.000 jüdische Menschen. In Österreich ist die Anzahl der Christ*innen, vor allem der Katholik*innen, mit 68,2 Prozent sogar noch höher.

Vielleicht komm ich dafür in die Hölle, aber ich finde es wirklich ein bisschen witzig, wie viel wir uns auf eine Religion einbilden, die uns mit Gewalt aufgezwungen wurde. Ganz früher – und ich meine ganz, ganz früher – waren die Menschen im heutigen deutschsprachigen Raum nämlich Heiden, also Menschen, die weder christlich noch jüdisch oder muslimisch waren.[75] Sie hatten Naturgottheiten, haben Sommer- und Wintersonnenwende gefeiert und kamen recht gut ohne Jesus klar. Es folgten irgendwann die Römer und mit den Römern das Lateinische und die katholische Kirche. Nicht als Vorschlag, nicht als Option, sondern als „friss oder stirb"! Da wurde dann Jesu Geburt fix auf die Wintersonnenwende gelegt, damit das gut zusammenpasst, und Jesus wurde als krass starker, kaltblütiger und kämpferischer Krieger dargestellt, damit die krass starken, kaltblütigen und kämpferischen Germanen ihn cool fanden. Da waren die Römer aber bestimmt froh, dass von den Germanen niemand Lateinisch und damit die Bibel lesen konnte, weil lol, die Wahrheit wäre ja mal schnell aufgeflogen sonst.

---

75 Ein Wort, das wir im Deutschen bis heute als Schimpfwort benutzen, how the turns have tabled.

Ich will mich nicht über Christ*innen oder andere gläubige Menschen lustig machen, echt nicht. Ich glaube, mir würde es manchmal deutlich besser gehen, wenn ich ein bisschen mehr an irgendeine Gottheit glauben könnte. Worauf ich hinauswill, ist der Fakt, wie wir es geschafft haben, das uns einst aufgezwungene Christentum so dermaßen mit dem politischen Staat zu verschmelzen, dass uns nur andere Religionen als Religionen auffallen – da leuchtet er wieder, der Eurozentrismus und seine Schubladen „wir", also „normal", und „die anderen". Ganz zu schweigen von der Vorherrschaft der Männer im Christentum. Und da schreiben noch heute Leute in diversen Gratiszeitungen, sie hätten Angst vor den islamischen Gesängen, und die gleichen Leute verspeisen am Sonntag den „Leib" und das „Blut Jesu", ohne mit der Wimper zu zucken – und niemandem kommt das komisch vor. Hier wird Rassismus, Islamfeindlichkeit und „Fremden"-feindlichkeit getarnt als „Sorge" um Deutschland. Dann werden aus „Sorge" Moscheen und Synagogen angegriffen oder angezündet, geplant, mit Ansage – und die Zeitungen titeln alle „Einzelfall" und „psychisch krank", wenn es in Wahrheit unfassbar gut vernetzte rechte Gruppen sind.

Aber zurück zur Literatur. Man fragt sich wahrscheinlich schon, was es denn jetzt für eine Rolle spielt, welche Religion die Person hat, die schreibt. Vor allem, wenn Religion eventuell gar kein Thema in dem Werk ist. Well, es ist so wie mit allen vorherrschenden Gruppen in der Gesellschaft: Es wird immer erstmal davon ausgegangen, dass alle Leute dazugehören. Wenn eine Person nicht anders beschrieben wird, ist sie – zumindest in der deutschsprachigen Literatur – christlich. Automatisch. Da wird Weihnachten und Ostern gefeiert, Punkt. Dass jemand jüdisch, muslimisch oder vielleicht auch Hindu ist, ist gerne mal ein plot twist oder ein Skandal, der aufgedeckt wird. Da kommen wieder die Vorurteile und Stereotype um die Ecke: Jüdische Menschen sind so und so und sehen so und so aus – oder, mega Überraschung, es gibt diese *eine* Jüdin, die ist gar nicht so wie alle anderen Jüdinnen, Wahnsinn, wer hätte das gedacht!? Oder ein Moslem wird erst total gruselig gefunden und es stellt sich später raus: Huch, der ist ja mega nett!

So über verschiedene Religionen zu schreiben, denen man selbst nicht angehört, ist natürlich viel einfacher, als sich wirklich mit ihnen zu befassen. Sie können so den Status von „Andersartigkeit" behalten, man muss sich nicht anstrengen, und wenn Kritik kommt, kann man sagen, dass alles nur ein Witz im Rahmen künstlerischer Freiheit war, und Toleranz heucheln. Aber auch sich in Religionen hineinzudenken, und wenn es nur in der Literatur ist, ist ein wichtiger Weg, um Horizonte zu erweitern und herauszufinden, dass nicht wir der absolute shit und alle anderen etwas anderes sind, sondern dass sich bestimmte Dinge bei uns normalisiert haben, weil wir sie mal aktiv und gewaltsam erzwungen haben, weil wir es inzwischen halt nicht anders gewohnt sind und weil wir es auch nicht anders zulassen. Und da würde, wie so oft, Literatur schon helfen, verschiedenen Religionen die „Andersartigkeit" nicht zu erzwingen, ohne langweilige Sachtexte lesen zu müssen. Natürlich am besten, wenn nicht von irgendwem über die Religion geschrieben wird, sondern wenn das Werk tatsächlich von einer Person geschrieben wurde, die der Religion auch angehört oder zumindest eine bestimmte Nähe dazu hat.

Das Q in Literatur steht für „queer"

Queerness ist eine wilde Sache. Und mit „wild" mein ich vor allem schön. Erstmal ein Basic vorneweg: Es gibt einen Unterschied zwischen „sex" und „gender". Das ist im Deutschen schwierig, weil wir dafür nur ein Wort haben: Geschlecht. „Sex" umschreibt aber allgemein das, was körperlich so am Start ist, und „gender" ist das, was die Gesellschaft daraus macht. Also das eine ist, eine Vulva zu haben, und das andere, dass man deshalb unbedingt Rosa, Putzen und Kochen mögen muss und gern weniger Geld verdient als Männer. Ein wichtiges Wort in diesem Zusammenhang ist „cis“: Wenn die Ärztin bei deiner Geburt gesagt hat: „Jap, ist ein Mädchen“, und du findest auch, dass du ein Mädchen oder eine Frau bist, dann bist du cis. Ich, zum Beispiel, bin eine cis Frau. Trans* bin ich, wenn ich entweder ein Mann bin, obwohl mir bei der Geburt das weibliche Geschlecht zugewiesen wurde (binär trans* wäre das), oder wenn ich weder Mann noch Frau bin, sondern zum Beispiel nicht-binär, agender (also geschlechtslos) oder genderfluid (wobei sich das Geschlecht einer Person verändern kann) (also nicht-binär trans*). Viele nicht-binäre, agender oder genderfluide Menschen sind auch nicht trans* – natürlich bleibt es allen Menschen selbst überlassen, wie sie sich bezeichnen wollen. Inter* Personen sind Menschen, die bei der Geburt Merkmale des männlichen und des weiblichen Geschlechts haben (das kann zum Beispiel die Chromosomen, Hormone, Keimdrüsen oder Genitalien betreffen). Das sind also alles genderqueere Identitäten. Queer kann zum Beispiel außerdem heißen, nicht heterosexuell zu sein – da kommen wir dann vom Geschlecht zur Sexualität. Hetero heißt, als cis Mann auf cis Frauen zu stehen oder andersrum. Darüber hinaus gibt es beispielsweise Homosexualität, Bisexualität, Pansexualität und Asexualität. Hier ist es natürlich wieder jeder Person selbst überlassen, wie sie sich bezeichnen will und ob sie sich mit einer dieser Bezeichnungen wohlfühlt. Es soll jetzt gar nicht darum gehen, das komplett verstehen zu müssen, mir geht es dabei vielmehr darum: Überlassen wir es doch einfach den Leuten selbst, sich zu bezeichnen, so ganz grundsätzlich.

Zusammenfassen lässt sich alles das mit dem Begriff „queer“. Wer queer ist, ist also entweder nicht cis oder nicht hetero oder beides. Das ist der Oberbegriff, den ich benutzen werde. Mir ist Folgendes extrem wichtig: Alles das gibt es. Alles das ist in Ordnung und normal und okay. Alles das ist Teil unserer Gesellschaft – und das war es immer schon. Wenn ihr damit ein Problem habt, wundert es mich ehrlich gesagt, dass ihr das Buch bis hierher überhaupt gelesen habt. Vielleicht schenkt ihr es in dem Fall einfach weiter. Anyhow.

Was ich mal loswerden möchte: Ich finde es wirklich fast lustig, wie das Wort „cis" oft als Schimpfwort verstanden wird, obwohl es eine neutrale Beschreibung ist. Wenn ich also „cis-hetero Mann" sage, dann ist das keine Beleidigung. Wie auch? Es ist einfach die richtige Bezeichnung für einen Mann, der cis und hetero ist. Ich glaube, der Gedanke, dass das ein Schimpfwort sein könnte, kommt daher, dass Leute denken, für das „Normale" bräuchte es kein extra Wort. Das höre ich oft: „Ich bin kein cis Mann, ich bin einfach ein Mann." Ja Mensch, Hans-Peter, aber wenn du seit deiner Geburt das männliche Geschlecht zugewiesen bekommen hast und du selbst dich auch so identifizierst, bist du halt cis. Get over it, echt. Oder es hat eventuell auch etwas damit zu tun, dass Leute (und da schließe ich Teresa mit 14 Jahren nicht aus)[76] immer noch „schwul" oder „gay" als Schimpfwort benutzen. Und da sind wir eigentlich schon beim Thema.

Denn in der Geschichte lässt sich natürlich nicht mit Sicherheit sagen, ob jemand queer war oder nicht, weil es ganz oft vertuscht wurde – beziehungsweise vertuscht werden musste. Genauso oft wurde die Queerness von der Wissenschaft und der Geschichte vertuscht.[77] Dazu gibt es noch mehr im dritten Teil des Buchs, jetzt erstmal die Frage: Wieso sind das denn neue Wörter für viele? Wieso ist das noch nicht bei allen angekommen, dass es nicht einfach nur Mann und Frau gibt? Wieso habe ich denn das Gefühl, ein Schimpfwort zu sagen, wenn ich „Lesbe" sage? Warum sind denn unsere Autor*innen, vor allem die klassischen, offenbar (fast) alle nicht queer?

---

76 Wenn die nur schon wüsste, wie gay sie eigentlich ist.

77 Sing with me: And historians will call them: close friends, besties, roommates, colleagues – everything but lovers. History hates lovers!

Die Antwort auf all diese Fragen ist leider relativ einfach und eindeutig: Wir[78] sind queerfeindlich as fuck. Das sind wir, historisch gesehen, im deutschen Sprachraum so gut wie immer schon gewesen. Und wir sind es auch jetzt noch. Homosexuelle Paare dürfen zum Beispiel in Deutschland erst seit 2017 heiraten, in Österreich seit 2019, in der Schweiz wurde erst 2021 dafür gestimmt. Wenn zwei Mütter ein Baby bekommen, muss die, die es nicht geboren hat, es offiziell adoptieren, um als Mutter zu gelten.[79] Erst seit 1994 ist Homosexualität zwischen Männern[80] keine Straftat mehr – vorher war sie im gleichen Paragraphen des Strafgesetzbuchs verankert wie Sex mit Tieren. Im Nationalsozialismus wurde der Paragraph nochmal verschärft und auch homosexuelle Frauen wurden deportiert und verfolgt. Nach dem Zweiten Weltkrieg, als die Gefangenen aus den Konzentrationslagern befreit wurden, wurden homosexuelle Menschen direkt von dort ins Gefängnis gebracht. Denn der Paragraph wurde noch lange nicht gestrichen. Zwischen 1950 und 1965 wurden ca. 45.000 Menschen wegen Homosexualität verurteilt. Immer noch – sogar wieder vermehrt – gibt es gezielt Angriffe gegen queere Menschen, „schwul" wird immer noch als Schimpfwort benutzt, lesbische Frauen als Fetisch für hetero Männer gesehen. The list goes on and on and on. Diese Queerfeindlichkeit – und vor allem Homophobie gegen Männer – hat, wie alle Diskriminierungen, eine sehr lange Geschichte. 538 n. Chr. verbot der römische Kaiser Justinian schwulen „Verkehr" im gleichen Satz mit Gotteslästerung. Der Grund? Beides würde Hungersnöte, Erdbeben und die Pest hervorrufen.

---

78 Und eigentlich ziemlich alle Länder, ups.

79 Ein Vater, der nicht der biologische Vater ist, muss das bei einem hetero Ehepaar natürlich nicht, ne.

80 Das gilt für Homosexualität unter Frauen nicht, weil die wurde eh nie wirklich ernst genommen – oder übersexualisiert. Und Bi- oder Pansexualität wurde komplett gar nicht thematisiert. Wenn ein Mann mit einem Mann schläft, ist er schwul. Ende – so dachte man.

Ab dem Mittelalter (danke, katholische Kirche!) galt die Todesstrafe für homosexuelle Handlungen, bis 1794. Im 19. Jahrhundert fingen dann Leute an, Therapien gegen Homosexualität entwickeln zu wollen, zum Teil mit Elektroschocks und Hirnoperationen – natürlich alles ohne die gewünschte Wirkung.

Leider ist die Verfolgung und insgesamt die Geschichte von lesbischen Frauen, Menschen mit queerer Sexualität, inter* und trans* Menschen deutlich schlechter erforscht als die schwuler Männer. Deshalb kann ich dazu leider nicht so viel sagen, wie ich gerne würde. Was die Geschichte aber zeigt, ist, dass unsere Dichter und Denker wohl gut daran taten, zu verstecken, sollten sie (auch) auf Männer gestanden haben oder trans* gewesen sein. Lachen muss ich nur bei Thomas Mann, wenn da von „verschleierter Homosexualität" die Rede ist, weil, to be honest, gayer als Thomas Mann kann man fast nicht sein.[81] Eine Studie hat aber Johann Joachim Winckelmann, August von Platen, Heinrich von Kleist, Adalbert von Chamisso, Hans Christian Andersen und Hermann Bang auf Gayness untersucht – und einiges gefunden. Auch bei Friedrich Hölderlin gibt es Anzeichen, dass er schwul gewesen sein könnte. Das ist natürlich im Nachhinein alles nicht so einfach. Nur weil in den Werken der Autoren Homosexualität vorkommt, heißt es noch lange nicht, dass sie selbst auch schwul waren. Die Tageszeitung *Die Welt* versuchte zum Beispiel, Kafka Homosexualität anzudichten,[82] weil er sich selbst „schmutzig" fand – toller Gedankensprung, merkt man kaum, dass ihr zur Springer-Mediengruppe gehört, echt.

Was ich in dem Zusammenhang sehr spannend finde, ist, dass sich in der Literaturgeschichte immer wieder auf die griechische Antike rückbezogen wird. Das sei das goldene Zeitalter gewesen, moralisch und künstlerisch. Dama-

---

81 Mehr dazu im Kapitel zu Thomas Mann!

82 Haha, dichten? Versteht ihr? Weil, Dings.

lige Zustände mussten das Ziel sein. Und die Antike war einfach queer as fuck: Es gab ein drittes Geschlecht und Homosexualität war (zumindest eine Zeitlang) weder eine Straftat noch verpönt. In *Der Tod in Venedig* von Thomas Mann, in dem sich der Mitte 50-jährige Schriftsteller Gustav von Aschenbach in einen 14-Jährigen verliebt,[83] kommt diese antike Liebe für den „Knaben“ deutlich durch. Denn in der Antike kam es regelmäßig vor, dass Gelehrte im mittleren Alter mit Knaben Beziehungen führten – in allen Arten. Diese „Knabenliebe“ wurde, im Gegensatz zur homosexuellen Liebe unter Erwachsenen, zum Teil gesellschaftlich komplett akzeptiert und teilweise sogar gefördert. Außerdem war sie mehr institutionell als privat. Schließlich „profitierte“ der Gelehrte ja von der Schönheit und der Jugend und der Knabe vom Wissen des Gelehrten. Für mich klingt das einfach nur nach einem ausgenutzten Machtgefälle, aber ja.

Einen großen Teil beigetragen zur heutigen Queerfeindlichkeit hat die katholische Kirche. Immer wieder kommen die Leute mit Bibel-Argumenten: „Es waren Adam und Eva, nicht Adam und Adam“, „In der Bibel steht, die Ehe ist etwas zwischen Mann und Frau“, „Ein Mann soll nicht bei einem Mann liegen, steht im Alten Testament!“. Wow, Hans-Peter, da hast du wirklich tief recherchiert. Weißt du, was dann noch alles verboten wäre, wenn wir nach der Bibel leben würden? Sich scheiden lassen, masturbieren, Kleidung aus gemischten Stoffen tragen und Socken in den Sandalen – Leute, deutsche Väter wären am Ende! Wie die großen Philosoph*innen aus dem Musical The Prom schon sagten: „You can't cherrypick the Bible choosing which parts you want to believe.“ Entweder durchziehen oder Maul halten![84] Das Christentum hat uns eingepflanzt, dass es nur Männer und Frauen gibt, wie die sich zu verhalten haben, dass alles,

---

83 Ew.

84 Bitte Zweiteres. Bitte, bitte einfach Zweiteres, ja?

was nicht hetero ist, böse ist, und so weiter und so fort. Doch: Aus der Bibel wurde so viel falsch übersetzt, falsch interpretiert und sie wurde auch bewusst umgeschrieben – aus Hass allgemein, Frauenhass, Homofeindlichkeit, Geld- oder Machtgier ... Jesus hat teilweise echt die schlimmsten Fans, die es gibt.[85] Und weil wir eben sehr, sehr christlich geprägt sind, sind wir auch automatisch sehr, sehr queerfeindlich geprägt, leider.[86] Queerfeindlichkeit ist bei uns eine richtige Tradition.

Dabei gab es Queerness aller Art schon immer. Wirklich. Damit auch das mal klargestellt wird: Trans* Personen sind keine Erfindung des 21. Jahrhunderts oder ein TikTok-Trend. Es gibt Nachweise von dritten und anderen Geschlechtern, die Jahrtausende alt sind. Schon in Platons *Symposion* (das wurde ungefähr 400 vor Christus verfasst) ist von Kugelmenschen die Rede: manche weiblich, manche männlich, manche *andrógynoi*, also androgyn, das heißt beides. Im Alten Ägypten und vielen Gesellschaften in Afrika, Hawaii (bevor es kolonialisiert wurde) und Samoa (auch bevor es kolonialisiert wurde), bei indigenen Völkern in anderen Teilen Amerikas, in antiken hinduistischen Texten aus Indien – überall gab es mehr Geschlechter als Mann und Frau. Gen Z hat sich das nicht ausgedacht. Trans* oder nicht-binär sein ist keine Social-Media-Challenge, sondern ein Fakt und Teil einer Identität. Ganz simpel. Trotzdem wird immer noch so getan, als wäre Queerness nur eine Phase, als würden sich das alle morgen wieder anders überlegen, als müsste man Kinder vor Queerness „beschützen“ oder als wären zum Beispiel trans* Frauen eigentlich Männer, die leichter an Frauen rankommen wollen, um ihnen wehzutun. Like, what? Um Frauen wehzutun, müsste ein Mann weiß

---

[85] Und ich kenn Leute, die richtig doll FC-Bayern-Fans sind.

[86] Heißt übrigens nicht, dass sich da nichts tut oder dass alle christlichen Leute queerfeindliche Ärsche sind. Gar nicht. Heißt nur, dass da vieles herkommt.

Gott nicht alle seine Privilegien hergeben, sich unglaublich angreifbar machen, sich Gutachten und vielleicht Operationen unterziehen und sich 24/7 Transfeindlichkeit aussetzen. Männer, die Frauen wehtun wollen, kriegen das auch so wunderbar hin, um die brauchen wir uns echt keine Sorgen machen, denen geht es gut.[87]

Wieso haben wir also nur so wenig queere Literatur in unseren Bücherregalen und vor allem in unserem Schulkanon? Auf jeden Fall spielt da hinein, dass queere Leute lange verstecken mussten, dass sie es sind, oder es vielleicht gar nicht wussten, weil Queerness so stark aus der Gesellschaft verdrängt wurde. Teilweise ist es immer noch so. Das in die Literatur einfließen zu lassen, auch wenn man fiktive Werke schreibt, hätte also sehr lange durchaus gefährlich werden können. Mal davon abgesehen, dass es sich wahrscheinlich super schlecht verkauft hätte oder niemand es verlegen hätte wollen. Das heißt eben nicht, dass die Leute nicht queer waren, sondern nur, dass wir nicht genau wissen, wer queer war und wer nicht. Queere Frauen (oder sich weiblich präsentierende Menschen) hatten es dann natürlich nochmal schwerer, weil sie von vornherein schon nicht schreiben und veröffentlichen durften, auch wenn die Geschichten nicht queer waren. Queerness musste geheim gehalten werden, hatte in der Öffentlichkeit nichts zu suchen. Und das führt nicht nur zu einer Ausradierung vieler Themen und Lebensrealitäten, sondern fördert natürlich den Anschein, dass es „sowas" früher nicht gegeben hat. Das ist nicht nur nicht wahr, sondern unfassbar traurig und schade.

If I was a rich man – dann könnt ich auch einen Roman schreiben

Wie ich im Kapitel über Klassiker schon erzählt habe, hängen die eben mit der zugeschriebenen „Klasse" zusam-

87 Das war kurz sehr zynisch jetzt, aber ich bin einfach wütend. Hab mich gleich wieder gefangen, versprochen.

men – beziehungsweise der zugeschriebenen „Gesellschaftsschicht“, aus der man kommt. Diese „Schichten“ oder „Klassen“, um mich hier an einer groben Definition zu versuchen, sind Gruppen der Bevölkerung, deren wirtschaftliche Stellung, soziale Lage und damit ihre Chancen im Leben ähnlich sind. Deshalb hat die jeweilige „Schicht“ gemeinsame Interessen. Ein Aufstieg ist zwar möglich, aber lange nicht so einfach, wie es oft erklärt wird. Als Kind in einer Arbeiter*innen-Familie hat man eben nicht die gleichen Chancen auf Bildung oder gut bezahlte Jobs wie ein Kind von Akademiker*innen. Das muss uns klar sein. Ganz, ganz grob gesagt gibt es eben Menschen und Gruppen mit Geld, Einfluss und Status und die ohne. Das heißt aber, dass die mit Geld, Einfluss und Status das Sagen in unserer Gesellschaft und auch in der Politik haben – und da wundert es niemanden, welche Interessen dabei verfolgt werden und wer dabei komplett vergessen und ignoriert wird. Das führt dann dazu, dass die Interessen der Leute, die an der Macht sind, auf den Rücken aller anderen ausgetragen werden und die nicht nur nichts davon haben, sondern erheblich darunter leiden.

Wenn man sich unsere klassische Literatur mal ansieht, ist das alles recht eindimensional. Alle diese Autoren (und auch die meisten ihrer Figuren) waren Kinder von irgendwelchen Adeligen, Priestern, Doktoren oder Politikern, alle bekamen uneingeschränkt Schulbildung und konnten studieren. Also, zumindest ein Studium anfangen. Oder drei.[88] Das war natürlich nicht zufällig so. Schreiben und Lesen war erst den Geistlichen vorbehalten, dann dem Adel, dann den reichen Leuten und dann irgendwann ganz, ganz, ganz viel später wurde es allen ermöglicht. Wie hätte denn eine Bäuerin, die für Felder und Haushalt und Ehemann zuständig ist, vielleicht noch drei Kinder hat und eventuell eh schon fast am Verhungern ist, noch nebenbei

88 I’m looking at you, Lessing.

Gedichte oder einen Roman schreiben sollen? Klar: Gar nicht. Schreiben muss man sich leisten können, auch heute noch. Vom Schreiben leben konnten die meisten übrigens nicht,[89] vor Klopstock niemand.[90] Man brauchte also adelige Freund*innen, die einen sponserten, oder Eltern, die einem immer wieder Geld schickten, wenn es einem ausging.[91] Da kann die Kunst noch so gut sein, man brauchte (und braucht) schon die richtigen Bekanntschaften – oder eben reiche Eltern.[92]

Die Leser*innen von Literatur waren genauso ganz lange nur reiche und/oder adelige Menschen. Anders als zum Beispiel in England, wo das Theater ein Produkt von und für die Arbeiter*innen war, hatte Kunst und Kultur bei uns immer schon etwas Erhabenes, es war von Anfang an nur für bestimmte festgelegte „Schichten". Und daran hat sich nicht wirklich was geändert: Tickets kosten auch heute noch viel Geld, Kunst muss man sich also nach wie vor erst leisten können. Man sieht an den Themen und dem Personal der Dramen, für wen sie damals geschrieben wurden: Lange herrschte die sogenannte „Ständeklausel", also war nur adeliges Personal in Tragödien erlaubt. Komödien (beziehungsweise Lustspiele, wie sie bei uns hießen) erzählten dann von „normalen" Bürger*innen. Aber nicht so, dass man sich in sie einfühlen konnte, sondern um sich über sie lustig zu machen. Mit der Aufklärung kam das bürgerliche Trauerspiel. Recht viel geändert hat sich dadurch nicht: Statt reinem Adel ging es also manchmal um reiche Leute, die vielleicht nur einen unwichtigen Adelstitel hatten oder irgendwie anders reich geworden

---

89 Again, I'm looking at you, Lessing. Der hat sein Geld einfach immer wieder verspielt und versoffen.

90 Der war quasi der erste Poetry Slammer Deutschlands: ist rumgereist und hat seine Gedichte vorgelesen.

91 LESSING!

92 Oder eine Verlagsleiterin, die einem auf Instagram folgt. Hallo, Katharina!

waren. Wow, was eine Neuerung, das ändert ja komplett – nichts. Theater war immer noch von der „Oberschicht“ für die „Oberschicht“, ganz eindeutig. Ebenso Bücher waren sehr lange sehr teuer, wenn man denn überhaupt lesen konnte. Denn auch lesen und schreiben lernen kostete Geld und Zeit, die die allermeisten einfach nicht übrig hatten. Da käme wieder die mündliche Literatur ins Spiel.

Erst so im 19. Jahrhundert, mit dem Aufkommen der Sozialen Frage,[93] wurde das Bürgertum auch für die Literatur interessant, vor allem im Naturalismus und im Expressionismus. Einige von euch werden sich vielleicht an die tausend Stadtgedichte aus dem Expressionismus erinnern – exakt das meine ich. Die Literatur wurde da als Mittel gesehen, auf Missstände in der „Arbeiter*innenschicht“ aufmerksam zu machen und zur sozialen Gerechtigkeit aufzurufen. Es wurde also nicht mehr nur über Bürger*innen geschrieben, um sich über sie lustig zu machen, sondern um darauf aufmerksam zu machen, wo es in der Gesellschaft Probleme gab, die die „Oberschicht“ und der Adel entweder schlicht nicht kannten oder (was wahrscheinlicher ist, sind wir ehrlich) ignorierten. Jetzt also ging es in der Literatur endlich auch zum Beispiel um Ausbeutung, Kapitalismus und Armut – aber wieder nur aus einer beobachtenden Perspektive. Und wir wissen ja schon, wie gefährlich die sein kann.

Auch heute noch ist Arbeit ein relativ seltenes Thema in der Literatur – und das liegt eben unter anderem daran, dass sehr wenige Autor*innen aus der „Arbeiter*innenschicht“ kommen oder in ihr leben – vor allem bei den klassischen Autor*innen. Natürlich mussten die meisten auch arbeiten, abgesehen vom Schreiben, aber typische Lohnarbeit haben sie selten gemacht. Und über etwas zu schreiben,

---

93 Das hab ich meine ganze Schulzeit lang nicht gecheckt, dass das nicht wirklich eine Frage ist, sondern die sozialen Missstände beschreibt, die die Industrielle Revolution mit sich gebracht hat (ganz grob gesagt).

das man nicht kennt, ist bekanntlich schwierig. Dabei prägt doch die Arbeit das Privatleben und damit das Leben und Denken eines Menschen und genauso auch einer literarischen Figur. Das heißt also automatisch, dass das Menschenbild, das in der gesammelten Literatur vermittelt wird, ein unvollständiges und darum falsches ist – auch in dieser Hinsicht. In welchen sozialen Verhältnissen ein Mensch lebt, beeinflusst nämlich natürlich das Verhalten – das wird literarisch nicht ausgeschöpft. Das Ding ist außerdem: Wir haben uns komplett daran gewöhnt, dass das so ist.

Außerdem ist es einfach so: Im Deutschen lieben wir es, hochgeistig und kompliziert zu schreiben. Wir lieben Fachbegriffe und Nebensätze, alles, was fancy klingt, klingt automatisch „schlau". Wir haben uns an eine bestimmte Schreib- und Sprechart gewöhnt. Wie oft mir schon gesagt wurde, ich solle mir meinen Dialekt abtrainieren, damit die Leute nicht meinen, ich sei „blöd". Wie häufig ich an der Uni ermahnt wurde, dass ich nicht mehr aufgerufen werden würde, wenn ich mich nicht zusammenreiße.[94] Das hat nichts damit zu tun, wie „schlau" ich bin oder wie gut mein Beitrag ist, sondern rein damit, dass Dialekt mit Landleben verbunden wird und damit mit ungenügender Bildung und „fehlendem Intellekt". Das heißt dann wiederum, dass ich es nicht wert bin, dass man mir zuhört. Ganz egal, was ich sage. Eine vielleicht unkonventionelle Art zu schreiben (nicht nur, was Dialekt angeht natürlich, das war nur ein Beispiel) ist aber doch etwas super Spannendes, finde ich. Was wollen wir denn mit Geschichten, die alle das Gleiche erzählen und vor allem gleich erzählt sind? Uns „schlau" fühlen und dabei einschlafen höchstens, da kann ich doch auch gleich Sachtexte lesen oder Thomas Mann.

---

94 Mega-lol übrigens: Der Ort, wo das mit Abstand am häufigsten vorkam, ist München. Die bayerische Hauptstadt. Na, servus.

Zu schreiben, wie man spricht, ist meistens nicht das Ziel. Das wollen wir nicht. Wir wollen hohe Kunst – was immer das sein soll. Wir wollen künstlerische Hochsprache – was immer das sein soll. Das liegt ein bisschen daran, dass wir in der deutschsprachigen Literatur einfach super ungern Spaß haben.[95] Wir wollen uns anstrengen müssen beim Lesen, damit wir uns „schlau" vorkommen können, wenn wir es trotzdem verstehen – oder zumindest so tun und heimlich eine Zusammenfassung im Internet gelesen haben. Das kommt daher, dass Literatur lange nur von gebildeten Menschen für gebildete Menschen war. Das stimmt jetzt schon lange nicht mehr, trotzdem wehren wir uns gegen Schreibstile, die unserem Sprechen ähnlich sind.[96] Dabei wäre das doch eigentlich der perfekte Zustand: Literatur, die sich nach den Lesenden richtet, die von allen verstanden wird. Aber wir sind gern exklusiv, und wenn wir ehrlich sind, sind wir einfach gern was Besseres. Deshalb haben wir eine riesige Lücke zwischen unserer Sprache und der literarischen Sprache, die mit allen Mitteln verteidigt wird.[97] Dabei gibt es doch eigentlich nichts Schöneres, als wenn Kunst für alle zugänglich ist. Da geht doch nichts verloren.

Es hat sich aber irgendwie eingeprägt, dass nur sehr gebildete Menschen Kunst überhaupt hinkriegen können. Dass man Abitur und studiert haben muss, damit man eine gute Geschichte schreiben kann.[98] Dass man einen Master-Titel braucht, um gute Lyrik hinzukriegen. Wieder geht es darum, wem genau zugehört wird, wessen Themen als wichtig erachtet werden und wer es „wert" ist, eine Geschichte erzählen zu dürfen. Da gehör-

95 Mehr dazu im Kapitel über Komödien, Kids!

96 Also ihr nicht anscheinend, weil ich schreibe schon sehr mündlich hier. Danke fürs Buchkaufen nochmal!

97 LG an ziemlich alle meine Dozenten in Literaturwissenschaft.

98 Gilt natürlich auch für andere Künste, ne? Da kenn ich mich nur nicht aus.

ten – und gehören zum Großteil leider – Arbeiter*innen nicht dazu. Geschweige denn arbeits- oder wohnungslose Menschen. Daran ist nicht nur der Fakt Schuld, dass wir eine bestimmte literarische Sprache gewohnt sind, sondern auch reiner Klassismus.[99] „Klasse“ oder „Schicht“ funktionieren genau wie die anderen Diskriminierungsformen in der Literatur. Wir wollen nichts von Frauen lesen, wir wollen nichts von Bi_PoC lesen, wir wollen nichts von queeren Personen lesen, wir wollen nichts von Arbeiter*innen lesen – also verlegen, besprechen und letztlich lesen wir sie auch nicht.

Wir wollen eben nicht gern mit Missständen irgendeiner Art konfrontiert werden, nicht mal, wenn wir selbst in ihnen leben. Wir wollen nicht wissen, wie andere leiden. Wir wollen nicht wissen, dass man sich nicht so einfach „hocharbeiten“ kann, wie immer gesagt wird, dass man nicht automatisch selbst Schuld hat an Arbeits- oder Wohnungslosigkeit oder Armut. Wir wollen nicht wissen, dass wir in einer Leistungsgesellschaft und im Kapitalismus leben und wie viele Menschen darunter leiden oder dass wir selbst davon negativ betroffen sind. Also lesen wir lieber Geschichten von Leuten, die gesellschaftlich mindestens auf der gleichen Stufe stehen wie wir, lieber noch ein paar drüber. Ich denke, auch deshalb lieben wir unsere Klassiker so. Weil wir die Schriftstellenden so genial und unerreichbar finden. Wir wollen kein Mitleid, zumindest kein echtes, wir wollen Bewunderung fühlen, wenn wir etwas lesen – das ist einfach viel weniger anstrengend.

Wir sind es nicht nur nicht gewohnt, Geschichten aus der „Arbeiter*innenschicht“ zu lesen, wir *wollen* also auch nicht. Zumindest unterbewusst. Wir *sollen* sie gar nicht lesen. Dass wir „einfache“ Sprache nicht schön oder lesenswert finden, hat auch politische Gründe.

---

99 Was das ist, hab ich im Kapitel über Klassiker schon erklärt.

Genauso wie der Fakt, dass wir uns nicht in die Geschichten von Arbeiter*innen hineinfühlen wollen. Was da nämlich entsteht – haben wir schon im Kapitel übers Lesen gelernt –, ist Empathie. Empathie und Verständnis führen dazu, dass man sich der eigenen Privilegien bewusst wird und der Tatsache, dass eben nicht alle Leute gleiche Chancen haben – oder auf der anderen Seite, dass uns bewusst wird, welche Privilegien und Chancen wir nicht haben. Das ist natürlich super unbequem und, you guessed it, anstrengend. Dann kann man sich nicht mehr für etwas Besseres halten oder denken, man hat einfach persönliches Pech gehabt, sondern man solidarisiert sich mit zum Beispiel Arbeiter*innen und man erkennt plötzlich das große Ganze, das System, das von diesen Missständen profitiert. Das findet der Kapitalismus (und die Politik, wenn wir ehrlich sind) gar nicht gut. Empathie für die Arbeiter*innen ist also nicht nur eine unangenehme Sache, sondern eine gefährliche. Menschen in Machtpositionen vor allem, auch die im Literaturbetrieb, haben wirklich gar kein Interesse daran, dass wir Geschichten lesen, wie Arbeiter*innen rebellieren und vielleicht sogar gewinnen. Nicht, dass dann jemand auf die Idee kommen könnte, dass das im echten Leben auch klappt.

Und das ist alles nicht nur ein „Gefühl“, das man sich „einbilden“ könnte, es ist empirisch erforschte und bewiesene, handfeste Diskriminierung. Zum Beispiel sagen 22 Prozent der Menschen mit geringem Einkommen, dass sie von Behörden diskriminiert werden – exakt den Behörden, die ihnen eigentlich helfen sollten. Das steigert die Scham natürlich ins Unendliche. Wo Klassismus ist, sind auch immer Rassismus, Ableismus und andere Diskriminierungsformen. Die Uni Siegen hat eine Studie gemacht mit theoretischen Fallbeispielen und geschaut, wann Menschen Hartz-IV-Empfänger*innen als „Strafe“ für verpasste Termine oder Ähnliches die Gelder kürzen würden. Das Ergebnis: Menschen mit einem „ausländisch klingenden Namen“ werden stärker bestraft als die mit „deutsch klingenden Namen“ – bei ansonsten exakt gleicher Beschreibung. Wenn das Sozialsystem, das dich auffangen soll, also ein ableistisches, rassistisches und sexistisches ist, wer wird dann wohl davon profitieren und wer wird unterdrückt?

Wir lesen also „Oberschicht“-Geschichten – und damit meine ich von und über die „Oberschicht“ –, weil wir uns davon nicht abgrenzen müssen. Weil wir unseren Kontostand, unsere Bildungsmöglichkeiten oder unsere Kontakte nicht hinterfragen oder als das sehen müssen, was sie sind: nicht unser eigener Verdienst. Ich habe mich bei der Recherche zu diesem Kapitel oft selbst ertappt gefühlt, und das, obwohl ich Arbeiter*innenkind bin, wenn auch ein Arbeiter*innenkind mit Geld. Wir haben in der Literatur unsere drei, vier „Genies“ pro Epoche. Die sind das Maß aller Dinge, das Soll, das alle anderen nur nachahmen können. Interesse an den Defiziten im System wollen wir nicht aufbringen, solange wir nicht negativ betroffen sind. Und so reden wir uns raus mit „Na ja, ich finde das sprachlich leider gar nicht gut, da fehlt mir der Anspruch“.

Einmal Barrierefreiheit zum Mitnehmen, bitte!

Durch unsere ganze Gesellschaft und damit natürlich auch durch die Literaturgeschichte zieht sich extremer Ableismus. Das heißt, dass behinderte und kranke Menschen[100] darauf reduziert und deswegen benachteiligt, diskriminiert und aus der Gesellschaft ausgeschlossen

[100] Ich werde übrigens absichtlich manchmal „Menschen mit Behinderung“ und manchmal „behinderte Menschen“ sagen, weil es da verschiedene Argumentationen für beides gibt und ich mir nicht anmaßen kann, zu entscheiden, was da jetzt das eine Richtige ist – und weil es das eine Richtige auch wahrscheinlich gar nicht gibt.

werden. Das geht von fehlenden Rampen und Aufzügen für Menschen mit Gehbehinderung bis zu der Auffassung, behinderte Menschen könnten keine Kunstschaffenden sein. Menschen mit Behinderung werden oft auf die Merkmale der Behinderung (egal, ob man die sehen kann oder nicht) reduziert und damit entmenschlicht und stereotypisiert. Dann maßen sich Leute ohne Behinderung an, festlegen zu wollen, was Menschen mit Behinderung können oder nicht, brauchen oder nicht, dürfen oder nicht oder wie sie sich zu fühlen haben. Oder sie meinen, Sachen sagen zu müssen wie: „Wow, das finde ich echt super, dass du trotz deiner Behinderung einen ganz normalen Job gefunden hast!“[101] Das ist Diskriminierung wie aus dem Lehrbuch und trotzdem wird sie super oft einfach übergangen.

Ableismus ist außerdem überall in unserer Gesellschaft: im Alltag, bei Ärzt*innen, im Job, bei Behörden, in der Schule, an der Uni – und ganz besonders in der Sprache. Wörter, die mit Behinderungen in Zusammenhang stehen oder standen, werden benutzt, um zu beleidigen. Zum Beispiel „dumm“ oder „verrückt“. „Dumm“ ist (auch bei mir) viel zu tief im Sprachgebrauch verankert und rutscht leicht über die Lippen. Das Wort beleidigt aber vor allem Menschen mit geistiger Behinderung, Lernbehinderung oder Störungen bei der Entwicklung des Nervensystems. „Verrückt“ muss nicht einmal unbedingt als Beleidigung benutzt werden, es wird oft in ganz anderen Kontexten gesagt. Es ist eben auch die Pauschalbeleidigung für alle psychisch Erkrankten. Besondern häufig werden übrigens mehrfach marginalisierte Frauen als „verrückt“ oder

---

[101] Pro-Tipp von mir: Wenn dein Kompliment „das kannst du aber gut dafür, dass du xy hast/bist“ ist, ist es keins. Thank you for coming to my ted talk.

„hysterisch“[102] bezeichnet, wenn sie zum Beispiel einfach zu Recht wütend sind. In meiner Teenagerzeit war „behindert“ leider ein gängiges Schimpfwort.[103] Das Wort „behindert“ wird inzwischen so negativ gesehen, dass Leute (nichtbehinderte Leute, wohlgemerkt) sogar denken, man dürfte es gar nicht sagen. Und dann passieren Ausdrücke wie „anders fähig“ oder „besondere Bedürfnisse“ – die sind komplett verharmlosend und entmündigend.

Wie ziemlich alle Diskriminierungen kam Ableismus nicht einfach über Nacht und es gibt ihn auch nicht erst seit gestern. Im 19. Jahrhundert haben Ärzt*innen angefangen, Behinderungen zu erforschen, aber nur, um sie vermeiden zu können. Denn Behinderungen wurden als vor allem eins gesehen: ein soziales Problem, das gelöst werden musste zum „Nutzen“ für die Gesellschaft und das Individuum. Der Gesellschaft nutzen heißt in einer kapitalistischen Gesellschaft wie der unseren möglichst viel arbeiten und konsumieren und möglichst wenig Geld kosten – besonders in Hinblick auf medizinische Versorgung, die zum Beispiel viel kostet, genauso wie nicht (Vollzeit) arbeiten zu können. 1909 wurde die „Deutsche Vereinigung für Krüppelfürsorge“ in Berlin gegründet, die Menschen mit Behinderung als hilfsbedürftige Leistungsempfänger*innen erachtet hat. Behinderte Menschen wurden oft in (meist christlichen) Einrichtungen untergebracht, wo sie „Seelsorge, Erziehung und Dauerpflege“ erhalten sollten. Mit dem Ersten Weltkrieg, als natürlich unfassbar viele Soldaten verletzt und auch behindert wurden, wurde Rehabilitation – also eine Wiedereingliederung in den Alltag und die Gesellschaft – ein staatliches Thema. Das Ziel war

---

[102] Besonderes Schmankerl: „Hystera“ ist Griechisch für „Gebärmutter“ und Ärzte dachten früher, dass eine Frau krank wird, wenn sie zu lange keinen (ungeschützten hetero) Sex hatte. Die haben also mit Hysterie einfach eine Krankheit für Frauen erfunden. Komplett erfunden. Die gibt es nicht.

[103] Oder „schwul“ und „gay“. Jesus, war ich ein kack Teenager.

ein kostenschonender „Normalzustand“, den es natürlich gar nicht gibt.

Besonders gefährlich wurde die Lage für behinderte Menschen im Zweiten Weltkrieg. Sie wurden als „Belastung für die deutsche Volksgemeinschaft“ gesehen und sollten keine Kinder bekommen aus Angst, die Behinderung würde auch an diese weitergegeben. Deshalb wurden ab 1934 etwa 400.000 Menschen sterilisiert – gegen ihren Willen. Unter der Bezeichnung „Euthanasie“ (das ist altgriechisch und bedeutet „schöner Tod“) wurden kranke und behinderte Menschen ermordet, um keine „Last“ mehr für die Gesellschaft zu sein. Mehr als 200.000 Menschen mit Behinderung wurden in Heil- und Pflegeanstalten ermordet, mit dem Pflegepersonal und den Ärzt*innen als Mitschuldigen. Karl Brandt und Philipp Bouhler waren da zwei der Chefs, damit ihr die Namen mal gehört habt. Ohne die Menschen je selbst gesehen zu haben, haben sie anhand von mehr oder weniger zwei Fragen festgestellt, wer leben darf und wer nicht: Wird die Person wieder gesund und kann sie wieder arbeiten? Da spricht (wieder) nicht nur der Nationalsozialismus, sondern auch der Kapitalismus. An die Familien wurden dann Briefe geschickt, in denen stand, die Person hätte einen Herzinfarkt gehabt oder eine Lungenentzündung und sei deshalb gestorben.

Auch nach dem Zweiten Weltkrieg kann aber noch lange nicht von Selbstbestimmung für behinderte Menschen die Rede sein – davon sind wir nämlich heute noch meilenweit entfernt. Oft wird immer noch „nicht-behindert“ mit „fähig“ und „behindert“ mit „nicht fähig“ gleichgesetzt. Dann wird von Menschen mit Behinderung erwartet, irgendwie besonders zu sein – denn sie müssen entweder für bewundernswert und übermenschlich gehalten werden oder für bedauernswert und hilflos. Ihre bloße Existenz muss Emotionen bei nicht-behinderten Menschen auslösen. Alles andere passt nicht in das Bild, das die nichtbehinderte Gesellschaft von behinderten Menschen hat.

Denn nicht-behinderte Menschen wollen Menschen mit Behinderung entweder bemitleiden und infantilisieren können oder für alltägliche Dinge komplett überschwänglich loben – und ihnen gleichzeitig viele Dinge „nicht zumuten", nicht selbst machen lassen oder ihnen Ahnung über ihre eigenen Fähigkeiten absprechen. Dahinter steht auch die Denke, dass man Behinderungen immer sofort erkennt – dabei stimmt das gar nicht. Viele Behinderungen und chronische Krankheiten sind nicht von außen sichtbar. Es geht uns auch überhaupt nichts an, ob jemand behindert oder krank ist oder nicht. Und trotzdem werden oft Dinge gemutmaßt wie: „Sex kannst du dann keinen haben, oder?", „Oh, das wird ja dann schwierig mit dem Kinderkriegen" oder „Das muss total schwer für dich sein alles". Und das ist nicht nur nicht hilfreich und nicht das Problem irgendeiner Partybekanntschaft, sondern lupenreiner Ableismus.

Der traurige Witz an der Sache: Menschen mit Behinderung werden einfach nicht gefragt, was sie überhaupt wollen und brauchen. Sie haben und hatten oft kaum bis gar keine Möglichkeit, sich zu wehren – weder im privaten noch im öffentlichen Raum. Das liegt, wie die Aktivistin Luisa L'Audace erklärt, auch daran, dass nicht-behinderte Menschen definieren, wie die Gesellschaft behinderte Menschen sieht. Kein Wunder also, dass dieses Bild ein komplett falsches ist. Dieses Bild bleibt hartnäckig in unseren Köpfen, weil Berührungspunkte mit behinderten Menschen und Repräsentation – und dadurch auch Barrierefreiheit und Teilhabe – oft fehlen bzw. verwehrt werden. Nicht-behinderte Menschen haben also viel weniger Kontaktpunkte mit behinderten Menschen, als sie könnten und sollten, und das stärkt wiederum das Bild, das sich die Gesellschaft von behinderten Menschen gemalt hat. Dann versuch mal, in einer Gesellschaft, die dich in eine Anstalt steckt, um dich „wiedereinzugliedern", und in der du keinerlei Mitbestimmungsrecht hast, wo und wie du lebst, Literatur (oder Kunst allgemein) zu machen. Oder Literatur zu veröffentlichen. Oder Geld mit Literatur zu verdienen. Klingt unmöglich? Na ja, war es ziemlich lange – und schwer ist es immer noch.

Genauso wie körperliche Behinderungen sind psychische oder chronische Krankheiten ein riesiges Hindernis, wenn man Schriftsteller*in unserer Gesellschaft sein möchte – zumindest, wenn man etwas veröffentlichen will. Mit dem Schreiben geht nämlich super viel Druck einher. Man muss Fristen beachten,[104] Lesungen geben, in der Öffentlichkeit stehen – und natürlich die „richtige" Sprache beherrschen. Man muss außerdem „sachlich", freundlich und schnell kommunizieren, mit Kritik und Änderungen umgehen können, erreichbar sein und zusätzlich gibt es unfassbar viele geheime Spielregeln, an die man sich halten muss, um irgendwie klarzukommen im Literaturbetrieb. Alles nicht so einfach. Und dann wird den Autor*innen das zum Vorwurf gemacht, wofür man Thomas Mann und Franz Kafka komplett feiert: dass sie nur über sich selbst schreiben. „Betroffenheitsliteratur" wird das oft genannt. Was mich zur Frage führt: Wer soll denn sonst über etwas schreiben, wenn nicht negativ Betroffene? Sollen wir darauf warten, dass eine nicht-behinderte Person endlich mal sehr gut recherchiert, und erst dann dürfen wir es gut finden? Das ist doch kompletter Quatsch! Wir haben also das gleiche Problem wie in den vorherigen Kapiteln auch: Die Arbeit behinderter Autor*innen wird in eine Nische gedrängt, die für die machthabende Gesellschaft nicht interessant genug ist, um sich mit ihr auseinanderzusetzen.

Keine Ahnung, wie oft ich diesen Satz schon geschrieben habe, aber: Auch in der Literatur wird natürlich viel über behinderte Personen geschrieben. Wie klischee-

---

[104] Schrieb sie 13 Tage vor der Deadline mit Schweiß auf der Oberlippe.

haft und ableistisch kann das eigentlich sein, frage ich mich? Vor allen Klassikern hat den Standard dafür, wie über behinderte Menschen geschrieben und geredet wird, schon gleich mal die Bibel gesetzt. Da gibt es nämlich super viele blinde, „lahme“, kleinwüchsige oder bucklige Personen. Die werden dann entweder im Neuen Testament von Jesus[105] geheilt, oder sie sind, eher im Alten Testament, böse. Das ist ein Bild, das sich bis heute hält. Wer, gemessen an diskriminierenden gesellschaftlichen Normen und Idealen, „unschön“ oder „hässlich“ ist, ist böse. Oft werden Behinderungen genutzt, um zu *zeigen*, dass eine Person böse ist – oder die Behinderung ist die origin story, wieso sie überhaupt böse geworden ist. Weil klar, was will man machen, wenn man eine Behinderung hat oder sonst nicht in die Schönheitsideale passt? Man wird entweder der funny sidekick oder man wird evil. Dazwischen gibt es nichts. Oh, oder natürlich, die Behinderung ist eine Strafe Gottes, auch ein beliebtes Thema. In Märchen oder Volksgeschichten aus dem Mittelalter sind behinderte Menschen keine Seltenheit, hier meist als Witzfiguren. Wenn es also um behinderte Personen geht – was schon selten genug passiert –, sind es meistens Bösewichte oder sie werden komplett lächerlich gemacht oder sie hassen sich und ihr Leben wegen ihrer Behinderung.

Ein sehr gutes Beispiel hierfür ist *Ein ganzes halbes Jahr* von Jojo Moyes. Das ist jetzt nicht wirklich ein Klassiker, klar, allerdings war es, als es rauskam, eines der meistverkauften Bücher der letzten Jahre. Kompletter Bestseller, verfilmt worden, alles. Und erstmal konnte man sich freuen: Endlich mal eine Person mit Behinderung im Fokus! Geilo! Aber dann … na ja, dann liest man halt das Buch und uff. Da haben wir diesen jungen, sehr wohlhabenden, „gutaussehenden“, vor Privilegien nur so strotzenden *weißen* schlanken Mann, dessen Leben „vorbei“

---

[105] Englisch ausgesprochen.

ist, weil er nach einem Unfall im Rollstuhl sitzt. Das ist nicht, wie die Realität funktioniert. Erzählt aber wieder die alte Geschichte davon, wie eine Behinderung einem das Leben ruiniert und den Lebenswillen nimmt, wodurch die alte These, dass ein behindertes Leben nicht lebenswert ist, gestützt wird. Das ist nicht nur sehr schade, sondern extrem gefährlich.

Die Literatur hat also Ableismus natürlich nicht erfunden, jedoch sehr gefördert.

Thomas Mann? Ich denke nicht

Ich sehe schon ein, dass ich Thomas Mann ein bisschen irrational doll hasse. Wirklich, ich seh's ein, aber es lässt sich halt nicht mehr ändern jetzt. Ich sehe ein, dass er wichtig war für die deutsche Literatur und alles, ich habe trotzdem jeden Satz gehasst, den ich je von ihm lesen musste, egal ob *Der Tod in Venedig*, *Buddenbrooks* oder *Der Zauberberg*. Ich hasse, wie Mann schreibt und worüber er schreibt, ich finde seine Texte langweilig, angeberisch und vor allem heuchlerisch. Jetzt bin ich eben Literaturwissenschaftlerin, ne? Heißt, wenn ich jemanden hassen will, dann will ich das fundiert tun. Ich habe mich also eingelesen in Thomas Mann und durfte dabei mit Freude feststellen: Alles, was ich so an ihm hasse und was ich im Gefühl hatte, lässt sich gut belegen. Also buckle up, everybody, wir nehmen den jetzt wissenschaftlich fundiert auseinander. Literaturanalyse – roast edition.[106]

Okay, also erstmal das rein Subjektive, das sich natürlich schlecht belegen lässt: Ich finde alles von Thomas Mann so unfassbar langweilig. Jesus Maria, was habe ich mich durch seine Bücher gequält in der Schule und im Studium. Huiuiui. Das ist komplett Geschmackssache,

---

106 Das ist aber bitte auch das eine Kapitel, das ihr einfach nicht ernst nehmt, ja? Ich sag ja, ich hasse ihn irrational, aber irgendwen muss ich auch hassen dürfen. Außerdem könnte man safe jeden Klassikerboy so auseinandernehmen.

kapiere ich voll. Und ich habe es echt versucht, aber ich verstehe nicht, wie zur Hölle man diese Texte spannend finden kann. Das liegt manchmal schlicht am Thema, denke ich. Also eine Geschichte über einen alten Typen, der sich im Urlaub in einen Jugendlichen verknallt und dann komplett eskaliert, kann man sich vielleicht einfach sparen. Das ist auch einfach ein Szenario, das mit meiner Lebensrealität herzlich wenig zu tun hat und in das ich mich nicht hineindenken möchte.[107] Bei den *Buddenbrooks* zum Beispiel fände ich die Grundstory sehr spannend! Eine Familie, die sich selbst zugrunde richtet, eine Figur nach der anderen, mega geil. Ist natürlich auch ein dicker Schinken, klar, aber das hält mich ja sonst nicht auf. Doch wie langweilig kann man denn eine Dynastie untergehen lassen!? Echt. Na ja. So weit der subjektive Teil.

Was sich aber jetzt super gut beweisen lässt und wo sich die Forschung relativ einig ist, ist die Tatsache, dass Thomas Mann exakt über ein Thema schreibt: sich selbst. Wahnsinn, echt. So viele verschiedene Werke und alles nur: me, me, me.[108] Mann hat allein ungefähr 25.000 – in Worten: fünfundzwanzigTAUSEND – Briefe geschrieben. Durch die kann man sehr genau nachvollziehen, woher alle seine Ideen waren: nämlich aus seinem Leben. Dazu kommen dann auch noch sein Tagebuch,[109] seine Essays und natürlich seine großen literarischen Werke. Sogar *Der Tod in Venedig* ist autobiografisch! Das muss man sich mal vorstellen: Da verguckst du dich mit Mitte 50 in einen Jugendlichen, und anstatt in Therapie zu gehen oder einfach dein Maul zu halten, wie du es solltest, schreibst du

---

[107] Und ich hoffe, mit eurer Realität hat es auch nix zu tun, ey. Wenn euch ein unheimlicher Typ anmacht, zeigt den an, bitte. Vor allem, wenn ihr minderjährig seid. (Wenn ihr der unheimliche Typ seid: Ew. Fasst dieses Buch nie wieder an, ich fühl mich schmutzig.)

[108] Auch ganz viel mimimi, aber das ist bei ihm dasselbe.

[109] ... das er laut seinem Testament erst 20 Jahre nach seinem Tod veröffentlicht haben wollte – wie viel Ego kann man haben und wie doll kann man für nichts verantwortlich gemacht werden wollen?

erstmal eine Novelle darüber. Klar, kein Ding, würd ich meine Frau und meine Kinder lesen lassen, easy. Echt, was ging denn ab bei dem Typen? Thomas Mann war ein Egozentriker. Er bezog alles auf sich und drehte es so, als betreffe es die ganze Welt – und das alles natürlich nur ironisch. Ist auch praktisch. So muss man sich nicht festlegen, man kann zum Schluss immer rufen: „Haha! War nur Spaß! Satire darf alles!“[110] Dann kann man für nichts verantwortlich gemacht werden, nichts ist wirklich ernst gemeint, alles ist nur Literatur und fiktiv. Anstatt ehrlich zu sein, sich verletzlich zu machen und so vielleicht echte Emotionen zu erlauben (bei sich und bei denen, die es lesen), wird alles unendlich überspitzt – und genau dafür ist er so berühmt geworden.

Das kann man natürlich von vielen Autor*innen sagen, sehe ich ein. Bei Kafka ist es zum Schluss auch immer die kack Beziehung zum Vater und fehlende Anerkennung und Liebe. Kafka hasse ich aber nicht, aus zwei Gründen: Erstens wollte er seine Sachen gar nicht veröffentlichen, sondern hat einfach nur geschrieben, damit es raus ist. Und zweitens hat er nicht so getan, als würde er über große menschliche Fragen schreiben, wenn es eigentlich nur um ihn geht. Exakt das macht Thomas Mann. Wir haben *Der Tod in Venedig* in der Schule gelesen, und was haben wir dabei gelernt? Neoromantik, Neoklassizismus, das antike Schönheitsideal und dass man da nicht rankommt als erwachsener Mann, Göttlichkeit, griechische Mythologie, Knabenliebe, Eros, vollkommene Schönheit, alles sowas. Wenn du doch eine ekelhafte Geschichte über deine Hebephilie[111] und deinen eigenen Verfall schreiben willst, bitte, mach. Sei ekelhaft. Do it. Aber tu doch nicht so, als ginge es dir um das antike Schönheitsideal, wenn du einfach nur eine Midlife-Crisis hast und mit deinen

110 Dass das Zitat auch von Dieter Nuhr sein könnte, macht das echt nicht besser.

111 Das ist wie Pädophilie, nur mit Jugendlichen.

Falten nicht klarkommst. Es wirkt so, als versuche Mann, schlecht zu verschleiern,[112] worum es ihm eigentlich geht.

Thomas Mann schwankte also zwischen komplettem Größenwahn und unfassbar nervigem Selbstmitleid. Allen Figuren geht es in seinen Texten, die immer nur von ihm handeln, schlecht, alle sterben, schade Schokolade. Mann wurde gefeiert und verehrt, er war reich und erfolgreich. Trotzdem hat er sich immer als Außenseiter dargestellt. Als einen, der zu kurz gekommen ist und missverstanden wird. Sosehr ich daran glaube, dass einen Geld und Ruhm nicht automatisch glücklich machen: Thommy, du hast einen fucking Nobelpreis bekommen, du bist alles, aber nicht zu kurz gekommen! Natürlich hat er ehrlich gelitten, kauf ich ihm schon ab. Doch alles das schreibt er zum Beispiel auf, während er sich wochen- und monatelang von seiner ganzen Familie abgekapselt hat, um seine Ruhe zu haben, damit er besser arbeiten kann. Frag dann vielleicht mal deine Frau und deine Kinder, wer da zu kurz kommt, hm?

Um zum Größenwahn zu kommen: Thomas Mann war wirklich unfassbar eingebildet. Ja, du hast berühmte Werke geschrieben, Nobelpreis, Dingsbums, alles. Aber bei Sätzen wie „Wo ich bin, ist die deutsche Kultur" und wenn er sich selbst den „geborenen Repräsentanten" nennt, da rollen sich meine Zehennägel auf. Das ist, wie wenn Leute von sich selbst unironisch sagen, sie seien das „Sprachrohr einer Generation". Ja, Meister, hattest du ein Zoom-Meeting mit einfach allen Leuten, bist gewählt worden oder was? Dazu kommt bei Mann noch, dass er sich echt nicht dafür entscheiden konnte, was er jetzt genau repräsentiert und ob er das echt oder ironisch tut. Liberales Bürgertum oder Kaiserreichfan, Weltmachtstreben oder parteilos oder einfach das „bessere Deutschland", was auch immer das

[112] Nicht verschleiert hat er übrigens, dass er auf Männer stand – da steht in der Forschung überall „versteckt", aber lol, es ist *wirklich* kein Geheimnis mehr, spätestens seit seinen Tagebüchern.

heißen soll. Wen hat er also repräsentiert? Again: eigentlich nur sich selbst.[113] Wenn man ihn selber gefragt hat: ganz Deutschland. GANZ DEUTSCHLAND. Wir können uns nicht mal darauf einigen, dass es schon cool wäre, wenn alle Leute hier basic Menschenrechte hätten, und du willst ganz Deutschland repräsentieren? Na, viel Spaß.

Thommy war nicht nur eingebildet, er war auch fucking elitär und klassistisch. Er hat alle gehasst, die nicht Teil des Bildungsbürgertums waren. In seinen *Betrachtungen eines Unpolitischen* zieht er gegen das „Zivilisationsliteratentum“ und die Demokratie ab. Jaha, richtig gelesen, *gegen* die Demokratie. Mann war Fan vom Kaiserreich im Kaiserreich und in der Republik war er plötzlich Fan der Republik, wie es grade am besten für ihn gepasst hat. Er hielt sich für besser und „schlauer“ als die meisten, er wollte keine Demokratie, weil er dem Volk nicht vertraute – oder ihm nicht *zu*traute, politische Entscheidungen zu treffen. Die Großen hat er verehrt, den Adel, die „Genies“, die „Gebildeten“. Er hat tatsächlich Besitz und Bildung als „angeborene Verdienste“ bezeichnet. Als könntest du was dafür, in eine reiche Familie geboren zu sein. Als wär das dein Verdienst!? Ich krieg schon wieder einen roten Kopf.

Letztlich natürlich, das sei hier nur am Rande erwähnt, weil das könnte ich echt über fast alle klassischen Autoren sagen, aber der Vollständigkeit halber: Mann war kompletter Frauenfeind. Nicht nur hat er sich nicht für seine eigene Frau interessiert, er konnte sich nicht mal für seine fiktiven Frauen ein bisschen Mühe geben. Die Protagonisten waren immer männlich und Frauen tauchten halt da auf, wo sie gut in die Geschichte passten. Auch wenn sie eigentlich für die Geschichte von Wichtigkeit waren, waren sie selbst es nicht. Kein eigener Charakter, keine Persönlichkeit, geschweige denn

---

113 Da hat er übrigens ein bisschen Goethe nachgeeifert, der war da ähnlich unterwegs.

eine Persönlichkeitsentwicklung, weil huch, wo kämen wir denn hin, wenn Frauen sich weiterentwickeln würden? Besonders deutlich wird das, wenn es in seinen Werken um Sexualität geht. Wenn Mann über Sexualität schreiben wollte, dann über die zwischen Männern. Wenn eine Frau dabei war, ging es um die bloße Fortpflanzung. Keine Gefühle, keine Bedürfnisse, keine Menschlichkeit.

Und deshalb, liebe Kinder, hasse ich Thomas Mann. Und wisst ihr, was das Lustige ist? Ich darf ihn hassen und kann ihn trotzdem analysieren. Dieses Kapitel hier ist auch Literaturanalyse, es ist Kritik und es ist wissenschaftliches Arbeiten. Klar, alles bisschen scharf formuliert, aber checkt meine Quellen, ist alles bewiesen. Man darf bestimmte Klassiker oder Autor*innen hassen. Literatur ist eben super subjektiv. Wenn ihr fundiert hassen könnt, go for it! Ich habe Thomas Mann im Studium so gut umgangen, wie ich konnte. Ich habe mich genug mit ihm befasst, um ihn leidenschaftlich hassen zu können, aber so wenig, wie es mir möglich war. Ich höre jetzt schon die ganzen Hans-Peters mit ihrem „Hast du die Komplexität seiner Bücher nur ansatzweise erfasst?".[114] Lasst mich euch versichern: Ich hab's schon verstanden. Echt. Ich bin auch nur ein Mensch. Manche Leute darf man hassen. Und, falls es euch beruhigt: Mit der Intensität und der Irrationalität, mit der ihr Frauen hasst, könnte ich nicht mal Thomas Mann hassen. Liebe Grüße!

Der Kanon ist ein Gewohnheitstier

Ich verstehe also rein strukturell echt, wieso die meisten Werke, die man in der Schule liest, von *weißen*, christlichen, hetero cis Männern ohne Behinderung aus der „oberen Gesellschaftsschicht" sind. Sie hatten in der Litera-

---

[114] Das ist ein Originalzitat aus einem Kommentar unter meinem YouTube-Video zu *Der Tod in Venedig*.

tur immer schon die Oberhand, die Werke sind bekannt, die Autoren sind bekannt, und, ja, ich gebe es zu, die meisten Werke, die es gibt, sind von ihnen. Doch das ist eben nicht einfach so passiert, sondern liegt daran, dass alle anderen aktiv unterdrückt wurden. Ich kann ja aber nicht die Erste sein, der dieses Ungleichgewicht aufgefallen ist[115] – bin ich auch nicht! Bei weitem nicht. Es gibt schon so viele Bücher und Artikel und Projekte für einen diverseren Kanon. Kritik an kanonisierter Literatur gibt es also schon lange und sie wird immer lauter – nur leider kommt sie immer nur von Einzelnen und meist auch eher aus wissenschaftlichen Kreisen, wodurch sie nicht bis außerhalb dieser Grenzen dringt. Aber wieso wird denn immer noch das Gleiche gelesen, wenn man längst weiß, dass es viel mehr gibt? Der Grund, wie immer: das Patriarchat, *White* Supremacy und die Macht- und Diskriminierungsstrukturen, in denen wir leben. Die gibt es schon sehr lang und deswegen ist es super schwierig, sie aufzubrechen. Wir müssen aber. Vielleicht kann ich dafür ein paar Schrauben aufzeigen, an denen man drehen kann.

Ein Grund dafür, dass in der Schule immer das Gleiche gelesen wird, ist der damit verbundene Aufwand für die Lehrkräfte. Ist das Buch lieferbar? Wie teuer ist es? Gibt es Unterrichtsmaterial dazu? Gibt es Filme oder Inszenierungen online? Das alles muss man erst mal checken, bevor man ein Buch auf die Leseliste setzt. Da spielen Verlage, wie zum Beispiel der *Reclam Verlag*, eine große Rolle. Denn die meisten Bücher, die ich in der Schule gelesen habe, gab es als günstige *Reclam*-Ausgabe und das hat mir den Arsch gerettet. Sie sind klein und günstig und sie machen klassische Literatur leichter zugänglich. Und es gibt Lektüreschlüssel und Ausgaben für Schüler*innen, in denen Wörter oder Anspielungen

---

115 Ich find mich schon clever, aber *so* clever bin ich auch nicht.

erklärt werden. Ich besitze selbst über 100 von den Dingern[116] und liebe sie komplett. Natürlich gibt es noch die Hamburger Lesehefte oder andere Verlage, aber *Reclam* hat schon eine gewisse Oberhand – und damit auch eine große Verantwortung. Zum Beispiel gibt es beim *Reclam Verlag* Sonderausgaben für die größten Schulklassiker und da ist exakt eine Frau dabei: Annette von Droste-Hülshoff mit *Die Judenbuche*. Von den 23 Autor*innen sind auch nur fünf nicht christlich und das sind Sophokles, der im antiken Griechenland lebte, und Kafka, Schnitzler, Heine und Zweig, die Juden waren. Schwarze Menschen, indigene Menschen und Personen of Colour sind keine dabei. Genauso wenig eine (offen) queere Person, eine behinderte Person oder eine aus der „Arbeiter*innenklasse", geschweige denn eine mehrfachmarginalisierte Person. Begründet hat *Reclam* das damit, dass sie sich mit ihren Programmen einfach nach den Lehrplänen richten – Ministerien aber sagen, sie orientieren sich am *Reclam Verlag* und damit daran, was günstig und lieferbar ist. Dabei hätten beide Seiten, also Verlage und Ministerien, die Macht, sich gegenseitig zu beeinflussen. Und entweder checken sie das nicht, oder sie wollen einfach nicht anders.

Wie ganz am Anfang des Buchs schon gesagt: Damit will ich überhaupt nicht die Lehrkräfte bashen, ich will nur betonen, dass die Verantwortung für den Schulkanon hin- und hergeschoben wird. Damit „neue" Klassiker verlegt werden, braucht es Nachfrage. Es muss jemand anfangen – sei es eine übermotivierte Lehrkraft oder ein Kulturministerium. Auch die Verlage könnten bestimmt ein bisschen mehr Aufsehen für „neue" Klassiker generieren, wenn sie wirklich wollen würden. Das Problem ist eben fehlendes Interesse. Der Kanon

[116] Das ist der nischigste Flex, den ich je gemacht habe, und ich bin komplett stolz drauf.

wird nicht hinterfragt, geschweige denn geändert. Viele Lehrkräfte wollen nichts lesen, bei dem es eventuell ein bisschen zu viel um Sexismus, Rassismus, Klassismus oder Ableismus geht oder einfach um marginalisierte Perspektiven. Weil das unbequem ist und Arbeit macht. Oder leider, weil immer noch viele Menschen denken, das gäbe es alles gar nicht und die jungen Leute wären alle „snowflakes“ – was natürlich kompletter Quatsch ist, wir fordern nur unsere Rechte ein. Ich versteh auch irgendwie, dass das ein bisschen viel ist alles, aber so geben wir diese Diskriminierungen halt Generation um Generation weiter anstatt sie zu bekämpfen und zu beenden. Und damit ist wirklich niemandem geholfen. Nicht den Autoren, die längst tot sind, nicht dem Unterricht oder den Lehrkräften und vor allem nicht den Kindern und Jugendlichen. Diskriminierung existiert nun mal, wir werden die nicht von heute auf morgen beseitigen können. Negativ Betroffenen zuhören und von ihnen lernen (und sie entsprechend entlohnen!), sich der eigenen Privilegien bewusst werden und sich selbst hinterfragen wären schon mal geile erste Schritte, find ich.

Ein weiterer Grund ist auch relativ simpel: fehlendes Interesse an der Sache insgesamt. Ich will der Literaturwissenschaft jetzt nicht zu nahetreten, doch für die meisten Leute ist das nicht das spannendste Feld der Welt, schon überhaupt nicht für Jugendliche. Die Diskussion darüber, was jetzt genau an Schulen gelesen werden sollte, ist eben sehr literaturwissenschaftlich. Heißt, es wird hauptsächlich an den Universitäten diskutiert, auch da mehr unter den Dozierenden als den Studierenden oder angehenden Lehrkräften. Wenn dann Artikel oder Sachbücher rauskommen, die sich mit dem Thema befassen, wer liest die? Leute, die sich eh schon sehr für Literaturwissenschaft interessieren. Und das sind nicht unbedingt die Deutschlehrkräfte (die haben auch genug andere Sachen, über die sie Bescheid wissen müssen) und auf keinen Fall die Schüler*innen. Das ist eigentlich genau, was ich mit diesem Buch will: das Thema an die Schüler*innen und jungen Menschen bringen. Weil genau ihr mir gezeigt habt, dass eine Veränderung so herum klappt.

Meine Videos im Internet hatten nie den konkreten Plan, relevant für den Deutschunterricht zu werden, wirklich nicht. Mein Konzept am Anfang, als das YouTube-Format noch „Drunk Classics"[117] hieß, war, mir zwei Weinschorlen in den Kopfbahnhof zu schaffnern und über klassische Literatur zu ranten – weil ich das ein bisschen zu gern mache, weil es die Leute in meinem Privatleben herzlich wenig interessiert und auch einfach, weil halt Lockdown war und ich was zu tun brauchte. Was dann aber passiert ist, seid ihr Geilen. Ihr habt meine Videos Lehrkräften gezeigt und, noch viel krasser: Ihr habt angefangen, zu diskutieren, was ihr lesen wollt und was nicht. Meine Videos konnten so beispielsweise schon einige Klassen davor bewahren, *Die Marquise von O. ...* zu lesen – weil ihr euch gewehrt habt! Wenn du also der eine Literaturnerd in deiner Klasse bist, der dieses Buch gelesen hat: Danke dir! Fang an, zu diskutieren! Der dritte Teil dieses Buches ist komplett voll mit Alternativen für (ich hoffe) jede Vorgabe im Literatur-Lehrplan. Niemand soll je wieder alternativlos *Die Marquise von O. ...* oder *Effi Briest* lesen müssen.

In der klassischen Literatur haben wir also leider im Vergleich wirklich wenig, was nicht von *weißen*, christlichen cis Männern geschrieben wurde (oder wo zumindest ihr Name draufsteht). Das ist super schade, aber leider auch nicht mehr wirklich zu ändern. Es kann natürlich

---

[117] Das musste ich ändern, weil der Algorithmus das gehasst hat.

gut sein, dass noch ein paar Mal rauskommt, dass in Wirklichkeit die Frau des ach so großen Dichters und Denkers „genial" war und er einfach seinen Namen auf ihr Werk draufgeklatscht hat. Oder dass noch ein paar verdrängte Werke auftauchen. Aber wir werden einfach damit arbeiten müssen, dass wir – zumindest wenn wir uns mit Klassikern beschäftigen – nicht immer eine andere Perspektive als diese haben. Da sollte es doch förderlich und wünschenswert sein, an den Stellen im Lehrplan, wo man Literatur von marginalisierten Menschen zur Verfügung hat, ebendie zu lesen. Gezielt und mit Absicht. Das heißt auch, dass man absichtlich etwas liest, was (noch) nicht zu 110 Prozent Klassiker ist wie das. Das wird sich aber erstens mit der Zeit ändern – weil was Klassiker sind, entscheiden wir, und was wir unaufhörlich lesen, wird zum Klassiker – und zweitens muss es uns das wirklich wert sein, finde ich. Wenn es sowieso Stellen im Lehrplan gibt, wo es beispielsweise um Frauen oder Menschen aus der „Arbeiter*innenklasse" geht, dann sollten wir uns zumindest bemühen, Bücher zu lesen, die von negativ Betroffenen selber kommen. Damit nicht nur über sie gelesen und geredet wird, sondern wirklich ihre Perspektive gesehen und gelesen wird. Das wäre nicht nur schön, es ist einfach nötig.

Das, was jetzt folgt, ist jetzt natürlich keine komplette Liste – wer bin ich denn? –, aber es ist ein Anfang und es sind ein paar konkrete Ideen, wie und womit man bestimmte Werke manchmal, und besonders im Unterricht, ersetzen könnte. Außerdem will ich auch nochmal betonen, dass ich eine *weiße*, christlich erzogene, nicht-behinderte cis Frau bin, die das hier schreibt. Trotzdem hoffe ich, dass ich die richtigen Leute um Hilfe gebeten und von den richtigen Leuten gelernt habe, um die folgenden Kapitel hier einigermaßen fundiert zu schreiben.

Ich will mehr! – Was in den Literaturlisten fehlt

Ihr habt es also in den dritten Teil meines Buches geschafft: die Alternativen. Ich erhebe hier keinen Anspruch auf Vollständigkeit, wirklich nicht. Ich bin nur ein Mensch mit Internet und ich weiß wirklich nicht alles. Genauso hoffe ich, dass ich in den einzelnen Kapiteln die richtigen Quellen gefunden habe und die richtigen Leute – also negativ Betroffene beziehungsweise Angehörige der jeweiligen Gruppe – um Rat gebeten habe. Wenn ihr mehr wisst, wenn ich falschliege, wenn ich etwas Wichtiges vergessen habe: Schreibt mir.[118] Ich will es wissen, ehrlich. Ihr wisst als Summe an Lesenden und als Einzelpersonen mit euren persönlichen Lebensrealitäten mehr als ich allein. Und ich will wirklich einfach nur, dass unser Literaturkanon so divers, intersektional und diskriminierungssensibel wird, wie es nur irgend möglich ist. Deshalb wäre es mir eine Ehre, wenn ihr mir dabei helfen wollt.

Was hier also gleich kommt, sind Denkansätze, Vorschläge und Beispiele. Fakten, die mich bei der Recherche überrascht haben, wütend machten, mich fast meinen Laptop aus dem Fenster schmeißen ließen. Ganz oft konnte ich beim Schreiben dieses Kapitels nicht fassen, wie ich zwölf Semester lang Germanistik studieren konnte, ohne davon je gehört zu haben. Im Folgenden versammelt sind quasi nur Werke, in denen marginalisierte und diskriminierte Menschen auch über diese Marginalisierung und Diskriminierung schreiben, sei es als Autobiografie oder indem die Hauptfigur die gleiche Marginalisierung und Diskriminierung erfahren muss wie die Person, die

118 Ich heiße auf allen Social-Media-Plattformen Teresa Reichl. Außer Twitter, das hab ich nicht, weil's mich zu sehr stresst.

es geschrieben hat. Natürlich ist das nicht alles, worüber eine Person schreibt. Worum es mir geht, ist zu zeigen, dass wir, wenn es schon um Diskriminierung oder die Lebensrealitäten marginalisierter Gruppen gehen soll, wirklich Werke von Menschen aus dieser Gruppe lesen sollten. Das ist das Minimum. Das ist der erste Schritt zu einem diversen Kanon.

Es soll hier also um die verdrängten Werke gehen. Die, die hinters Bücherregal geschubst und dann mit Absicht vergessen wurden – oder die, die es nie in irgendwelche Regale geschafft haben. Hier wird es um Komödien, Werke von Frauen, von jüdischen Personen, von Muslim*innen, von Sinti*zze und Rom*nja, von behinderten, queeren und Schwarzen Autor*innen, von Autor*innen of Colour, aus der „Arbeiter*innenschicht" und Sozialhilfeempfänger*innen gehen. Ich weiß, das hab ich hier schon circa 100 Mal gesagt, aber es ist mir an dieser Stelle auch sehr wichtig: Ich liebe Klassiker wirklich. Jedoch fühle ich mich betrogen um so viele Blickwinkel und Geschichten, die es gibt. Und das war der größte Spaß, den ich beim Schreiben dieses Buches hatte: rauszufinden, dass es das alles gibt. Dass ein diverser Kanon wirklich möglich ist, easy sogar. Long story short: Das hier wird der Alptraum meines Germanistik-Dozenten aus dem ersten Semester.[119] Viel Spaß! (Oh, übrigens, hinten im Buch ist eine Liste mit den Vorschlägen aus den folgenden Kapiteln und vielen mehr! Eure neue Wunschliste quasi.)

---

119 Der hat mich zum Beispiel vor dem ganzen Kurs angeschrien, dass ich nicht Germanistik studieren kann, wenn ich auch Poetry Slammerin bin, weil das ja gar keine Literatur ist. Und alles von Frauen eh nicht. Und das N-Wort wird man ja noch sagen dürfen. Ihr wisst genau, was für einen Typ Mensch ich meine.

Willkommen im Komödienstadl

Ich weiß nicht, ob anderen Leuten das auch so auffällt wie mir, aber die deutsche Literatur, vor allem die klassische, ist sehr ernst. Und die ganzen Autoren waren super ernst mit ernsten Gedanken und ernstem Weltschmerz und ernsten Geschichten, die sie erzählen wollten.[120] Wenn ich mich richtig erinnere, habe ich in der Schule exakt eine Komödie gelesen, na ja, fast, eine Tragikomödie, nämlich *Der Besuch der alten Dame*[121] von Dürrenmatt. Dabei haben wir schon viele Komödien zu bieten eigentlich! Deutlich mehr Tragödien, das stimmt schon, aber auf jeden Fall mehr Komödien als zum Beispiel Autorinnen.[122] So richtig habe ich mich nicht darüber gewundert, ich bin ehrlich. Klassische Literatur hatte für mich immer schon einen ernsten Beigeschmack, das ist schließlich hohe Kunst, die wir da lesen, da wird nicht gelacht! Das stimmt so natürlich nicht, aber spielt tatsächlich auch eine Rolle dabei, wieso wir nicht öfter klassische Komödien lesen. Wir nehmen unsere Kunst einfach gern sehr ernst. Das hier ist also das eine Kapitel im Buch, in dem es nicht um Diskriminierung und Unterdrückung geht, sondern darum, dass wir einfach einen kleinen Stock im Arsch haben, wenn es um Klassiker geht.

Ein weiterer Grund ist ein ganz simpler: Witze sind kurzlebiger als Krisen. Das ist mir aufgefallen, als wir im Studium in englischer Sprachgeschichte Shakespeare behandelt haben. Der war nämlich für seine Komödien mindestens so bekannt wie für seine Tragödien und trotzdem sind die heute viel berühmter. Warum? Weil die Zeit

[120] Auch wenn ich *Die Leiden des jungen Werthers* zum Beispiel schon bissi funny finde aus jetziger Sicht, der boy hat einfach so stark den Schuss nicht gehört.

[121] Und Jesus, lieb ich dieses Buch. Claire ist alles, was ich im Alter sein will. lol. (Aus rechtlichen Gründen: Das war ein Witz. Ich will nicht nach Haunersdorf zurückkehren und irgendwen umbringen lassen, ich versprech's.)

[122] Der tut mir selber weh, sorry.

und damit der Sprachwandel den Texten ganz viel Witz geklaut haben. Wir haben eine Sitzung damit verbracht, uns Shakespeare-Witze erklären zu lassen,[123] die wir jetzt einfach nicht mehr verstehen, weil vielleicht das Wort jetzt eine ganz andere Bedeutung hat oder unser gesellschaftlicher Kontext jetzt so weit von dem damaligen entfernt ist, dass wir den Witz nicht mehr verstehen können. Damit hört das Werk irgendwann auf, zu sagen, was es zu sagen hat – zum Teil zumindest. Krisen wie „Oh Gott, ich bin so verliebt, ich glaub, ich muss sterben" oder „Ich will so unbedingt mehr Macht, dass ich alles wegmetzle, was mir in die Quere kommt" sind da einfach langlebiger – auch wenn sich die Sprache ändert, in der die Krise ausgedrückt wird.

Im Theater habe ich oft das Gefühl, das Abo-Publikum hat so richtig keinen Bock auf Lachen oder Spaß.[124] Sie wollen ihr Herz rausgerissen kriegen oder denken müssen, sie wollen herausgefordert werden und sich „schlau" fühlen können, wenn sie danach sagen, sie hätten alles verstanden, was passiert ist. Aber Spaß? Für Spaß muss man „nicht schlau" sein, Spaß ist „simple Unterhaltung". Wenn man dann zum Beispiel in England ins Theater geht, wo die Theaterzielgruppe schon immer eher der Mittelstand war, und nicht wie bei uns nur der Adel, die rich kids, kann man den Unterschied nicht mehr verdrängen. Da wird geklatscht und gejohlt und gelacht und sich auf den Oberschenkel geklopft, wo in Deutschland vielleicht der Schnurrbart ein wenig zucken würde wegen eines kleinen Schmunzlers.[125] Die „feine Gesellschaft" will keinen Spaß haben in der Kunst, sie will herausgefordert wer-

---

123 Ich fand das so ultra funny und sonst niemand, richtig enttäuschende crowd in dem Seminar, echt.

124 No joke, es drehen sich im Theater regelmäßig Leute um und schütteln den Kopf, wenn ich lache.

125 Könnte auch daran liegen, dass man in England im Theatersaal saufen darf vielleicht. Wer weiß.

den. Dabei ist jemanden zum Lachen bringen nicht weniger Kunst als jemanden zum Heulen bringen, wenn man mich fragt – und auch wirklich nicht weniger schwierig.

Wenn man aber die ganzen historischen Literaturboys fragt, wie Aristoteles oder auch Gottsched zum Beispiel, dann ist die Tragödie natürlich das Höchste der Dichtung, das Nonplusultra der Kunst und das, wonach man streben sollte. Das sieht man zum Beispiel gut an der Ständeklausel, die es in deutschen Tragödien lange gegeben hat: Der Adel war das Personal für die Tragödien, die „Normalos" kamen in Komödien vor. In Adelige wurde sich hineinversetzt (schließlich waren die auch das Publikum), das waren die Held*innen, „Normalos" waren die Lachnummern. Adelige auslachen, weil sie einen Fehler machen, auf der Bühne hinfallen oder ihnen sonst etwas Witziges passiert? Gott bewahre! Wo würden wir denn da hinkommen!? Nach England vielleicht, Shakespeare zum Beispiel hat nämlich überall Witze eingebaut. Ich weiß nicht ganz genau, wo diese deutsche Abneigung gegen Komödien herkommt, aber sie hat sich ziemlich gefestigt, im Theaterbetrieb und im literarischen Kanon. Immer nur Geschichten lesen, in denen zum Schluss alle tot sind, ist halt auch irgendwann langweilig, deshalb hier ein paar meiner liebsten Komödien.

Doch bevor ich meine Favoriten raushaue: Was sind Komödien überhaupt genau? Ein paar Leute haben versucht, eine Komödie als Gegenteil einer Tragödie zu definieren – das klappt nur so mittel. Nur, weil mich etwas nicht zu Tränen rührt oder zum Schluss nicht alle sterben, ist es noch lange nicht funny. Wichtige Elemente für die Komödie sind Komik, eine erheiternde Wirkung und ein gutes Ende. Wobei es natürlich Mischformen gibt. *Die Physiker* zum Beispiel finde ich sehr komisch und erheiternd, aber das Ende ist höchstens mittelgut und es sind trotzdem fast alle tot. Humor ist natürlich etwas arg Subjektives, aber eigentlich trifft das auf alle Genres zu, auch auf die

Tragödie. Im Deutschen gibt es den Begriff „Lustspiel“,[126] das ist im Grunde das Gleiche wie eine Komödie.

Minna von Barnhelm von Lessing ist, denke ich, noch eine der am meisten gelesenen Komödien im Deutschunterricht. Und, wie ich finde, komplett zu Recht. Die Geschichte handelt von falschem Stolz, überhöhtem Ehrgefühl, einer „klugen“ Frau und, wenn wir ganz ehrlich sind, toxischer Männlichkeit. Das Buch ist einfach funny as fuck.[127] Es geht um, surprise, Minna, die ihrem Verlobten hinterherreist. Der ist nämlich zu Unrecht unehrenhaft aus dem Militär entlassen worden und fühlt sich nicht mehr in der Lage, sie zu heiraten, weil er jetzt gesellschaftlich unter ihr steht. Minna tut also so, als wäre sie komplett entmündigt worden und arm, damit ihr Verlobter checkt, was er da für einen Quatsch labert und dass es ihr komplett wurscht ist, welchen Stand er hat. Lest es, es macht wirklich Spaß. Ich bin insgesamt ein großes Lessing-Fangirl und werde immer ein bisschen sad, wenn in der Schule nur *Nathan der Weise* von ihm gelesen wird oder *Emilia Galotti*. Weil klar sind das wichtige Werke, aber Lessing war halt nicht nur der „Oha, schaut mal, wie schlau und gebildet ich bin“-Tragödien-Mann, sondern auch wirklich, wirklich witzig. Es ist kein Zufall, dass man von Lessing nur seine Tragödien *(Miss Sara Sampson, Emilia Galotti)* und *Nathan der Weise* kennt, dabei hat der noch sieben Komödien geschrieben. Und die kann man sich wirklich mal geben, finde ich. *Die Juden* lässt sich natürlich nur eingeschränkt empfehlen, weil es wieder ein Christ ist, der über jüdische Menschen schreibt. Mit dem Stück lässt sich aber wirklich eindrücklich zeigen, wie lang es schon

---

126 Lust im Sinne von lustig, nicht im Sinne von sexy, versteht sich.

127 Letztens saß ein älterer Herr mit mir am Tisch, der behauptet hat, die Deutschen könnten einfach keine Komödien schreiben und dass er *Minna von Barnhelm* furchtbar unlustig findet. Well, die Story ist leider nichts für toxische boys, so sorry. Kann ich mir schon denken, dass du eine Frau mit Hirn nicht lustig findest, Hans-Peter.

Antisemitismus in Deutschland gibt und wie tief er sitzt. Außerdem ist Christoph, der Diener des Reisenden in dem Text, wirklich mit der witzigste Typ, von dem ich je gelesen habe. Ist nur besoffen und redet lustig daher, zehn von zehn, gerne wieder.

Dann gäbe es da noch die Komödien von Luise Gottsched.[128] Die hat nicht nur *Die Pietisterey im Fischbein-Rocke* geschrieben, das es zumindest als *Reclam* gibt und das noch einigermaßen bekannt ist, sondern noch vier Komödien, die zu ihrer Zeit alle erfolgreich waren. *Die ungleiche Heirath, Die Hausfranzösinn oder die Mammsell, Der Witzling* und *Das Testament* nämlich. Die meisten ihrer Werke wurden anonym veröffentlicht – natürlich, es hätte sich schließlich niemand dafür interessiert, hätte der Name von einer Frau draufgestanden. Jedenfalls finde ich sie wirklich alle witzig und empfehlenswert. In *Der Witzling* geht's zum Beispiel um den Studenten Vielwitz (lol), der ein richtig nerviger Besserwisser ist und allen mit seinen Gedichten auf den Senkel geht.[129] Also werden noch zwei eingeladen, die genauso drauf sind, und sie kriegen sich richtig in die Haare, weil sie alle nur sich selbst für den einzig wahren Dichter halten.[130] Und hach, es ist einfach so schön zu lesen, wie drei komplett von sich überzeugte dudes einfach alle nur Quatsch reden. Das spiegelt wirklich sehr schön wider, wie so viele Typen, die in ihrem Leben ein halbes Gedicht geschrieben haben, meinen, sie hätten Literatur komplett verstanden. Das Buch ist übrigens super kurz! Ganz nebenbei.

Gerhart Hauptmann habe ich eher als einen ernsten Gesellen kennengelernt. Sein bekanntestes Werk ist wohl

---

128 Über sie werde ich im nächsten Kapitel noch einiges erzählen, weil wow, was für eine Frau. Sie soll hier aber nicht unerwähnt bleiben.

129 Wer dafür wohl Vorlage gestanden hat, hm? BESTIMMT nicht der Ehemann.

130 Alter, das stinkt so dermaßen nach Johann Gottsched, riecht ihr's auch? L'eau de Regelpoetik.

Bahnwärter Thiel, und mega witzig ist das jetzt nicht. Mir ist da noch *Vor Sonnenaufgang* bekannt, ein soziales Drama, Hauptmann hat jedoch tastsächlich Komödien geschrieben. Zum Beispiel *Schluck und Jau* oder *Der Biberpelz*. Das Letztere ist, wie so vieles von Hauptmann, auch sozialkritisch und eine „Milieustudie",[131] aber halt auch sehr funny, ehrlich (wenn man sich in den Berliner Dialekt eingelesen hat oder den sowieso spricht). Es geht um Mutter Wolffen, die über Nacht Holz stehlen will, das ihre Tochter eigentlich für einen rich boy hätte wegräumen sollen, aber nicht wollte. Außerdem hat sie einen Rehbock gewildert, und als sie den verkauft, erfährt sie, dass Frau Krüger (die Frau des rich boys) ihrem Mann einen furchtbar wertvollen Biberpelz geschenkt hat. Mit dem könnte Wolffen einfach fast ihre ganzen Schulden abzahlen – also will sie ihn stehlen. Und dann kommt es natürlich zur Anzeige und einem Gerichtsverfahren – doch es sind halt das deutsche Gericht und die deutsche Polizei, ne? Da dauern Sachen einfach ein bisschen länger manchmal. Es macht einfach so Spaß, Frau Wolffen dabei zuzuschauen, wie sie sich aus jeder Situation rauswindet und super klug alle gegeneinander aufbringt. Herrlich.

Was ihr euch auch nicht entgehen lassen solltet, ist *Pioniere in Ingolstadt*[132] von Marieluise Fleißer. Die Komödie ist sogar verfilmt worden, geilo! Da geht es um Berta, die sich mit einem der Pioniere (das ist also einer aus dem Heer) einlässt, der ein Arsch ist,[133] anstatt bei Fabian zu bleiben, der super lieb ist. Das macht diverse Leute ein bisschen sauer, aber es geht erst so richtig los, als Berta ihr erstes Mal[134] mit Korl hatte und hinterher erst erfährt,

---

131 Heißt, dass er sich Leute aus den „unteren Gesellschaftsschichten" angeschaut hat. Ein weiteres Beispiel wäre Büchners *Woyzeck*.

132 Was geht nur ab mit Ingolstadt, Alter. *Frankenstein* spielt einfach auch da.

133 Er sagt ihr sogar ins Gesicht, dass Frauen, die ihn lieben, leiden müssen, und sie hat damit kein Problem. Klassische „I can fix him!"-Storyline.

134 Ich hasse das Wort „entjungfert". Ist eine Erfindung des Patriarchats.

dass der diverse Frauen und Kinder hat. Ich muss zugeben, dass die Komödie schon ernster und drastischer ist als die anderen, trotzdem zwischendurch sehr witzig. Es ist halt auch sehr heftig, nur dass ihr Bescheid wisst. Das Stück war ein riesiger Skandal, als es ganz neu war, und daran ist unter anderem Brecht schuld. Der hat Fleißer, die Verfasserin, nämlich „betreut" bei der zweiten Fassung und es so drastisch inszeniert, dass alle komplett ausgerastet sind. „Drecksdrama" haben sie es genannt, „hysterische Unverfrorenheit" und „Frauenphantasie" – mindestens zwei Begriffe, die nie gefallen wären, hätte ein Mann es geschrieben. Insgesamt also: Puh, was ein Stück!

Das waren also ein paar Komödien, für die ich eine Lanze brechen wollte.[135] Was ich damit zeigen möchte: Man kann wirklich etwas lernen oder über die Epoche erfahren, wenn man lustige Texte liest. Auch, wenn sie vielleicht mit der Zeit ein bisschen an Witz verloren haben – natürlich lange nicht so arg wie bei Shakespeare. Komödien sind nicht erst mit Dürrenmatt groß geworden, es gab sie schon länger. Und ich finde, sie zeigen sehr schön, dass unsere klassischen Klassiker*innen nicht nur ernste Leute waren – wie auch? Spaß ist nicht die größte deutsche Tradition, stimmt schon, aber manchmal haben wir ihn eben doch.

Female Forces

Wie weiter oben schon gezeigt: Es gibt wirklich tausend Gründe, wieso Frauen früher nicht schreiben *sollten* – und sie haben es trotzdem getan. Weil sie wollten, weil sie mussten und weil sie es konnten. Und fuck, können wir ihnen dankbar sein, dass sie geschrieben haben! Hier sind sie also, einige der Nachtschreiberinnen, der Geheimautorinnen, der Pseudonymschriftstellerinnen, der Brieffreundinnen und Ghostwriter-Ehefrauen. Falls du nach diesem Kapitel

---

135 Lol, aus welchem Jahrhundert ist diese Redewendung denn gefallen?

noch neugieriger bist: Es gibt zum Beispiel das Projekt *Die Kanon*, bei dem Frauen aus Kunst, Literatur, Musik, Wissenschaft und vielen weiteren Bereichen aufgelistet werden, oder es gibt ganz gute Wikipedia-Listen von deutschsprachigen Schriftstellerinnen zum Weiterrecherchieren.

Außerdem gibt es natürlich Frauen, die es in den Kanon geschafft haben, aber um die soll es hier nicht gehen. Das heißt nicht, dass ich finde, dass man ihre Werke nicht lesen sollte – unbedingt sollte man das –, aber ich glaube einfach, es ist nicht nötig, dass ich euch nochmal erkläre, wie geil zum Beispiel Annette von Droste-Hülshoff, Ingeborg Bachmann, Nelly Sachs, Karoline von Günderrode, Anna Seghers, Mascha Kaléko, Marlen Haushofer, Elfriede Jelinek, Rose Ausländer, Hannah Arendt und noch so viele mehr sind. Das heißt jetzt nicht, dass ihr sie alle kennen müsst, das heißt nur, dass man die gut googeln kann, zu ihren Werken gibt es Unterrichtsmaterial und Inhaltsangaben, Interpretationen und Sekundärliteratur. Das sind deutschsprachige Autorinnen, die leicht zu finden sind, die in meinem Studium zumindest mal jemand erwähnt hat. Was jetzt kommt, sind Entdeckungen, die ich persönlich bei den Recherchen zu diesem Buch erst gemacht habe. Das sind immer noch sehr privilegierte Frauen, von denen ich aber trotzdem bis vor Kurzem nichts wusste. Für euch klugen Mäuse ist das eventuell nichts Neues, dennoch will ich das hier mit euch teilen.

Der erste deutschsprachige Roman von einer Frau jemals war *Geschichte des Fräuleins von Sternheim* von Sophie von La Roche – Deutschlands erste unabhängige Berufsschriftstellerin. La Roche hat die typische „Mädchenerziehung" genossen, hat also Sprache, Kunst, Literatur, Musik und Haushaltsführung gelernt. Sie wollte immer Latein lernen, durfte sie aber nicht. Zwei Verlobungen mussten wieder aufgelöst werden, bis eine Hochzeit geklappt hat, dann hat sie acht Kinder geboren – und trotzdem hat sie geschrieben. Sie hat lange an ihrem Roman gearbeitet, bis sie ihn 1771 veröffentlichte. Dass das möglich war, hat sie zum Großteil ihrem Cousin Christoph Martin Wieland zu verdanken. Der war nämlich Dichter, Übersetzer und Herausgeber und hat ihren Roman herausgebracht. Aber, und jetzt kommt wieder der Part zum Wütendwerden: anonym. Mit Anmerkungen. Und einem Vorwort.

Der Roman war als Werk einer Frau gekennzeichnet, ich möchte fast sagen: gebrandmarkt. In seinem Vorwort betont Wieland immer wieder, dass der Roman nicht als Kunst verstanden werden darf, weil er das natürlich nicht sein kann. Er erklärt auch ausführlich, was genau er an dem Roman nicht gut findet, und vergisst nicht, auf seine unbestechliche Meinungshoheit hinzuweisen: „Niemals, daß ich wüßte, hat mich das Vorurteil für diejenige, die ich liebe, gegen ihre Mängel blind gemacht." Die *Geschichte des Fräuleins von Sternheim* ist also eigentlich gar keine Literatur, natürlich nicht, sie ist ja von einer Frau, sie kann sich natürlich nicht mit „echter" Literatur von Männern messen: „Sie, meine Freundin, dachten nie daran, für die Welt zu schreiben, oder ein Werk der Kunst hervorzubringen."[136] Außerdem weist der gute Wieland auch darauf hin, dass die Thematik des Romans eigentlich nur für Frauen ist und deshalb, klaro, für Männer überhaupt keinen Mehrwert hat. Frauen könnten von der Heldin im Roman viel lernen, sagt Wieland, nützliche Unterhaltung könne er sein für sie. Hier sieht man wirklich sehr schön, wie Frauenleben und -geschichten in eine Nische gedrängt werden. In keinem einzigen Buch von einem Typen stand jemals: „Joa, es geht halt um einen Mann, ne, die können da bestimmt was lernen, aber für Frauen ist die Geschichte komplett uninteressant." Nicht auszudenken.

In der *Geschichte des Fräuleins von Sternheim* geht es um, surprise!, Sophie von Sternheim. La Roche erzählt die

---

[136] Klar, ich schreib meine Romane auch nie für die Welt, sondern nur für mich privat.

Geschichte vor allem über Briefe, die Sternheim an ihre Freundin Emilia schreibt.[137] Sie wird mit 19 zur Vollwaisen und muss deshalb zu ihrer Tante und ihrem Onkel ziehen. Der will, dass sie eine Mätresse[138] des Fürsten wird, damit er politische Vorteile erschleichen kann. Sophie will das nicht, schließlich ist sie christlich erzogen worden, sie will sich eigentlich auf ihre Bildung konzentrieren, was ihr Onkel gar nicht gern sieht. Dann geht's richtig ab: Scheinhochzeit, Intrigen, vorgetäuschter Tod, Entführung ... In dem Roman ist echt alles drin, was eine gute Serie braucht,[139] es ist nur wild alles. La Roches Werk hat die Zeit der Empfindsamkeit unfassbar geprägt und war auch (aber nicht nur!) bei Frauen sehr beliebt – deshalb kann man mit Fug und Recht behaupten, die *Geschichte des Fräuleins von Sternheim* hat das Genre des „Frauenromans" gegründet – so steht es auf jeden Fall in den Büchern, mit denen ich aufs Staatsexamen gelernt habe. Der Roman schlug ein wie eine Bombe, alle (sogar Männer, oh wow) waren komplett begeistert – und völlig zu Recht, wie ich finde. Junge wie ältere Leser*innen fühlten sich gesehen und abgeholt, die Aufklärer*innen waren fasziniert und die Stürmer*innen und Dränger*innen sind komplett eskaliert, bis das Werk dann, wie so viele, in Vergessenheit geraten ist. Ich verstehe, dass die Handlung aus heutiger Sicht vielleicht ein bisschen vorhersehbar ist, aber wenn ihr euch auf die Zeit, in der das Ganze spielt, einlassen könnt, lässt sich trotzdem hervorragend mit Sophie mitleiden und -lieben. Ich hab's auf jeden Fall geliebt.

Auch eine unfassbare Autorin ist Luise Adelgunde Victorie Gottsched, geborene Kulmus, die viele die erfolgreichste deutsche Dramatikerin des 18. Jahrhunderts nen-

---

137 Na, wo wird wohl Goetheboy seine Inspiration für den Werther herhaben, hm?

138 Das ist sowas wie eine offizielle Affäre. Super ungut für die Frauen, weil die dann niemand mehr heiraten wollte – und das war damals existenzbedrohend.

139 Kennt jemand wen bei Netflix?

nen. Was für ein Name allein schon! Lieb ich komplett. Die war vor allem eine Schriftstellerin der Aufklärung, hat aber auch super viel übersetzt und bearbeitet – literarische wie wissenschaftliche Werke. Es gab nichts, was sie nicht schreiben konnte: Lyrik, Dramen, Briefe, Zeitungsartikel, alles. Mit wem sie außerdem sehr viel zusammengearbeitet hat, war Johann Christoph Gottsched, mit dem sie verheiratet war. Kleiner Exkurs: Das ist der, der eine theoretische Schrift darüber verfasst hat, wie das deutsche Theater auszusehen hat – und dann ist ihm aufgefallen, dass es kein einziges deutsches Werk gibt, das alle Kriterien erfüllt.[140] Also hat er wieder angefangen, Werke aus der Antike zu übersetzen, und da hat „die Gottschedin", wie seine Frau genannt wurde, sehr geholfen. Es ist also davon auszugehen, dass Luise Gottsched ein großes Wörtchen mitzureden hatte, bei allem, was der Herr Ehegatte so publiziert hat, wenn sie nicht sogar die Hauptautorin von manchen Werken war.

Johann Gottsched war Fan davon, wie klug und gebildet seine Frau war, und hat sie gefördert – im Rahmen seiner und der damaligen frauenfeindlichen gesellschaftlichen Möglichkeiten. Sie durfte zum Beispiel hinter der geschlossenen Tür seinen Vorlesungen lauschen.[141] Sie hat selbst gesagt, dass sie gar nicht Autorin sein will, sondern eine Gehilfin ihres Mannes, und lehnte es deshalb ab, in die Deutsche Gesellschaft (das war eine Art Klub) aufgenommen zu werden – ob das jetzt aber wirklich 100-prozentig ihre Idee war oder ob der gute Johann Angst um seine Privilegien und seine Machtstellung hatte, sei mal dahingestellt. In der Zeit der Empfindsamkeit wurde Luise Gottsched nämlich langsam, aber sicher berühmter als ihr Mann. Er hat sie übrigens „seine Schöpfung" genannt und spätestens da habe ich mir bei der Recherche

---

140 Das ist echt das Deutscheste, was jemals passiert ist, echt. Erst die Theorie, dann die Kunst. Weiß gar nicht, was da schiefgehen soll.

141 ... bei denen sie ihm geholfen hat! Ich krieg Puls.

bisschen in den Mund gekotzt.[142] Dafür jetzt mein liebster Part: Sie hat ihm mit seiner Theorie der Regelpoetik und der kompletten Vernunftorientierung in der Dichtkunst nicht Recht gegeben. Sie fand nicht, dass man nach einem Regelsystem dichten kann und soll, und war zum Beispiel Fan von Shakespeare, der alles tat, außer sich an literarische Regeln zu halten. Das alles hängte sie aber natürlich nicht an die große öffentliche Glocke, eh klar.

Luise Gottsched war tatsächlich die erste Frau in Deutschland, die Komödien und eine Tragödie veröffentlicht hat. Die Komödie *Die Pietisterey im Fischbein-Rocke* kam 1732 raus, erstmal anonym – natürlich, wie könnte es anders sein. Danach hat sie noch fünf eigene Komödien geschrieben und ihrer Meinung nach ihr bestes Werk, die Tragödie *Panthea*. Die ist, wenn man sich nochmal kurz an Gottsched und Aristoteles erinnert, die erste deutsche regelgetreue Tragödie einer Frau jemals, wodurch sie als Meilenstein der Aufklärung gilt. Als sie erstmals erschien, wurde die Tragödie vielfach besprochen und rezensiert. Trotz allem kann man sie heute nirgends kaufen, komisch, oder? In der Beschreibung des Werkes heißt es: „Heute ist die Tragödie weitgehend Gegenstand von Spezialforschungen im Bereich der Gender-Geschichte." – Da hab ich mir zum zweiten Mal in den Mund gekotzt und hätte fast meinen Laptop aus dem Fenster geschmissen.[143] *Panthea* war keine „Frauentragödie", als sie rauskam. Sie war kein Nischenthema und keine Randerscheinung – aber sie wurde von der Geschichte zu einer gemacht. Deshalb hat der *Wehrhahn Verlag* eine Ausgabe mit vielen Zusatzmaterialien gemacht, um „das exemplarische Trauerspiel als wichtigen Beitrag der deutschen Aufklärung einem

---

142 Übrigens hat der Typ nach ihrem Tod einfach eine 19-Jährige geheiratet. Er war 62. Ew. Da muss der Minderwertigkeitskomplex ja ganz schön gekickt haben.

143 Gut für euch, dass ich das Kapitel im ICE geschrieben hab, da kann man keine Fenster aufmachen.

breiteren Publikum in einer Studienausgabe bekannt zu machen" – wirklich geklappt hat das offensichtlich leider nicht, denn ebendiese Ausgabe ist leider (zum aktuellen Zeitpunkt) nicht mehr lieferbar.

Die Pietisterey im Fischbein-Rocke, die deutlich bekanntere Komödie von Gottsched,[144] ist also die eingedeutschte Version einer französischen Komödie, eine sogenannte „satirische Typenkomödie" – und damit exakt das, was Ehemann Gottsched sich für die deutsche Theaterlandschaft gewünscht hat. Dabei war Luise erst 23, als sie das geschrieben hat! Es geht um Familie Glaubeleicht,[145] vor allem geht es um Frau Glaubeleicht, die sich von einem Pietisten[146] beeinflussen lässt, weil ihr Ehemann die ganze Zeit auf Geschäftsreise in England ist. Es geht um Hochzeiten (natürlich), um Geld (natürlich), um Intrigen (natürlich) und ist, finde ich, wirklich, wirklich witzig und schnell ausgelesen. Wenn man also eine Komödie in der Schule lesen will – was eh selten genug vorkommt –, spricht absolut nichts gegen genau diese. Ich hab wirklich oft gelacht beim Lesen! Grundsätzlich liebe ich „offensichtliche" Komik, also allein der Fakt, dass die Familie Glaubeleicht heißt, hat mich schon gekillt. Außerdem finde ich, dass die Geschichte heute noch eine Daseinsberechtigung hat und aktuell ist, weil sie im Grunde davor warnt, Leuten schnell zu glauben, egal, wie nett sie sind – aber eben in a funny way und nicht so überheblich, wie viele andere Stücke sind.

Bei *Panthea* hingegen steht die Tugend im Zentrum. Tugend und Emotion, „männliche" und „weibliche" Tugend, Tugend und Naivität, Tugend und Illoyalität, Tugend als Ideal: alles, was das aufklärerische Herz begehrt. Und obendrein ist *Panthea* ein antiker Stoff! Die historische Pantheia hing lange irgendwo zwischen Realität und Fiktion, mittlerweile

144 Etwa, weil Komödien als „niedrigere" Dichtung gelten als Tragödien? Neee, bestimmt nicht. Oder?

145 Lieb ja solche klingenden Namen, ne.

146 Bevor ihr selber googeln müsst: Pietismus ist eine protestantische Frömmigkeitsbewegung.

ist man sich sicher, dass sie nicht wirklich existiert hat. In den Erzählungen über sie ist sie aber mit dem König von Susiana verheiratet und hot. In Luise Gottscheds Stück ist sie außerdem (natürlich) sehr tugendhaft und weise, so sehr sogar, dass der König von Cyrus, der sie gefangen genommen hat, sie wieder freilassen will, weil er sich nicht beherrschen kann, solange sie im gleichen Raum ist.[147] Nett von ihm jedenfalls! Dann sind natürlich alle in sie verliebt und tausend Leute planen tausend Intrigen, um an sie ranzukommen oder ihren Mann zu töten oder beides. Wirklich eine astreine[148] klassische Tragödie. Und ich finde, die ließe sich super im Unterricht lesen, wenn man eigentlich *Iphigenie auf Tauris, Kabale und Liebe* oder irgendwie sowas geplant hätte. Klassische Tragödien stehen so gut wie in jedem Lehrplan, komplett zu Recht, und überwiegend oft geht es dabei tatsächlich um Frauen, ist mir aufgefallen. Aber hier, also bei *Panthea,* haben wir eben nicht nur eine Frau als Protagonistin, sondern auch eine Frau als Autorin – und das ist ein riesiges Plus aus meiner Sicht. So kann man das Stück nicht nur einfach lesen und interpretieren, sondern gleich mitanalysieren, wieso es heute so unbekannt ist, wie die Rezeption damals war und wie sich die Protagonistin von den anderen Frauenfiguren unterscheidet, die man so kennt und die meistens von Männern geschaffen wurden. Drei Fliegen mit einer Klappe! Na, wenn das mal kein Argument ist. Noch dazu ist es einfach wirklich ganz hervorragend geschrieben und auch noch spannend.

Wen ich auf gar keinen Fall unerwähnt lassen möchte, ist Cornelia Friederica Christiana Schlosser, geborene Goethe.[149] Jep, richtig gelesen: Unser Überdichter Goethe hatte eine kleine Schwester – und holy shit, hatte die skills! Sie

---

147 Nope, ich check's auch nicht ganz, sorry.

148 Bin bei dem Wort sofort 30 Jahre gealtert.

149 Kleiner not-so-fun-fact: Überall, wo man über Cornelia Schlosser liest, steht Cornelia Goethe. Nicht „geborene Goethe“, nur: „Goethe“. Und bei Luise Gottsched steht nirgends „Kulmus“. Da wird sich wieder nur an den Männern orientiert und nicht daran, unter welchen Namen die Autorinnen wirklich wirkten.

hat so gute Sachen geschrieben, dass ihr großer Bruder in Briefen ihr Schreibtalent bis in den Himmel lobte – und ihre Briefe dann verbrannte, aus lauter Frauenhass und Minderwertigkeitsgefühlen. Upsi. Schlosser hat, sehr untypisch für Mädchen und doppelt so sehr verpönt, die gleiche Bildung wie ihr Bruder erhalten und eine genauso große Liebe für Literatur empfunden. Während der aber studieren, schreiben und weltberühmt werden durfte, musste sie den Haushalt erledigen, heiraten und Kinder kriegen[150]. Und was passierte mit ihr? Sie starb schon mit 26 bei der Geburt ihres zweiten Kindes. Zu Lebzeiten hat ihr Johann Wolfgang vorgeschrieben, was sie zu lesen und wie sie sich zu verhalten hatte, obwohl er ganz genau wusste, wie talentiert sie war. Na ja, er hat aber irgendwann gesagt, dass Frauen sowieso keine Kunst machen können, also wundert mich herzlich wenig, dass er außerdem das hier geschrieben hat: „Ich bin hingerissen von Deinem Brief, Deinen Schriften, Deiner Art zu denken … Ich sehe einen reifen Geist, eine Riccoboni,[151] eine fremde Person, einen Autor, von dem ich selbst ietzo lernen kann … Oh, meine Schwester, bitte keine solchen Briefe mehr, oder ich schweige … Ich gestehe Dir's, meine ganze Kunst wäre nicht imstande, eine Szene zu schreiben, wie sie Dir die Natur eingegeben hat." Na, wird euch auch schlecht? Mir nämlich schon. Er findet seine kleine Schwester besser als sich selbst, deshalb soll sie still sein, damit er sich nicht gedemütigt fühlt. Ich fühle mich jetzt betrogen um zahlreiche unfassbare Werke, die wir hätten haben können, hätte Goethe seinen Selbstwert im Griff gehabt und seine Schwester gefördert.

Cornelia Schlosser hat also keine Werke veröffentlicht, weil sie schlichtweg keine Chance dazu hatte. Nein. Ihr erfolgreicher und einflussreicher Schriftsteller-Bruder hat sie einfach irgendwann ignoriert und ihr Ehemann

---

150 Das fand Johann Wolfgang übrigens ganz richtig so – hat er immer wieder betont.

151 Das ist eine angesehene Schriftstellerin aus Italien.

war sowieso kein Fan von ihrem Talent. Woher wissen wir also, wie krass sie war, wenn wir uns nicht nur auf ihren Bruder verlassen wollen? Wegen der einzigen beiden Genres, die Frauen immer schon ohne Hürden schreiben durften: Briefe und Tagebücher. Wir haben beides von ihr und Leute, no joke, gegen die kann man die ganze Korrespondenz zwischen Schiller und Goethe vergessen von mir aus. Briefe aus dem 18. Jahrhundert klingen natürlich für uns immer etwas gestelzt und viele mussten aus dem Französischen übersetzt werden und da geht immer viel verloren. Es gibt da keinen großen Plot (natürlich nicht), aber die Briefe berühren mich unglaublich. Ich kann nicht mal genau sagen, was genau es ist, das mich so mitnimmt, ich finde einfach, zwischen den Zeilen (und ehrlich gesagt in den Zeilen manchmal) ist so viel Schmerz und Verzweiflung, dass ich einfach geheult habe und nicht mal wusste, wieso genau. Das herausgebrachte Buch mit ihren Briefen ist nicht sonderlich umfassend,[152] tatsächlich ist das Buch mit Goethes Briefen an Schlosser dicker als das mit all ihren eigenen Schriften, aber trotzdem lässt sich mit diesen Texten eindrucksvoll zeigen, wie es Frauen aus der „Oberschicht" ging, die so viel Potenzial hatten, das sie nicht ausleben konnten. Wenn ihr die Briefe lest, werdet ihr merken, wieso Goethe so sauer war – vertraut mir einfach.

Lasst uns mit Gabriele Reuter weitermachen. Die hat von 1859 bis 1941 gelebt[153] und war da ziemlich famous. Sie hat einfach den ersten Bestseller des *Fischer Verlags* JEMALS geschrieben, nämlich *Aus guter Familie: Leidensgeschichte eines Mädchens*, das 1895 erschienen ist. Etwas weiter unten in ihrem Wikipedia-Artikel steht: „Heute ist Gabriele Reuter nahezu vergessen". Aua. Das merkt man, wenn man sich *Aus guter Familie* kaufen will. Den Roman gibt es fast nur gebraucht, keine hübschen Aus-

152 Danke nochmal, Johann Wolfgang!

153 Ich komme mir gerade vor wie bei einem Referat.

gaben, kein *Reclam*, kein Hamburger Leseheft, keinen eigenen Wikipedia-Artikel, nichts. Ich habe nicht mal eine Zusammenfassung des Inhaltes online gefunden. Reuter hat natürlich viel mehr geschrieben als diesen einen Roman,[154] lasst uns aber mal bei dem bleiben, denn er zeigt exemplarisch sehr anschaulich, wie Frauen aus dem Kanon verdrängt wurden. *Aus guter Familie* erzählt also die Geschichte von Agathe, die eine recht typische „höhere Tochter" im wilhelminischen Deutschland ist, das heißt, ihr Leben ist vorgezeichnet: Sie hat erst Jungfrau zu sein, dann Ehefrau, dann Mutter – und mit keinem der drei Titel kommt sie zurecht. Sie zerbricht an dem Frauenbild und den Erwartungen ihrer Zeit. Der Roman schlug ein wie ein Blitz, alle waren davon begeistert, wie drastisch Reuter erzählt. Thomas Mann[155] nannte sie „die souveränste Frau, die heute in Deutschland lebt"[156]. Es wurden mehrere Ausgaben hintereinander veröffentlicht, Gabriele Reuter war in aller Munde.

Eventuell erinnert euch die Story einer Frau, die kaputtgeht, weil sie eine Frau in der Gesellschaft sein muss, an etwas? Richtig, *Effi Briest* von Fontane. *Effi Briest* kam im gleichen Jahr raus, war ähnlich erfolgreich, quasi gleiche Voraussetzungen. Heute aber gibt es von Fontanes Werk Filme, Theaterstücke, Sonderausgaben, ein *Reclam*, Lektüreschlüssel, Inhaltsangaben und Interpretationen noch und nöcher. Und das hat erwiesenermaßen rein überhaupt gar nichts damit zu tun, dass sein Werk den poetischen Realismus, die wilhelminische Ära oder das Thema besser treffen würde. Dass *Effi Briest* heute ein Klassiker ist und *Aus guter Familie* nicht, hat zu 100 Prozent damit zu tun, dass Fontane ein Mann war und Reuter eine Frau.

---

154 Insgesamt allein 17 Romane! Die Frau war so eine Maschine, Alter.

155 Hassen wir.

156 Frauen loben, indem man ALLE anderen runtermacht – geil, Thomas. Ich sag ja: Hassen wir.

Das Gute: Wir können ändern, was als Klassiker gilt und was nicht. Ganz ehrlich, ich hasse *Effi Briest* so richtig, ich hab einfach jede Seite verflucht beim Lesen. *Aus guter Familie* hingegen hat mir komplett die Schuhe ausgezogen. Mensch, was hab ich beim Lesen geheult, was hab ich mich gesehen gefühlt, obwohl das Buch über 100 Jahre alt ist. Ich hatte richtige Angst, dass ich es nicht mag, weil: Wie hätte ich euch das erklären sollen. Aber ich lieb's wirklich sehr. Ich glaube, das Wort, das am besten passt, um diesen Text zu beschreiben, ist „drastisch". Er ist unglaublich intensiv und gefühlvoll geschrieben. Aber nicht gefühlvoll im Sinne von Rosamunde Pilcher, sondern im Sinne von: echte Gefühle und wirklich viele davon. Allein im ersten Kapitel (ich will nicht spoilern), in dem Agathe Konfirmation (= eine christlich-evangelische Party) hat, wird überdeutlich, dass das, was sie soll, und das, was sie will, zwei komplett verschiedene Dinge sind. Sie weiß nicht mal wirklich, dass sie etwas wollen darf oder was genau sie will, sie weiß nur: Das hier fühlt sich nicht richtig an. Und während sie da steht und dem Teufel entsagen soll, denkt sie an eine anstößige Stelle aus einem Buch, die sie gelesen hat und die sie einfach nicht loslässt, obwohl sie wirklich mega stark versucht, einfach nur zu beten. Es ist herzzerreißend, wirklich. Viel emotionaler und intensiver und einfach „echter" als das meiste, was ich aus der Zeit kenne, und vor allem als *Effi Briest*. Wir halten also fest: *Effi Briest* einfach mit *Aus guter Familie* ersetzen. Wenn es schon um eine unglückliche junge Frau gehen soll, lest doch bitte auch was von einer unglücklichen jungen Frau! So einfach ist das.

Das waren jetzt nur vier Autorinnen. Nur vier. Ich bin jetzt schon so wütend, was mir alles vorenthalten wurde und welche Werke es nie gegeben hat, weil es keine Chance gab, sie zu schreiben. Ich hoffe, dass diese Beispiele reichen, um zu zeigen, wie viel da noch ist, was es (wieder) zu entdecken gilt, was verdrängt wurde. Ich will nie wieder lesen müssen, dass es „leider einfach nichts gibt“ – weil es einfach eine scheiß dreiste Lüge ist. Frauen schreiben. Immer schon. Und immer noch. Lest sie, verdammt nochmal!

Jüdisch gelesen

Dieses Kapitel hier ist ein bisschen anders aufgebaut als die anderen. Das liegt daran, dass ich es als gefährlich erachte, wie mit Judentum und Antisemitismus im Deutschunterricht meistens umgegangen wird. Also habe ich mir genau angeschaut, wo bei den gängigen Lektüren die Probleme liegen, bevor ich die Alternativen vorstelle. Dafür habe ich Leute im Internet gefragt, welche Bücher sie in der Schule gelesen haben, die sich mit Antisemitismus, Judentum und/oder dem Nationalsozialismus auseinandersetzen. Das ist klar keine repräsentative Umfrage, trotzdem kamen über 60 verschiedene Werke zusammen, leider bekam ich oft die Antwort „keines“. Wir sind, vor allem in Deutschland, schlichtweg verpflichtet, uns mit Antisemitismus und seiner langen Geschichte auseinanderzusetzen (das gilt genauso für Rassismus!), auch – aber nicht nur – in Zusammenhang mit dem Holocaust. Kein Wunder also, dass wir das nicht nur im Geschichtsunterricht tun, sondern oft im Deutschunterricht, auch in Form von Romanen. Am beliebtesten waren bei meiner Umfrage mit Abstand diese sieben Werke: *Als Hitler das rosa Kaninchen stahl, Die Welle, Der Junge im gestreiften Pyjama, Damals war es Friedrich, Andorra* und *Das Tagebuch der Anne Frank*.

Erstmal alles cool, hat man alles schon mal gehört, alle mega erfolgreich, ganz toll. Eines der größeren Probleme ist aber: Nur das erste und das letzte ist von Jüdinnen geschrieben worden. Das heißt natürlich erstmal nicht, dass die anderen deshalb schlecht sind, mein Gedanke ist nur der: Wenn wir über Antisemitismus und/oder Nationalsozialismus lesen wollen, wieso dann nicht aus einer jüdischen Sichtweise? Wieso lesen wir Geschichten über, jedoch nicht *von* jüdischen Autor*innen? Na ja, könnte man vielleicht sagen, wir versetzen uns beim Lesen trotzdem in die Lebensrealitäten betroffener Figuren hinein, egal, ob die Person, die das Buch geschrieben hat, selber jüdisch war oder ist. Stimmt natürlich, nur ist oft extrem problematisch, wie jüdische Personen dargestellt werden.

Zum Beispiel haben wir in der zehnten Klasse, wie viele andere auch, *Der Vorleser* behandelt.[157] An dieser Stelle ist der bayerische Lehrplan super frei, vorgegeben ist nur, dass man irgendwann im Schuljahr ein Drama lesen soll und eine weitere Ganzschrift, dahinter steht „zum Beispiel ein Roman aus dem 20. oder 21. Jahrhundert" – das wäre also eine top Möglichkeit, um mal kleine Experimente zu wagen[158]. Trotzdem hat jede Klasse in unserem Jahrgang entweder *Der Vorleser* oder *Das Parfüm* gelesen, wenn ich mich richtig erinnere. *Das Parfüm* ist ein komplett wilder Roman, wenn man mich fragt, und so gut ich ihn finde und so gern ich ihn gelesen hab, so ganz habe ich nie verstanden, wie ausgerechnet der sich so in die Schulklassen eingeschweißt hat. Gut, wir schweifen vom Thema ab. In *Der Vorleser* geht es viel um den Nationalsozialismus und wie schuldig einzelne Menschen sind, die „ihren Job" gemacht haben. Auch, wenn ihr Job war, Menschen zu töten oder sterben zu lassen. Der Zweite Weltkrieg und seine Folgen sind insgesamt ein zu Recht viel behandeltes Thema in der Schule, das ist wichtig und richtig so. Nur ist *Der Vorleser* dazu nicht das geeignetste Werk, wenn man zum Beispiel Raphael Gross (dem Präsidenten des Deut-

---

157 Tatsächlich wollte meine Lehrerin *Tschick* mit uns lesen, das war damals ganz neu und wild, aber die Klasse wollte nicht, weil „Der Vorleser bringt uns doch bestimmt viel mehr fürs Abi". AM ARSCH ALTER.

158 Wie *Tschick* einfach noch ein Experiment gewesen wäre, als ich in der Schule war, lol. Da sieht man's wieder, wir bestimmen, was ein Klassiker ist!

schen Historischen Museums) glaubt. Der hat 2009 schon in der FAZ gewarnt, dass der Roman gefährliche Stereotype reproduziert und lieber nicht in der Schule gelesen werden sollte. Geholfen hat das leider, wie so oft, nicht viel.

Antisemitismus ist in dem Roman *Der Vorleser* überhaupt kein Thema. Es geht um Hanna und Michael und vor allem darum, wie Hanna Holocaust-Mittäterin wurde und wie sie eigentlich irgendwie für nichts was kann, schließlich kann sie nicht lesen und schreiben. Genau eine Jüdin gibt es in der Geschichte, eine kleine Nebenrolle, die komplett vollgestopft mit allen Vorurteilen ist, die man so haben kann: Sie ist natürlich reich, sie wohnt natürlich in New York, sie kommt natürlich etwas hochnäsig rüber und natürlich hat sie Stil. Der Roman schafft es, dass wir Mitleid haben mit Hanna, während sie (damals nicht illegal) für den Tod dutzender Menschen mitverantwortlich ist und (komplett illegal) mit einem Minderjährigen schläft. Aber Empathie für die Jüdin, die als Zeugin vorgeladen wurde, weil sie die Einzige ist, die überlebt hat, fördert der Roman nicht. Ebendiese Jüdin hat im Buch nicht mal einen Namen, sie ist einfach nur „die Tochter". Sie ist die weise alte Frau, die es irgendwie schafft, Dinge über Michael zu wissen, die er noch nicht mal verstanden hat, und vor allem ist sie eins: fremd. Das sind Dinge, die natürlich im Unterricht behandelt und besprochen werden können, bei uns war es aber kein Thema, was wirklich sehr schade ist.

Im Vergleich dazu der wesentlich größere Griff ins Klo ist *Der Junge im gestreiften Pyjama* von John Boyne (das ist im Original auch Englisch). Ich bin richtig wütend geworden, als ich gesehen habe, wie viele Leute das in der Schule gelesen haben – mit Abstand Platz eins bei meiner Umfrage –, obwohl sonst immer so überviel Wert darauf gelegt wird, dass die Lektüren im Original deutschsprachig sind. Hier haben wir die Geschichte von Bruno, dem neunjährigen Sohn eines SS-Offiziers, und Schmuel, der genau gleich alt ist, aber Gefangener im Konzentrationslager Auschwitz. Der

Roman wurde in alle möglichen Sprachen übersetzt, hat alle möglichen Preise gewonnen und wird an allen möglichen Schulen gelesen, das Problem ist nur: Er zeichnet ein gefährlich falsches Bild des Nationalsozialismus.

Fangen wir mit Bruno an.[159] Bruno weiß nicht, was abgeht – ganz insgesamt. Er scheint keine Idee zu haben, dass gerade Krieg ist, was jüdisch Sein bedeutet, was der Job seines Vaters oder wer genau dieser Adolf Hitler ist. Was ein Bullshit. Historisch unmöglich von vorne bis hinten. Bruno hätte in der Hitlerjugend sein müssen,[160] er hätte in der Schule nicht nur Schwüre und Ähnliches an Hitler aufsagen müssen, er hätte auch eine ganze Menge antisemitische sowie rassistische und anders diskriminierende Propaganda gelernt und für wahr gehalten. Er hätte sehr wohl gewusst, was abgeht – und aller Wahrscheinlichkeit nach wäre er riesiger Hitlerfan gewesen. Er hätte gelernt, dass es diesen Krieg braucht, dass er stolz darauf sein soll, Deutscher zu sein, und dass die Leute im KZ es verdient haben, dort zu sein. Keine Chance, dass er die Gefängniskleidung mit Pyjamas verwechselt. Dieser süße, unschuldige, unwissende Bruno (und seine Mutter, wenn wir schon dabei sind) fördert das Bild, dass die deutsche Gesellschaft nicht wirklich wusste, was im Nationalsozialismus abging – und das stimmt einfach nicht. Schon gar nicht, wenn man Sohn eines SS-Offiziers ist.

Und dann haben wir Schmuel, mit dem Bruno sich anfreundet – durch den Zaun hindurch. Rein historisches Problem: In Auschwitz gab es quasi keine Kinder, zumindest nicht im Hauptlager. Kinder wurden von den Nazis nicht als „brauchbar“ angesehen und die allermeisten wurden sofort getötet, wenn sie in Auschwitz ankamen. Selbst,

---

159 Wie ich sofort „We don't talk about Bruno“ im Kopf hab – besser wärs gewesen vielleicht, John.

160 For real *müssen*, das war rechtlich vorgeschrieben, er hätte keine Wahl gehabt.

wenn ein Kind am Leben gelassen wurde, hätte es keine Zeit gehabt, sich am Zaun mit einem Nazijungen anzufreunden – es hätte arbeiten müssen. Hart und die ganze Zeit. So viel wir über Bruno und seine Familie wissen, so wenig wissen wir über Schmuel – außer, dass er gefangen ist. Schmuel hat in dem Roman eine Aufgabe: Opfer sein. Relativ eindimensional. Schmuel wird – wie jüdische Figuren meistens – gemeinsam mit seinen Mitgefangenen als passiv dargestellt. Er nimmt die ganze Situation so hin, wie sie ist, hinterfragt und protestiert nicht. Da ist nicht wirklich viel Persönlichkeit oder Individualität zu erkennen leider. Dabei wäre es wichtig, zu erzählen, dass Gefangene sich gewehrt haben, dass sie in Auschwitz eben nicht einfach akzeptiert haben, was passiert – und dass auch und ganz besonders dieser Aufstand sichtbar sein muss.

Das Auschwitz Museum hat sogar getweetet,[161] dass man das Buch komplett vermeiden soll, wenn man etwas über den Holocaust lernen oder lehren will. Obwohl das Auschwitz Museum das eigentlich wohl am besten weiß, wird *Der Junge im gestreiften Pyjama* trotzdem noch und nöcher an Schulen gelesen – schließlich hat es tausend Preise gewonnen. Muss ja gut sein. Klassischer[162] Fall von *über* eine marginalisierte Gruppe sprechen, statt *mit* ihr oder sie selbst sprechen zu lassen. Was ich besonders lustig und zugleich traurig fand: Der Autor des Werkes, John Boyne, hat sich in einem Tweet über Bücher, die Auschwitz thematisieren, beschwert, weil er findet, dass im Titel immer die gleichen drei Wörter benutzt werden. Die Bücher heißen alle „Der/Die xy von Auschwitz". Er hat kritisiert, dass aus Auschwitz und dem Holocaust ein Genre gemacht wird, obwohl man das Thema doch sehr sensibel behandeln müsse. Daraufhin hat das Auschwitz Museum geantwortet, dass sie seine Bedenken verstehen und dass sie auch schon Dinge bei verschiedenen

[161] Getwittert? Getweeten? Was weiß ich, Alter.

[162] Hehe.

Büchern kritisiert hätten – nur, um ihm dann hinzuballern, dass sein eigenes Buch VERMIEDEN werden soll. Liebs. Gebt ihm.

Jetzt höre ich schon Leute sagen: „Okay, aber jetzt mal ganz ruhig, Reichl Räs,[163] das sind schließlich immer noch Romane, ja? Die müssen überhaupt nicht historisch korrekt sein, darum geht's doch gar nicht, beruhig dich mal." Grundsätzlich natürlich voll. Klar hat kein Roman, auch kein historischer oder (auto-)biographischer, die Verpflichtung, historisch komplett korrekt zu sein, das kapier ich schon. Nur geht es hier halt nicht um irgendwelche Königinnen oder Wissenschaftler, es geht um den Holocaust – und da hat man als Autor*in eine gewisse Verantwortung. Viele Zeitzeug*innen gibt es nämlich nicht mehr, also lernen wir immer mehr durch Geschichten über den Holocaust. Natürlich auch (hoff ich doch!) über Sachtexte, aber eben genauso durch Romane. Wenn man also über den Holocaust schreibt, muss man sich bewusst sein, dass man über und *für* die schreibt, die es selber nicht mehr können. Dann über einen Jungen zu schreiben, der die Menschen im Konzentrationslager beneidet (!), weil sie den ganzen Tag Pyjamas tragen und in Brunos Vorstellung faulenzen, ist nicht nur historisch falsch und eine Frechheit, es ist außerdem gefährlich.

Kein Wunder also, dass von den (nach meiner Umfrage) sieben mit Abstand beliebtesten Büchern über Antisemitismus nur die beiden vom Jüdischen Museum empfohlen werden, die auch von jüdischen Autor*innen geschrieben wurden.[164] Warum liest man dann nicht einfach mehr jüdische Literatur? Die Antwort ist hier oft wieder: „Es gibt ja so wenig!" und hier ist die ein-

163 Das ist ein Beispiel, wie unsympathische Leute mich nennen, bitte nennt mich nie so, ich hasse das, oh Gott, wieso hab ich das hier reingeschrieben, alle werden mich zum Spaß so nennen jetzt ABBRUCH.

164 Checkt die Website aus, die haben richtig viele Empfehlungen! Mega geil.

zig richtige Reaktion: Quatsch. Es gibt sehr viel davon. Jüdisches Schreiben in Deutschland war und ist aber nicht so einfach. Auch jüdische Menschen, die nicht mehr selbst direkt vom Holocaust betroffen waren, beschäftigen sich immer noch damit, ihre Identität in Deutschland (wieder) zu finden. Die Generation, die den Zweiten Weltkrieg miterlebt hat (zum Beispiel Paul Celan oder Nelly Sachs), hat „unter dem Schatten der Shoah" geschrieben. Die jüngere Generation (zum Beispiel Jurek Becker oder Barbara Honigmann) musste sich dann damit auseinandersetzen, dass sie in Deutschland als Nachfahr*innen von Verfolgten leben und dazu noch in der Sprache der Täter*innen schreiben müssen. Es gibt mittlerweile auch viele jüdische Autor*innen in Deutschland, die keine eigene Verfolgungs- oder Exilerfahrung haben, trotzdem bleibt ein Gefühl der Fremdheit, schreiben die Literaturwissenschaftler*innen und Radiomoderator*innen Carsten Hueck und Andrea Gerk.

Die Literaturauswahl sieht außerdem so aus, als wäre Antisemitismus eine Erfindung der 1930er gewesen, und das stimmt mal so überhaupt nicht. Antisemitismus wird auch „der älteste Hass" genannt. Nachdem die germanischen Heiden von den Römern christianisiert wurden, war das, was später Deutschland wurde, sehr, SEHR christlich geprägt. Vor allem katholisch erstmal natürlich. Im Christentum ist Antisemitismus tief verwurzelt, weil jüdische Menschen als „Christusmörder" galten. Später gab es den Vorwurf, sie würden Brunnen vergiften, woraufhin viele jüdische Personen ausgewiesen oder ermordet wurden – natürlich zur Bereicherung christlicher Adeliger. Hinzu kam, dass für Katholik*innen laut der Bibel ein Zinsverbot galt, das für jüdische Personen nicht galt. Diese konnten also Geld verleihen und Zinsen verlangen, was sehr viele Leute sehr wütend machte – vor allem die, die nicht zurückzahlen konnten oder wollten. Um 1540 gab es einen neuen Höhepunkt des Antisemitismus. Und wer war daran schuld? Martin Luther. Der hat nämlich (am Anfang noch einigermaßen nett) verlangt, dass alle jüdischen Menschen missioniert, also zum Christentum überführt werden sollten. Als das nicht geklappt hat, hat er dann verlangt, sie zu versklaven oder zu vertreiben, und dafür hat er viele antisemitische Stereotype, die er selber einige Jahre davor noch abgelehnt hatte, wieder in die Köpfe der Leute gepflanzt. Und genau diese Stereotype und Vorurteile haben sich da gehalten, auch bis zum Nationalsozialismus und darüber hinaus. Immer wieder wurden Gesetze erlassen, um jüdische Gemeinden zu schützen, und immer wieder wurde dieser Schutz missachtet oder aufgehoben. Der Antisemitismus der Nationalsozialisten kam also nicht von ungefähr, er war und ist in den Deutschen tief verwurzelt. Mehr, als den meisten bewusst ist. Noch 2006 haben fast 14 Prozent der deutschen Bevölkerung den Aussagen „Die Juden arbeiten mehr als andere Menschen mit üblen Tricks, um zu erreichen, was sie wollen" und „Die Juden haben einfach etwas Besonderes und Eigentümliches an sich und passen nicht so recht zu uns" zugestimmt. Und fast 18 Prozent fanden: „Auch heute noch ist der Einfluss der Juden zu groß". Was zum Fick soll das denn heißen überhaupt?!

David Baddiel, ein britischer (und jüdischer) Komiker und Autor, erklärt in seinem Buch *Und die Juden?*, dass Antisemitismus oft entweder gar nicht als Rassismus angesehen wird oder als einer, der nicht so schlimm ist wie andere. Das liegt unter anderem daran, dass Antisemitismus eine der wenigen Formen von Rassismus ist, bei der den negativ Betroffenen mittels Diskriminierung zugleich ein niedrigerer und ein höherer Status in der Gesellschaft zugewiesen wird. Wie man oben in der Umfrage sieht, denken viele immer noch, dass jüdische Menschen insgeheim die Welt regieren würden, dass sie alle unfassbar reich und unfassbar einflussreich seien – und deshalb könnten sie gar keine Opfer von Diskriminierung sein, weil sie ja nicht (nur) *unter*drückt werden. Wenn also Rassismusformen oder Diskriminierungen allgemein aufgelistet werden, fehlt Antisemitismus oft, weil er von nicht negativ Betroffenen bzw. Begünstigten nicht entsprechend wahrgenommen wird.

Umso mehr Grund also, Werke von jüdischen Autor*innen zu lesen, wenn sich die Chance bietet. Eben nicht nur über jüdische Personen, sondern auch *von* ihnen. Sonst besteht die Chance, dass wir nicht mal checken, wie viele Vorurteile wir immer und immer wieder neu lernen. Es ist auch wirklich nicht so, dass wir keine jüdische Literatur hätten im deutschen Sprachraum. Krempelt die Ärmel hoch, es gibt Buchempfehlungen!

Das Offensichtliche zuerst: natürlich *Als Hitler das rosa Kaninchen stahl* von Judith Kerr und das *Tagebuch* von Anne Frank. Aber zum Beispiel außerdem: *Jakob der Lügner* von Jurek Becker, *Transit* und *Das siebte Kreuz* von Anna Seghers, *Der gelbe Vogel* von Myron Levoy, *Effingers* von Gabriele Tergit oder *Roman eines Schicksallosen* von Imre Kertész. Um nur ein paar Beispiele zu nennen natürlich. Und auch vor dem Zweiten Weltkrieg gab es natürlich einiges an jüdischer Literatur, zum Beispiel von Heinrich Heine. Allesamt jüdische Autor*innen und allesamt (meiner in dem Fall komplett irrelevanten Meinung nach) herausragend gut.

Effingers von Gabriele Tergit wird oft die „jüdischen Buddenbrooks" genannt, was mir natürlich schon mal super in die Karten spielt: eine Möglichkeit, Thomas Mann zu umgehen, yay! Bei dem Vergleich sind sich die Kritiker*innen aber wirklich nicht einig. Der große Unterschied zu den Buddenbrooks ist der, dass die Familie Effinger sich nicht selbst zugrunde richtet, wie alle Mann-Figuren es immer tun, sondern zerstört wird. Denn die Geschichte spielt hinein in den Nationalsozialismus und in den Holocaust bzw. die Shoa. Als ich Rezensionen zu *Effingers* gelesen habe, ist mir aufgefallen, dass Leute das Buch immer wieder schwer verdaulich fanden (was sicherlich auch was damit zu tun hat, dass es eine Autorin und kein Autor geschrieben hat, weil Frauen schwer verdauliche Themen nicht wirklich zugestanden werden) – und ich kann bezeugen, dass es wirklich schwer verdaulich ist, aber verdammt, das darf es halt auch sein, *muss* es sogar. Wenn es zwickt beim Lesen, dann ist es gut! Wenn es euch die Tränen in die Augen drückt, ist es gut! Wenn ihr nach dem Lesen noch ein paar Stunden oder Tage Druck auf der Brust habt: gut! Das will dieses Buch und das macht es auch mit uns. Der Roman gehört zur Strömung der sogenannten „Neuen Sachlichkeit“ und das merkt man. Also er ist wirklich nicht sonderlich emotional oder ausladend[165] geschrieben, aber das hat für mich die Brutalität des Inhalts nur noch mehr unterstrichen.[166] Dadurch liest es sich recht schnell, finde ich. Zusammengefasst ist der Roman also von einer jüdischen Frau, historisch auffallend richtig, ohne viel sprachliches Brimborium und ballert trotzdem die Gefühle – rein damit in den Lehrplan und in die Bücherregale also!

Ich hab in meiner Schulzeit außerdem drei (!) Mal ein Referat über *Jakob der Lügner* gehalten. Einmal in Deutsch in der Zehnten[167] und dann in der elften und zwölften Klasse, jeweils in Religion. Jep, drei Mal exakt das gleiche Referat, jep, zweimal davon bei derselben Lehrkraft und jep, sie hat es nicht gemerkt. So sehr liebe ich dieses Buch. Es geht um, surprise, Jakob, der in einem „Ghetto“ lebt und jeden Tag mit Deportation rechnen muss. Zufällig hört er im Radiogerät der Wärter, dass die Russen nicht mehr sehr weit weg sind – was damals Rettung bedeutet hat. Dann will sein Freund Mischa sich mit einem Wärter anlegen, also erzählt Jakob ihm, was er weiß. Mischa kann aber seine Klappe nicht halten, also muss Jakob jetzt so tun, als hätte er ein Radio (was verboten war), und muss die Menschen im „Ghetto“ mit ausgedachten Nachrichten versorgen. Und, noch nerdiger: Der Erzählstil ist

---

165 Oder angeberisch, wie die Werke von Thomas Mann.

166 Ähnlich ging es mir bei *Im Westen nichts Neues*.

167 Die Lehrerin meinte, das wäre das beste Referat, das sie jemals gesehen hat, no biggie.

super besonders. Wir kriegen die Geschichte nicht von Jakob, Mischa oder einer auktorialen Erzählinstanz präsentiert, sondern von einer Person, die die Geschichte von Jakob erzählt bekommen hat. Heißt: Manchmal wird seitenweise was erzählt und dann kommt „Ja, oder das war halt ganz anders, hat er nicht gesagt, keine Ahnung, ich war nicht dabei“. WAS EIN MOVE, ALTER. Okay. Noch mein liebstes Zitat, in dem der Erzähler von den Verboten im „Ghetto“ berichtet, dann habt ihr's:

„Für alles habe ich Verständnis, ich meine, theoretisch kann ich es begreifen, ihr seid Juden, ihr seid weniger als ein Dreck, was braucht ihr Ringe, und wozu müsst ihr euch nach acht auf der Straße rumtreiben? Wir haben das und das mit euch vor und wollen es so und so machen. Dafür habe ich Verständnis. Ich weine darüber, ich würde sie alle umbringen, wenn ich es könnte, ich würde Hardtloff den Hals umdrehen mit meiner linken Hand, deren Finger keine diffizilen Bewegungen mehr ausführen können, doch es geht in meinen Kopf. Aber warum verbieten sie uns die Bäume?“

Kauft es euch einfach. Los.

Der Islam gehört zur deutschsprachigen Literatur

Dass muslimische Menschen in Deutschland leben, scheint vielen Leuten Angst zu machen, die Hass begünstigt. Regelmäßig wollen uns Zeitungen[168] und Magazine etwas von einer „Islamisierung“ Deutschlands erzählen und Horst Seehofer würde sich wahrscheinlich lieber für immer aus der Politik zurückziehen,[169] als den Islam als das anzusehen, was er faktisch ist: ein Teil Deutschlands. Wäre es nicht so traurig und auch gefährlich, es wäre unglaublich witzig, dass sich Deutschland gezielt

---

168 Nicht nur die *Bild* leider.

169 Hat der überhaupt noch ein Amt, der boy? Ich weigere mich, das nachzuschauen.

und komplett mit Absicht Arbeiter*innen aus der Türkei – einem Land, in dem 98 Prozent der Bevölkerung zumindest auf dem Papier muslimisch sind – angeworben und nach Deutschland geholt hat, nur um später zu eskalieren, weil es hier natürlich Moscheen und Gottesdienste braucht und alles, was eben zu einer Religion dazugehört. Integration hat verdammt nochmal nichts damit zu tun, Leuten ihre Religion zu verbieten. Aktuell leben vier Prozent muslimische Menschen in Deutschland. Vier. VIER. Da sollten uns die Wahlergebnisse der AfD mal besser Sorgen machen.

Übrigens ist islamische Literatur im deutschsprachigen Raum wirklich, wirklich nichts Neues. Oder habt ihr noch nie von den Märchen aus *Tausendundeiner Nacht* gehört? Und die hat Antoine Galland schon im 18. Jahrhundert für europäische Länder übersetzt, nicht erst gestern. Die Märchen sind Weltliteratur und im Original persisch. Wir kennen sie alle: *Aladdin und die Wunderlampe, Ali Baba und die vierzig Räuber, Sindbad* und so weiter und so fort. Natürlich, wie sollte es anders sein, wurden die Märchen im europäischen Raum oft stark stereotypisiert und rassistisch verzerrt. Trotzdem lässt sich der bloße Fakt, dass islamische Literatur auch zu Deutschland gehört, einfach nicht leugnen, weil diese Märchen bei uns genauso bekannt und beliebt sind wie die deutschen Hausmärchen der Grimm Bros.[170] Also pscht!

Nach dieser Episode macht Literatur muslimischer Autor*innen im deutschen Sprachraum aber tatsächlich länger Pause. Deutschland war und ist eben sehr christlich geprägt, alles andere wird in eine Nische gepresst. Inzwischen gibt es wirklich, wirklich viele muslimische Schriftsteller*innen in Deutschland. Allein die Wikipedia-

---

170 Die waren übrigens nicht nur Märchenonkel, sondern haben auch das erste deutsche Wörterbuch und die erste deutsche Grammatik geschrieben. Richtige brains.

liste der deutsch-türkischen Autor*innen ist ewig lang – das heißt natürlich nicht, dass alle muslimisch sind, aber das ist ein grober Anhaltspunkt. Es gibt islamische Verlage, Organisationen und Bibliotheken. Und auch in der Mainstream-Literatur kommt langsam an, dass eben nicht alle deutschsprachigen Romane automatisch christlich geprägt sind. Die Recherche für dieses Kapitel war tatsächlich ein bisschen schwierig, weil Literatur muslimischer Autor*innen nicht allein deshalb als islamische Literatur gehandelt wird. Wenn man „christliche Literatur" googelt, kommen nicht einfach alle Schriftstellenden, die zufällig christlich sind, sondern halt viel Bibelzeugs. Anders als bei der jüdischen Literatur, so kommt es mir zumindest vor, wird im Islam nicht unbedingt so super viel Wert darauf gelegt, die Religion zum Thema zu machen. Das liegt aber auch natürlich an der Geschichte der beiden Religionen in Deutschland und an der besonderen Stellung des Judentums. Heißt, dass die Vorschläge in diesem Kapitel relativ aktuell sein werden. Doch das macht nichts, ganz im Gegenteil. Es geht ja eben darum, zu zeigen, was deutschsprachige Literatur alles sein kann, und so viele verschiedene Lebensrealitäten abzudecken, wie es geht. Alles klar? Und los![171]

Starten wir mit dem Roman *Ministerium der Träume* von Hengameh Yaghoobifarah. Der erzählt die Geschichte von Nas, die mit ihrer Familie nach Deutschland migriert ist. Sie und ihre Schwester Nushin mussten aber nicht nur damit fertigwerden, sondern auch mit dem Verlust ihres Vaters und dem Fakt, dass ihre Mutter meistens nur körperlich anwesend war, und mit Nushins ungeplanter Schwangerschaft. Dann steht die Polizei vor der Tür und sagt, Nushin sei bei einem Autounfall gestorben. Nas ist sich sicher, dass es Selbstmord war, und nimmt nicht nur ihre

---

[171] Und bevor hier jemand *Die Kandidatin* von Constantin Schreiber vorschlägt: No. Just no.

Nichte auf, sondern will auch alles herausfinden, was es über Nushin zu wissen gibt. Hui, löst dieses Buch in einem Gefühle aus! Der Roman erzählt von Traumata, und zwar mit einer Wucht, die einen umhaut. Flucht, Gewalt, Heimatlosigkeit, ein neuer Ort, der einfach nicht zum Zuhause werden will, egal, wie sehr man es versucht. Außerdem drängt sich der Roman geradezu für die Schule auf, weil er sich selber analysiert und reflektiert. Es geht darum, wie Menschen sich gegenseitig Zeichen setzen und sie richtig deuten können (oder eben nicht), was eine ganz besondere literarische Sprache voraussetzt. Ich weiß, das klingt jetzt ein bisschen kryptisch, aber es geht um Dialekte, um Bilder in der Sprache, die man kennen muss, um sie zu verstehen, und um bloße Buchstaben. Mega, mega interessant. Yaghoobifarah (nicht-binäre*r, mehrgewichtige*r Autor*in übrigens) hat außerdem mit Fatma Aydemir die Anthologie *Eure Heimat ist unser Albtraum* herausgebracht, die genauso wehtut, wie sie wichtig ist. Die Texte eignen sich sowohl zur reinen Information als auch zur Analyse und sind damit super vielseitig im Unterricht einsetzbar.

Nicht deutsch im Original, aber unglaublich gut fand ich *Die jüngste Tochter* von Fatima Daas. Der Name ist nicht nur das Pseudonym der Autorin, sondern auch der Name der Protagonistin. Und die ist lesbisch,[172] muslimisch, arabisch, französisch und ein Kind aus dem „Ghetto“ mit Asthma und Allergien – und vereint all diese scheinbaren Gegensätze komplett, ohne dass sie ihre Gegensätzlichkeit verlieren. In jedem Kapitel stellt Fatima sich wieder vor – und jedes Mal ein bisschen anders. Die Erzählform ist am Koran orientiert, jedes Kapitel beginnt mit „Ich heiße Fatima“. Das macht das Buch auch automatisch passend für den Ethik- oder Religionsunterricht, weil man da super eine Einheit über den Koran anhängen kann, zack-

172 Sie sagt: „Meine Homosexualität mit meiner anerzogenen Homophobie“ und HUI, aua.

bumm! Alles, was Fatima will, ist, sie selbst sein, aber das ist nicht so einfach, wenn sich alle Teile der Persönlichkeit eigentlich widersprechen. Dabei bleibt die Sprache mega schlicht, haut einen trotzdem komplett weg. Ihr werdet wissen, was ich meine, wenn ihr's gelesen habt.[173]

Auch Autobiografien von muslimischen Menschen (die im deutschsprachigen Raum leben) sind total interessant und können dabei helfen, sich in eine andere Lebensrealität hineinzufühlen. Durch die Decke gegangen ist da *Mein Abschied vom Himmel. Aus dem Leben eines Muslims in Deutschland* von Hamed Abdel-Samad. Der Autor ist in Ägypten geboren und aufgewachsen und Sohn eines sunnitischen Imams. Er war Mitglied einer radikal-islamischen Bruderschaft und ist als Kind und Jugendlicher missbraucht worden, bevor er in den 1990ern mit 23 Jahren nach Deutschland kam. Er suchte Orientierung, sich selbst und eine Erklärung für die Gewalt, die ihm widerfahren ist – und mit der er ohne professionelle Hilfe nicht fertigwerden konnte. In seinem Buch, das davon erzählt, kritisiert er Deutschland genauso wie seine Heimat und zeigt Konflikte, aber auch Möglichkeiten für ein Miteinander auf. Insgesamt sehr beeindruckend, fand ich. Man bekommt beim Lesen nämlich nicht nur Einblick in Abdel-Samads Leben, sondern auch in die ägyptische Gesellschaft (interkulturelles Lernen, hallo!). Man kann die deutsche Gesellschaft „von außen" betrachtet sehen, was eine unglaublich spannende Perspektive ist und eine, die viel zu selten eingenommen wird. Außerdem ist es sehr interessant zu sehen, wie alle, wirklich alle Menschen ihr eigenes Leid mit sich herumtragen.

Wenn wir schon weg vom Roman sind, hier noch gleich zwei (erzählende)[174] Sachbücher: *Muslim Girls. Wer sie*

---

[173] Das Buch ist außerdem sehr hübsch. Sag's nur.

[174] Heißt: nicht super langweilig geschrieben.

sind, wie sie leben und *Muslim Men. Wer sie sind, was sie wollen* von Sineb El Masrar. Die ist Tochter marokkanischer Einwander*innen und gründete 2006 *Gazelle*, ein multikulturelles Frauenmagazin. Außerdem war sie Teilnehmerin der Deutschen Islam-Konferenz und der Arbeitsgruppe *Medien und Integration* im Kanzleramt. Kurz: Die Frau hat richtig Ahnung, holy-moly. In *Muslim Girls* erklärt sie sehr beeindruckend, mit welchen Stereotypen muslimische Frauen in Deutschland zu kämpfen haben, und zwar auf doppelte Weise: wegen ihres Glaubens *und* wegen ihres Migrationshintergrunds. Es geht dabei viel um Frauenbilder, verschiedene Auffassungen von Integration, das deutsche Schulsystem, Wohnsituationen, die Bedeutung von Heimat, den Kampf um Unabhängigkeit und den Fakt, dass muslimische Frauen längst in Deutschland angekommen sind. Und acht Jahre später, 2018, kam dann *Muslim Men* heraus, um verschiedenste männliche muslimische Realitäten in Deutschland zu beleuchten. Auch hier können wir also viel lernen über muslimische Menschen, ihre Familien, den Einfluss der Religion, wie sie sich ihren persönlichen Erfolg in der deutschen Gesellschaft erkämpft haben, wie viele ihrer Träume zerplatzt sind und welche Herausforderungen es im Zusammenhang mit der Emanzipation im Islam noch gibt. Beides super interessante Bücher, die sich schnell lesen lassen und in denen man unglaublich viel beigebracht bekommt, ohne dass man bewusst „lernt". Deshalb eignen sie sich nicht nur als Ganzschrift, sondern auch in Ausschnitten für den Unterricht und für diverse Fächer. All-in-one quasi. Lieben wir!

Muslimische Autor*innen gehören also unbedingt zum literarischen Kanon. Aber anscheinend lassen sich viele *weiße*, christliche Leute lieber von der *Bild*-Zeitung und der AfD in Panik versetzen, als sich mal etwas genauer zu informieren, wen sie da eigentlich so unbedingt hassen. Ich wünsche mir einfach, dass es immer öfter passiert, dass man quasi aus Versehen von einer muslimischen Protagonistin liest, einem muslimischen Nachbarn oder einem love interest, das Kopftuch trägt. Bis es so weit ist, müssen und sollten wir davon mit voller Absicht lesen.

Nein, das Z-Wort ist nicht okay, Hans-Peter

Das gesellschaftliche Bild von Sinti*zze und Rom*nja[175] ist von unfassbar vielen Vorurteilen geprägt – ich gebe zu, ich selber hatte (und habe wahrscheinlich immer noch) wenig Ahnung davon. Dabei leben allein in Deutschland zwischen 70.000 und 150.000 Sinti*zze und Rom*nja – es gibt leider keine offiziellen Zählungen. Gerade deshalb und gerade in Deutschland sollten wir es als unsere Pflicht verstehen, mit den Vorurteilen aufzuräumen und unseren eigenen Antiromanismus zu erkennen und aktiv zu bekämpfen – und das geht natürlich auch, wer hätte es gedacht, indem man passende Werke liest.

Über die frühe Geschichte der Sinti*zze und Rom*nja ist relativ wenig bekannt, weil es fast keine älteren schriftlichen Quellen gibt – so wirklich wissen wir also erst seit dem späten 18. Jahrhundert Bescheid. Wir wissen, dass die Vorfahr*innen der Sinti*zze und Rom*nja, die heute in Europa leben, aus Indien beziehungsweise dem heutigen Pakistan nach Westen gewandert und seit dem 13./14. Jahrhundert in Europa daheim sind. Bis heute wird Sinti*zze und Rom*nja oft unterstellt, sie wären wanderlustig, würden gern auf Reisen sein und an keinem fixen Ort leben (wie auch das diskriminierende Z-Wort impliziert, das in Deutschland immer noch zu oft verwendet wird), dabei ist die Wahrheit eine ganz andere: negativ Betroffene sind vor grausamen Kriegen, Verfolgung, Vertreibung und aus wirtschaftlicher Not geflohen.

---

175 Das ist übrigens einfach die gegenderte Form von „Sinti und Roma“.

In Europa wusste man, gelinde gesagt, nicht viel mit ihnen anzufangen, nannte sie mal Ägypter, mal Böhmen, mal Heiden oder Tataren – und in Deutschland das Z-Wort. Kurz: Jedes europäische Land hat ein eigenes Wort für Sinti*zze und Rom*nja. Sie fielen auf, sahen „anders" aus, hatten andere Bräuche und Traditionen als die Mehrheitsgesellschaft und sprachen Romanes. In Osteuropa wurden sie oft zu Leibeigenen gemacht oder sogar zur Sklaverei gezwungen, in Mitteleuropa ernannte man Sinti*zze im 15. Jahrhundert zu „Vogelfreien", das waren rechtlose Menschen, die nie lange an einer Stelle bleiben konnten und deswegen von Stadt zu Stadt fuhren. Rom*nja ist übrigens der allgemeine Sammelbegriff (Rom = der Mensch), Sinti*zze bezeichnet die Rom*nja, die in Mitteleuropa leben. Romanes, die Sprache der Sinti*zze und Rom*nja, ist mit dem indischen Sanskrit verwandt.[176] Von Romanes gibt es mittlerweile natürlich viele unterschiedliche Dialekte, manchmal ist die Sprache komplett verloren gegangen, weil sie vor allem eine mündliche Sprache ist. Es gibt Projekte in ganz Europa, Romanes zu verschriftlichen – oft waren die aber nicht mit den Sprecher*innen abgesprochen.

Was die Wissenschaft glaubte über Sinti*zze und Rom*nja zu wissen, wurde genutzt, um sie zu verfolgen und die restlichen Menschen gegen sie aufzubringen. Kein Wunder also, dass es bis heute Misstrauen gibt, etwas über sich preiszugeben. Was wichtig zu betonen ist, ist, dass die Vielfalt innerhalb der Sinti*zze und Rom*nja riesig ist. Es ist meistens so, dass Traditionen und Familie eine große Rolle spielen und vor allem Musik und das Erzählen von Geschichten.[177] Eigene Religion haben sie jedoch keine – mir wurde zum Beispiel

---

176 Sanskrit ist (wie das Deutsche auch) eine indogermanische Sprache übrigens. Wir haben da zum Beispiel die Wörter Dschungel, Kajal, Orange und Ingwer her.

177 Spätestens hier sollten schon mal alle Glocken für den Deutschunterricht klingeln.

immer erklärt, dass Sinti*zze und Rom*nja quasi eine Religion ist. Sie wurden in Deutschland immer als „Heiden“[178] bezeichnet. Die Könige und Fürsten dachten tatsächlich zuerst, Sinti*zze und Rom*nja würden pilgern, und waren ihnen wohlgesonnen. Aber als sie gemerkt haben, dass sie bleiben wollten, hatten sie nur noch Ablehnung übrig. Diese Ablehnung hielt sich verdammt hartnäckig: Martin Luther verlangte, jüdische Menschen wie Sint*zze und Rom*nja zu behandeln – das zeugt davon, dass er wusste, *wie* schlecht man sie behandelte. In der Zeit des Zweiten Weltkrieges mussten die Kirchen „Z-Wort-Auskünfte“ geben und verraten, wo Sinti*zze und Rom*nja wohnten. Selbst, als sie in Konzentrationslager gebracht wurden, obwohl die meisten seit Generationen getauft waren, konnten sich die Geistlichen nicht durchringen, zumindest zu versuchen, sie zu retten. Christliche Nächstenliebe my ass. Im Nationalsozialismus wurde der Völkermord an Sinti*zze und Rom*nja beschlossen, etwa 70 Prozent aller in Deutschland lebenden Angehörigen wurden ermordet – europaweit etwa eine halbe Million Menschen.

Die Verfolgung und Abwehrhaltung gegen Sinti*zze und Rom*nja nennt man Antiromanismus (wegen des Z-Worts, got it?). Negativ Betroffene werden auch heute noch als „kriminell“ und „modernisierungsresistent“[179] bezeichnet und das scheint für den Großteil in Deutschland kein Problem zu sein. Schließlich diskutiert Thomas Gottschalk mit anderen *weißen* Leuten völlig selbstverständlich darüber, ob man Z-Wort[180]-Soße „noch sagen darf“. Dieser Rassismus und der völlig ignorante Umgang damit hat natürlich dazu geführt, dass es erst spät und wenig Literatur von

---

178 Super ironisch, das als Schimpfwort zu benutzen, wenn die Germanen ALLE Heiden waren, bis ihnen das Christentum aufgezwungen wurde.

179 Ganz anders als die Deutschen natürlich. Wir sind komplett modern. Klar. Es hat uns überhaupt nicht zerbröselt, als während der Pandemie alles online sein musste. Null. Waren wir voll drauf vorbereitet.

180 Ich werde das Wort nicht ausschreiben, auch in Titeln und Zitaten nicht. Nur, dass ihr Bescheid wisst.

Sinti*zze und Rom*nja auf Deutsch gibt. Weil sie immer wieder gezwungen wurden, weiterzuziehen, konnten die Kinder schwer eine Schule besuchen – zumal diese Lebensrealität logischerweise auch Einfluss auf das Lernen einer neuen Sprache hat.

2002 wurde aber zum Beispiel in Finnland die *International Roma Writers Association (IRWA)* gegründet. Das damit verbundene Projekt *Romani Library* hat das Ziel, die Literatur von Sinti*zze und Rom*nja in verschiedene Sprachen zu übersetzen und so in ganz Europa zu verbreiten. Vor Ende des 20. Jahrhunderts wurden nämlich keine literarischen Werke von Sinti*zze und Rom*nja im deutschsprachigen Raum veröffentlicht – das heißt aber nicht, dass es keine gäbe. Wie oben gesagt, ist die Sprache und damit die Literaturgeschichte der Sinti*zze und Rom*nja eine mündliche. Also auch, wenn sie vielleicht jetzt erst veröffentlicht werden, ist die Literatur voller Tradition und von großer Bedeutung für die Geschichte der Sinti*zze und Rom*nja. Und das zeigt sich allein am Schreibstil vieler Autor*innen. Die Autobiographie *Gypsy. Die Geschichte einer großen Sinti-Familie* von Dotschy Reinhardt, die 2008 erschienen ist, wird erzählt wie eine mündliche Geschichte. Jedes Kapitel ist eine einzelne Erzählung, die in sich geschlossen ist und immer von einer anderen Figur erzählt wird. Teilweise bestehen die Erzählungen aus langen direkten Reden der Figuren, mega spannend.

Wenn man sich mit der Grausamkeit auseinandersetzen will, die Sinti*zze und Rom*nja im Nationalsozialismus erleben mussten, liefern auch die Werke von und über Josef „Muscha“ Müller gute und drastische Einsicht. Er ist 1932 in Bitterfeld geboren. Mit zwölf Jahren, also 1943, wurde er von der Gestapo aus dem Unterricht abgeholt und zur Zwangssterilisation ins Krankenhaus gebracht. Ihm wurde gesagt, er habe eine Blinddarmentzündung, obwohl er immer wieder betonte, dass ihm nichts fehle. Nach der Operation wurde er heimlich von Bekannten seiner Familie abgeholt und bis 1945 versteckt gehalten, um nicht in ein

Konzentrationslager verschleppt zu werden. Seine Autobiografie *Und weinen darf ich auch nicht. Eine Kindheit in Deutschland* kam 2002 heraus. Schon davor, 1994, brachte die Autorin Anja Tuckermann einen Roman über Müller heraus: *Muscha,* der vom Jüdischen Museum Berlin für Jugendliche empfohlen wird. Tuckermann hat übrigens eine Reihe von Interviews mit Hugo Höllenreiner geführt. Der war während des Nationalsozialismus Gefangener im „Z-Lager Auschwitz" und drei weiteren Konzentrationslagern – und hat sie alle vier überlebt. Aus den Interviews hat Tuckermann dann das Buch *„Denk nicht, wir bleiben hier!" Die Lebensgeschichte des Sinto Hugo Höllenreiner* geschrieben und dafür den Deutschen Jugendliteraturpreis bekommen.[181] Beide Bücher verändern etwas in einem, berühren und zeigen immer wieder in aller Deutlichkeit, dass sowas nie, nie wieder passieren darf. *Und weinen darf ich auch nicht* ist aus der Perspektive eines Kindes geschrieben, was nochmal eine extrem interessante Form darstellt. Einmal sprachlich (hallo, Analyse!) und einmal, weil dadurch so deutlich wird, wie wenig Müller seine eigene Lage verstanden hat. Er wurde adoptiert und wusste nichts von seiner Herkunft, wie soll er da verstehen, was passiert? Wieso er von seinen Mitschüler*innen gehänselt und geschlagen wird, von seinen Lehrkräften schikaniert und mit Wörtern beschimpft, die er nicht kennt, das alles war ihm unbegreiflich. So viele Fragen, die das Kind im Buch hat, will ihm niemand beantworten – wir als Lesende kennen die Antworten oft und verstehen, wieso ihm niemand die Wahrheit sagen will. *Denk nicht, wir bleiben hier* setzt einen nüchterneren Ton an, der die Grausamkeit der Geschichte aber nur nochmal unterstreicht. Höllenreiners Familie wohnt seit 600 Jahren in Deutsch-

---

[181] So schreibt man nämlich über den Nationalsozialismus, John Boyne, nimm dir da mal ein Beispiel!

land, sie sind so tief verwurzelt wie kaum jemand, haben ein Familienwappen und alles – und trotzdem werden sie verfolgt. In die Geschichte, die übrigens in einem Guss ohne Kapitel erzählt wird, streut Höllenreiner aus seiner erwachsenen Sicht immer wieder Kommentare ein, die das Buch extrem gut ergänzen.

Wer hier nicht ausgelassen werden darf, ist Ceija Stojka aus Österreich. Sie war Tochter eines reisenden Pferdehändlers und hat drei Konzentrationslager überlebt, in die man sie als kleines Kind verschleppt hat. Heute ist sie eine der bekanntesten Sinti*zze- und Rom*nja-Autor*innen überhaupt. 1988 erschien ihr erstes Buch *Wir leben im Verborgenen. Erinnerungen einer Rom-Z*, 1992 kam ihre Autobiographie *Reisende auf dieser Welt. Aus dem Leben einer Rom-Z* heraus. Es ist unfassbar spannend, wie sie in dem Werk mit Vorurteilen umgeht, die ihr entgegengebracht wurden und die sie so mühelos bricht, ohne dass man sich belehrt fühlt – auch, wenn sie natürlich jedes Recht zur Belehrung hätte. Mit der Reise ist also nicht das erzwungene Reisen der Sinti*zze und Rom*nja gemeint, das von vielen Nicht negativ Betroffenen verklärt und beschönigt[182] wird, sondern schlicht die Reise des Lebens, die jeder Mensch auf dieser Erde so macht. Stojka hat einen wunderbar klaren Erzählstil ohne viel Firlefanz, was den Einblick in ihr Leben unglaublich ehrlich, nahbar und irgendwie unmittelbar macht, also man fühlt sich, als wär man direkt dabei gewesen. Etwas später hat Stojka noch vier Werke rausgebracht, die man teilweise sogar komplett online findet. Also ran!

Im deutschsprachigen Raum sind die meisten Werke von Sinti*zze und Rom*nja Autobiographien, angefangen mit der ersten deutschsprachigen, die den Titel *Die Befreiung des Latscho Tschawo. Ein Sinto-Leben in Deutschland* trägt und 1984 erschienen ist. Das ergibt natürlich

182 Kennt ihr das Lied „Lustig ist das Z-Leben"? Da passiert genau das.

Sinn, weil die Lebensgeschichten der Autor*innen wichtig für die deutsche Geschichte und unser Wissen über den Nationalsozialismus sind. Auch deshalb, weil lange nicht offiziell anerkannt wurde, dass sie Opfer des Nationalsozialismus waren. Um ihr kollektives Leid und ihre grausamen Erinnerungen nach außen zu tragen und verbreiten zu können, musste von einer mündlichen Erzähltradition in die Schriftsprache gewechselt werden. Und das ist besonders im deutschsprachigen Raum schwierig, weil wir die Sprache der Nationalsozialisten und damit die der Täter sprechen. Es ist auch nicht unüblich, dass sich Autor*innen Hilfe von anderen Schriftsteller*innen oder Historiker*innen holen und die Texte entweder mit ihnen zusammen schreiben oder dass die (wie bei Tuckermann) über Interviews entstehen. Trotzdem sind Autobiografien natürlich nicht alles, was es gibt. Im Deutschunterricht aber wären das schon mal gute Einblicke, die sich auf andere Weise einfach nicht erschließen lassen.

Behindert und krank: Geschichten, die wir brauchen

Es ist tatsächlich sehr schwer – und ich hasse, dass ich das schreiben muss –, Informationen über behinderte Autor*innen zu finden, wenn die Bücher älter als 20 Jahre sind. Das liegt natürlich zum einen daran, dass es für viele Behinderungen zur Zeit der klassischen Literatur noch gar keine Begriffe gab. Es gibt zum Beispiel Leute, die bei Kafka oder Büchner psychische Krankheiten diagnostizieren wollen, aber das kann man einfach im Nachhinein nicht mehr seriös feststellen. Büchner und Schiller waren auf jeden Fall chronisch krank, sie sind beide früh gestorben, doch die richtigen Bezeichnungen dafür gab es damals einfach nicht und daher ist es praktisch unmöglich, deren Verfassungen aus heutiger Sicht zu diagnostizieren. Klassiker, verfasst von Autor*innen mit Behinderung in dem Sinne, dass man sicher weiß, dass sie behindert waren, habe ich also leider nicht gefunden.[183] Das hat aber klar auch damit zu tun, dass behinderte Menschen sehr lange gar nicht die Chance hatten, sich künstlerisch oder literarisch auszudrücken, und das wiederum ist die Schuld der strukturellen Unterdrückung behinderter Menschen und ihres Ausschlusses aus der Gesellschaft. Luisa L'Audace beschreibt, dass Ableismus und fehlende Teilhabe nicht als strukturelles Problem angesehen werden, sondern als ein Privatproblem behinderter Menschen. Das ist nicht nur grob falsch, sondern sorgt dafür, dass sich nichtbehinderte Menschen nicht dafür verantwortlich fühlen, etwas an der Situation zu ändern, auch weil sie die Probleme zum großen Teil gar nicht wahrnehmen. Und das führt bis heute dazu, dass Menschen mit Behinderung oft nicht mal da zu Rate gezogen werden und mitentscheiden dürfen, wo es um sie geht. Barrieren für sie gibt es nämlich überall, auch in Kunst und Kultur. Zwar tut sich allmählich was, aber eben viel, viel zu langsam. Das heißt, die Empfehlungen in diesem Kapitel sind relativ aktuelle Literatur, von der ich finde, dass sie gut in die Schule passt. Alles klar? Alles klar.

Zuerst gibt es natürlich wieder einige Autobiografien, die ich erwähnen möchte. Da hätten wir einmal *Dachdecker wollte ich eh nicht werden. Das Leben aus der Rollstuhlperspektive* von Raúl Aguayo-Krauthausen. Er lebt mit der Glasknochenkrankheit und ist kleinwüchsig und weiß daher aus eigener Erfahrung, wie verkrampft nichtbehinderte Menschen oft im Umgang mit behinderten

---

[183] Eine meiner größten Ängste ist echt, dass ich was übersehen habe. Falls das der Fall sein sollte: Schreibt mir bitte unbedingt!

Menschen sind.[184] Dabei findet Aguayo-Krauthausen, dass seine Behinderung ihn weder aus- noch besonders macht – und das merkt man, wenn man sein Buch liest, ganz schön. Dann hätten wir da noch *Die Welt im Rücken* von Thomas Melle. Der hat für sein Buch den Literaturpreis des Landes Sachsen-Anhalt 2017 bekommen und schreibt unter anderem über seine bipolare Störung. Dabei beschönigt er nichts und gibt einen beeindruckenden Einblick in seinen Kopf und sein Leben. Kein Wunder, dass das Buch auch auf der Shortlist für den Deutschen Buchpreis stand. In *Der Klang von fallendem Schnee. Leben ohne zu hören* von Bonnie Poitras Tucker beschreibt die gehörlose Autorin, wie sie ihr Leben navigiert, das von Hörenden geprägt ist. Tuckers Mutter hat mit ihr Lippenlesen und Sprechen trainiert und behauptet, dass ihre Tochter schwerhörig sei, damit sie auf eine normale Schule gehen kann. So weiß fast niemand, dass sie komplett gehörlos ist – aber das bringt natürlich Probleme mit sich. Und dann hätte ich noch *Willkommen im Erdgeschoss: Wie ich mich mit 17 im Rollstuhl wiederfand* von Amelie Ebner im Angebot – nur, um euch eine Auswahl zu bieten. Ebner hatte als Teenager einen Skiunfall und ist seitdem ab dem sechsten Halswirbel querschnittsgelähmt. Nach diesem Unfall musste sie nicht nur ihren Körper komplett neu kennenlernen und ihr Leben umstellen, sondern damit klarkommen, dass Menschen anders mit ihr umgehen und viele einfach aus ihrem Leben verschwunden sind. In ihrem Buch lässt sie uns dabei zusehen, wie sie es schafft, damit umzugehen, und gleichzeitig erwachsen wird.

Dann kommen wir zur fiktionalen Literatur, yay! Da hätten wir nämlich noch Christoph Keller aus der Schweiz. Er hat spinale Muskelatrophie (eine Art von Muskelschwund),

---

[184] Ob das daran liegt, dass sie so selten Kontakt zueinander haben? SAFE NICHT.

die unheilbar ist, und benutzt deswegen heute einen Rollstuhl. Keller hat nicht nur einige Romane rausgebracht (in denen es natürlich nicht immer nur um Menschen mit Behinderung geht, aber das ist nicht das Ziel), sondern auch 2020 den Sammelband: *Jeder Krüppel ein Superheld. Splitter aus dem Leben in der Exklusion*. Da ist zum Beispiel die *Wanzengeschichte* drin, die sich an Kafkas *Verwandlung* anlehnt, was ich unglaublich spannend fand.[185]

Andree Metzler, der Autor von *Der Unfall*, ist selbst nicht behindert, sein Thriller lässt sich aber generell trotzdem empfehlen, obwohl es ableistische Ausrutscher gibt, sagt die Aktivistin Alexandra Koch.[186] In der Geschichte geht es um Meli van Bergen, die einen Unfall hat und daraufhin in Reha muss. Dort verliebt sie sich in ihren Therapeuten und zieht irgendwann mit ihm in ein einsames Haus am See – ihr merkt schon, worauf das hinausläuft. Die Behinderung der Protagonistin ist nicht ihre 24/7-Aufgabe und nicht, wie leider oft so dargestellt, ihr einziger Charakterzug, sondern gehört einfach zu ihr und zu der Geschichte wie alles andere. Teil davon ist zum Beispiel, dass sie sich attraktiv findet, was behinderten Figuren oft nicht zugesprochen wird. Und holy shit, ist das Ding spannend. Natürlich kann man hier in Frage stellen, ob ein Buch überhaupt empfehlenswert ist, wenn es nicht von einer behinderten Person geschrieben wurde und nicht perfekt recherchiert ist. Aber ich wollte es trotzdem mit reinnehmen, um zu zeigen, dass es das gibt.

Was es auch noch gibt: den Verlag *edition naundob*, der seine Bücher so barrieresensibel wie möglich gestalten möchte. Damit, laut eigener Aussage, Menschen mit Behinderung, Menschen, die Deutsch lernen wollen, sich

---

185 Hallo, das-passt-super-gut-in-den-Lehrplan-Alarm. *Die Verwandlung* als Aufhänger, um über Ableismus zu reden, im Vergleich mit dieser Geschichte, geilo.

186 Das entscheide nicht ich, obviously, ich hab das recherchiert.

nicht (mehr) so gut konzentrieren können, die lesen wollen, aber denen Lesen nie Spaß gemacht hat, und hörbehinderte Menschen nicht ausgeschlossen werden. Der Verlag bringt deshalb Bücher in einfacher Sprache heraus oder als Sonderdruck in Punktschrift zum Beispiel. Auch der Verein *Die Wortfinder* hat eine ganze Liste mit Literatur von Menschen mit geistiger Behinderung – die sind noch schwerer zu finden bzw. gibt es die noch seltener als Literatur von Menschen mit körperlicher Behinderung. Und auf der steht beispielsweise der Südtiroler Maler und Schriftsteller Georg Paulmichl mit Werken wie *Ins Leben gestemmt*, *Vom Augenmass überwältigt* und *Verkürzte Landschaft*. Oder Textsammlungen wie *Das Leben ist, bevor man stirbt*, *Kann nicht schlafen* und *Special poetics*. Letzteres ist vom Verlag *Edition Eizenbergerhof*, der Literatur mit Integration verbindet und so behinderte Menschen in den Literaturbetrieb holt. Eine gute Adresse also!

Tatsächlich war die Recherche für dieses Kapitel mit am schwersten. Ich habe bestimmt nicht alle Autor*innen und Werke gefunden, es sieht leider wirklich so aus, als gäbe es immer noch sehr wenige Autor*innen mit Behinderung, vor allem im Belletristik-Bereich. Ich hab nur auf einer (!) Internetseite eine ausführliche Liste gefunden, keinen Wikipedia-Artikel, nichts. Deswegen habe ich doch einiges auf der Liste hinten stehen, aber es ist sehr auffällig, dass die Werke unbekannter und oft bei kleineren Verlagen erschienen sind. Als erster Schritt würde wirklich schon mal helfen, Bücher aus dem Kanon, den Klassenzimmern und den Bücherregalen zu streichen, die ableistisch sind – wovon man grundsätzlich ausgehen kann, wenn eine nicht-behinderte Person über eine behinderte Person schreibt, einfach weil Ableismus so tief in unserer Gesellschaft verankert ist. Wir müssen das Bild, das wir von Menschen mit Behinderung haben, von ihnen selbst zeichnen lassen, sonst kommen wir nicht voran. Dafür ist Literatur ein super Mittel.

Also her mit den Autobiografien und Romanen von negativ Betroffenen, Ableismus erkennen lernen, Bücher aussortieren und die Augen offen halten für Bücher von behinderten Autor*innen. Denn sie werden immer und immer mehr werden – und das ist gut und wichtig so.

Sponsored by the queer lobby

Okay, vorneweg: Ja, ich verstehe, dass man *Der Tod in Venedig* oder andere Werke von Thomas Mann hier aufführen könnte (und auch die anderen, von denen ich im zweiten Teil schon gesprochen habe). Wir wissen, dass er queer war, in der Novelle (und in vielen Werken Manns) geht es um homoerotische Gefühle, aber zwei Dinge: Erstens: Ich hasse Thomas Mann und finde, er ist wirklich schon berühmt genug. Zweitens: Wenn wir eh schon so wenig von queeren Autor*innen lesen, und dann lesen wir *eine* Sache und das ist die Story eines ekelhaften, alten Typen, der sich in einen Jugendlichen verliebt – that's not the representation we deserve, echt. Homosexualität, vor allem männliche Homosexualität, wird eh immer noch viel zu schnell in einen Topf mit Pädophilie geschmissen,[187] das brauchen wir doch nicht auch noch im Deutschunterricht, finde ich. Dass ich ihn hier ein bisschen auslasse, ist aber nicht nur mein irrationaler Hass auf ihn, sondern der Fakt, dass alle seine Werke eh schon super bekannt sind. Thomas Mann braucht mich nicht, echt. Nur, dass ihr das wisst. Und dass ihr wisst, dass ich das weiß. You get it. Damit los mit der queeren deutschen Literatur! Ich hab so dermaßen Bock, ich sag's euch.

Von wem es zwar eher wenige Werke gibt, aber wen ich trotzdem nicht unerwähnt lassen möchte, ist erstmal Anna

---

[187] Thanks a lot, katholische Kirche.

Rüling. Rüling war Journalistin, Dramaturgin und Autorin und hat die weltweit (!) erste lesbenpolitische Rede gehalten. Das war 1904, in der Jahreshauptversammlung des wissenschaftlich-humanitären Komitees im Berliner Hotel Prinz Albrecht – da war sie erst 24 Jahre alt. Frauenliebe wurde damals pathologisiert, also als medizinisches Problem gesehen, und genau das hat Rüling kritisiert. Sie nannte die Frauenbewegung „kulturgeschichtliche Notwendigkeit" und Homosexualität „naturgeschichtlich" angeboren. Das war eine unglaublich steile These für die damalige Zeit – und leider jetzt auch noch manchmal, je nachdem, mit wem man spricht. 1906 hat Rüling einen Novellenband rausgebracht: *Welcher unter Euch ohne Sünde ist ... Bücher von der Schattenseite*. Sosehr ich mich bemüht habe, ich habe ihn leider nirgends auftreiben können. Aber ich habe herausgefunden, dass darin fünf Geschichten sind (drei lesbische und zwei schwule) und dass zwei davon, was komplett untypisch war für die Zeit, glücklich enden. Uff, ich will diesen Band wirklich gerne in die Hände kriegen. Falls wer wen kennt, hit me up! Was aber unbedingt auch zur Autorin gesagt werden muss: Rüling war leider Nationalistin und großer Kriegsfan – hassen wir. Das ist extrem widersprüchlich, weil sie rechts und queer war. Das muss man erst mal checken.[188]

Liebe und Sexualität zwischen Frauen ist also auf keinen Fall eine „neue" Entwicklung. Schon im Mittelalter gab es Schriften, in denen sie explizit beschrieben wurden. Zum Beispiel in den Texten von Hildegard von Bingen und Mechthild von Magdeburg. Und im englischsprachigen Raum lassen sich auch queere Texte von Charlotte Brontë, Emily Dickinson oder später Virginia Woolf finden. Vergleichbares habe ich leider im deutschsprachigen Raum nicht gefunden. Einige der wenigen lesbischen Autorinnen, die ich entdeckt habe,

188 Jep, auch das hat Alice Weidel nicht erfunden leider.

sind Ruth Margarete Roellig, Annette Eick und Selli Engler. Alle drei waren Aktivistinnen in der Lesbenbewegung der Weimarer Republik – das war die weltweit erste Lesbenbewegung. Ende der 1920er schrieben sie dann für das Magazin *Frauenliebe*, bis der Nationalsozialismus übernahm und sie untertauchen mussten. Engler hat drei Romane veröffentlicht: *Erkenntnis, Das Leben ist nur noch im Rausch zu ertragen* und *Arme kleine Jett*. Roelling hat sogar elf Monografien herausgebracht. Von keinem der Werke der Autorinnen gibt es einen Wikipedia-Eintrag, von keinem konnte ich eine Ausgabe oder den Text online oder in Bibliotheken finden. Und das, obwohl alle Werke kaum 100 Jahre alt sind. Über beide Autorinnen heißt es online, dass sie heute in Vergessenheit geraten sind. Komisch, oder? Fast, als wollte man sich einfach nicht an lesbische Autorinnen erinnern. Dabei war das erste literarische Werk (also von dem wir heute noch wissen), in dem Homosexualität vorkam, der französische Roman *Die Nonne* von Denis Diderot,[189] in dem die Protagonistin mit ihrer Oberin liebäugelt. Das zeigt zwar auch, dass die Fetischisierung lesbischer Liebe und Sexualität schon mindestens bis 1792 zurückgeht, aber gut. Wir nehmen, was wir kriegen manchmal, ne?

Im deutschsprachigen Raum war das erste Werk, in dem Homosexualität vorkam, der Roman *Ein Jahr in Arkadien – Kyllenion* von August Herzog von Sachsen-Gotha-Altenburg aus 1805. Da geht es – wen wundert's – um zwei boys aus der griechischen Antike, und das sogar mit Happy End! Das Ding ist eine Schäferdichtung nach barocker Tradition – sowas passt nicht wirklich in den Stundenplan in der Schule, aber vielleicht in die Uni. Deswegen wollte ich es trotzdem erwähnt haben. August selber hat zum Beispiel oft

---

[189] Na gut, das war, soweit wir wissen, ein cis Mann.

und gerne Frauenkleider getragen, auch in der Öffentlichkeit.[190] Spricht dafür, dass er selber womöglich queer war.

Als Nächstes in der Geschichte haben wir erst Frank Wedekinds *Frühlings Erwachen* aus 1891, das vielleicht einigen von euch schon bekannt ist.[191] *Frühlings Erwachen* finde ich insgesamt ein super gutes und wichtiges und leider immer noch aktuelles Stück, in dem brutal ehrlich gezeigt wird, dass die Jugend nicht so sicher und geschützt ist, wie Erwachsene sich selbst einreden. Es geht um fehlende Aufklärung, Stress in der Schule und Druck von den Eltern, um häusliche Gewalt und eben viel um Sexualität. Unter anderem haben wir da eben Hänschen und Ernst, Mitschüler der Hauptpersonen, die in einer Szene kurz vor Schluss – bisschen random, wenn ich ehrlich bin – miteinander im Gras liegen, sich ihre Liebe gestehen und sich küssen. Ziemlich die einzige Szene in dem ganzen Stück, die irgendwie wholesome ist. Das Stück war, könnt ihr euch denken, ein riesiger Skandal und ist zensiert und sogar verboten worden. Heute ist es aber ein Klassiker unter den Klassikern und wird viel an Schulen gelesen. How the turns have tabled. Das Stück passt super in die Oberstufe, man muss nur sehr vorsichtig damit umgehen, weil es ungefähr alle Triggerwarnungen braucht, die es so gibt. Aber wenn die Lehrkraft genug Energie aufwendet, alles gut aufzuarbeiten, kann das sehr, sehr, gut klappen.

Meiner Meinung nach eine komplette gay icon war Anna Elisabet Weirauch. Die hat zwischen 1887 und 1970 gelebt und ist als Kind nach Berlin gekommen. Sie war Schauspielerin und Autorin und hat über 60 – SECHZIG – Romane geschrieben. Die wurden oft als Fortsetzungsromane in Zeitungen veröffentlicht. Weirauch war mit der Niederländerin Helena Geisenhainer zusammen. Was ich krass

---

190 Das fand Goethe sehr befremdlich übrigens.

191 Bebi-Teresa hat das 2015 als Musical aufgeführt und dachte, dass sie vielleicht Schauspielerin wird. Hach. Die Jugend.

finde: Sie war Mitglied der Reichsschrifttumskammer während des Nationalsozialismus und hat weiter veröffentlicht, obwohl ihre Trilogie *Der Skorpion* auf der Liste des schädlichen und unerwünschten Schrifttums stand. Sie hat sich in dieser Zeit also gay-mäßig zurückgenommen und grundsätzlich über Frauenschicksale geschrieben. In *Der Skorpion* geht es um Melitta und Olga und er ist einer der ersten deutschsprachigen Romane, in dem Liebe zwischen Frauen komplett offen und positiv beschrieben wird. Die beiden sind erst befreundet und verlieben sich dann – was Melittas Familie komplett gar nicht gut findet, weshalb sie Melitta zu einem Psychiater schickt und später die Polizei einschaltet. Und ab da wird alles sehr dramatisch. Leider findet man diese Bücher schwer bis gar nicht, auch, weil viele davon verbrannt und zerstört wurden, aber klappert mal eure Bibliotheken ab! Vielleicht habt ihr ja Glück.[192]

Das erste deutsche wissenschaftliche Buch zu trans* Identitäten kam übrigens 1912 heraus, *Psychopathia sexualis* heißt es, und es ist von Richard von Krafft-Ebing. In dem Buch ist unter anderem von „konträrer Sexualempfindung“ die Rede. Das liegt daran, dass weder im Alltag noch in der Forschung ein Unterschied zwischen sexueller Orientierung und Geschlechtsidentität gemacht wurde. Ein weiteres wichtiges Werk ist *Die Transvestiten* von Magnus Hirschfeld. Der war Arzt, Sexualforscher und Mitbegründer der ersten deutschen Homosexuellenbewegung. Er hat auch das Magnus-Hirschfeld-Institut gegründet, das (natürlich) von den Nazis zerstört wurde – man glaubt, ein Grund dafür könnte sein, dass so viele Mitglieder der NSDAP unter den Patient*innen waren.

---

192 Auf Wikipedia gibt es übrigens sogar eine Liste mit literarischen Werken, in denen es um Homosexualität geht. Und was mir krass aufgefallen ist: Ich habe noch nie so viele rote Verlinkungen in einem Artikel gesehen. Das heißt, dass es (noch) keinen Eintrag über die Person oder das Wort gibt, aber Leute finden, dass es einen geben sollte.

Nicht aus dem deutschsprachigen Raum zwar, aber einfach unglaublich wichtig für die trans* und inter* Geschichte ist die Dänin Lili Elbe. Eventuell habt ihr *The Danish Girl/ Das dänische Mädchen* gelesen oder gesehen?[193] Exakt die nämlich. Sie war eine der ersten trans* Personen, von der wir wissen, dass sie sich mehreren geschlechtsangleichenden Operationen unterzogen hat. Das war um 1930 herum – und zwar in Deutschland! Deswegen gehört sie nämlich doch schon auch irgendwie zur queeren deutschen Geschichte. Wie so oft ist leider der Roman, der über sie geschrieben wurde, viel erfolgreicher als ihr eigener Lebensbericht *Fra mand til kvinde* – auf Deutsch *Vom Mann zur Frau*. Der deutsche Titel des Berichts ist *Lili Elbe: Ein Mensch wechselt sein Geschlecht. Eine Lebensbeichte.* Der ist 1932 rausgekommen. 19 fucking 32. Das muss man sich mal vorstellen! So viele Leute haben durch dieses Buch erfahren dürfen, dass es Menschen gibt, mit denen sie sich identifizieren können. Das ist doch die Magie in der Literatur, echt. Und es tut mir ein bisschen weh, wie aktuell dieses Zitat von ihr fast 100 Jahre später immer noch ist: „Ich kämpfe gegen die Voreingenommenheit des Spießbürgers, der in mir ein Phänomen, eine Abnormität sucht. Wie ich jetzt bin, so bin ich eine ganz gewöhnliche Frau." Mindestens in Auszügen kann man in diese Autobiografie im Unterricht auf jeden Fall reinlesen.

Der Großteil der Bücher, die ich zu trans* Identitäten gefunden habe, waren Autobiografien. Auch *Und dennoch Ja zum Leben*, die Autobiografie der inter* Person Erich Amborn aus 1981 konnte ich finden, aber wenig bis keine fiktionalen Werke – zumindest nicht vor den 2000ern. Das heißt eben nicht, dass es keine trans* oder inter* Autor*innen gab, sondern nur, dass sie es offiziell nicht waren. Das liegt, wie ich im zweiten Teil schon erklärt habe,

---

[193] Wo Lili von einem cis Mann gespielt wird – problematisch. Sehr problematisch.

daran, dass wir in einer cis heteronormativen Gesellschaft leben. Heißt: dass davon ausgegangen wird, dass es nur zwei Geschlechter und sexuelle Anziehung nur zwischen diesen zwei Geschlechtern gibt – das ist natürlich beides Quatsch. Offen trans* oder inter* zu sein war also lange Zeit extrem gefährlich (und ist es heute noch!) und nicht hetero zu sein galt als eine Krankheit – das trieb Betroffene in die Geheimhaltung oder sogar so weit, dass sie es vor sich selbst nicht einmal zugeben konnten.

Anders als bei den Analysen in den Kapiteln, in denen die Autor*innen Schwarze Autor*innen oder Autor*innen of Colour sind, lässt sich Queerness nicht so genau festhalten. Das ist super schade, lässt sich aber im Nachhinein wirklich, wirklich schwer bis gar nicht ändern. Umso mehr ein Grund, in aktueller Literatur nach queeren Stimmen zu suchen. Und fuck ja, da gibt es einiges. Wir holen auf, Leute. Ich sag's nur! Sehr hilfreich ist da – aktuell wie geschichtlich – die Bundesstiftung Magnus Hirschfeld. Also für alle LGBTQIA+ related Referate, die ihr in der Schule halten wollt[194]: Schaut da mal nach.

Leider muss ich hier auch wieder kurz John Boyne erwähnen: He did it again. Nachdem er schon einen Roman über den Sohn eines SS-Offiziers geschrieben hat, ohne nur die geringste Ahnung vom Nationalsozialismus zu haben, hat er danach mit *Mein Bruder heißt Jessica* noch einen über den Bruder eines trans* Mädchens geschrieben – ganz offensichtlich ohne irgendeinen Dunst zu haben oder selbst trans* zu sein.[195] Schließlich wird die Schwester schon im Titel falsch gegendert. Trans* Aktivist*innen rufen zum Boykott auf, das Buch sei transfeindlich, der Protagonist greift darin sogar eine trans* Frau an und wird nicht dafür

---

194 Haltet bitte einfach so viele wie möglich von denen! Presst es euren Lehrkräften richtig rein!

195 Und klar können sich Autor*innen in andere Sichtweisen hineindenken, aber in Diskriminierung nicht wirklich.

zur Rechenschaft gezogen.[196] Trotzdem wird das Buch teilweise an Schulen gelesen. Wie wäre es denn stattdessen mit *Als ich Amanda wurde* von Meredith Russo. Das Buch ist zwar im Original nicht deutsch – die deutsche Wiese an Romanen von trans* Personen ist leider sehr dünn bepflanzt[197] –, aber dafür *wirklich* von einer trans* Frau und dazu noch sehr gut, wie trans* Personen und auch ich finden. Der Roman erzählt die Geschichte von, wer hätte es gedacht, Amanda, die nach Hormontherapie und geschlechtsangleichenden Operationen zu ihrem Vater nach Tennessee zieht. Und das ist richtig gut für sie, weil sie da niemand kennt. Sie kann einfach Amanda sein, wird nicht mehr gemobbt, findet neue Freundinnen, alles tutti. Stressig wird es erst, als sie sich so richtig verknallt und nicht recht weiß, wie sie erzählen soll, dass sie nicht immer schon Amanda hieß. Das könnte man easy in der Schule lesen! *In den buntesten Farben* von Marius Schaefers lässt sich genauso gut in der Schule lesen. Schaefers ist ein krasser Typ übrigens, hat schon mit 18 im Selbstverlag seinen eigenen Roman rausgebracht, jetzt schon mehrere Bücher veröffentlicht und dabei ist er erst 25. Auch im Internet kann ich ihn sehr empfehlen, da spricht er nicht nur über seine Bücher, sondern darüber hinaus über sein Leben als trans* und queerer Mann. Er ist einer der wenigen Autor*innen, die ich gefunden habe, die selbst trans* sind und trans* Figuren in ihren Texten zeichnen. Und das ist zumindest mal der erste Schritt, den wir in der Schule brauchen. In seinem Roman geht es um Philipp, bei dem es in der Liebe einfach nicht klappen will und der sich unsicher ist, ob das mehr an seinem ewigen Crush auf Ali liegt oder daran, dass er trans* ist. Ali kennt Philipp nur aus dem Internet und eines Tages ist er wie vom Erdboden verschluckt. Also macht sich Philipp auf, um ihn suchen zu gehen. In Pirna, in Sachsen. Wenn ihr

---

196 Ich hab das Buch nicht gelesen, obviously, aber Artikel darüber.

197 Ich bin mir fast sicher, dass diese Redewendung nicht existiert. Na ja.

mich fragt: Wenn jemand für dich nach Sachsen fährt, ist das Liebe. Aber lest selber.

Oder, wenn man sich an Autobiografien rantrauen möchte (davon gibt es ein paar mehr schon): Wie wäre es denn mit *Eine Frau ist eine Frau ist eine Frau* von Phenix Kühnert oder *Ich bin Linus* von Linus Giese? Kühnert und Giese erzählen beide auf ihre eigene Art von ihrem coming out und davon, wie es ist, als trans* Person zu leben – und zu 110 Prozent kann man da mehr verstehen und lernen, als man es bei dem Roman eines cis Typs könnte, der sich nur *vorstellt*, wie es wohl ist, trans* zu sein, beziehungsweise wie es ist, eine Schwester zu haben, die trans* ist.

Was zum Beispiel zwar nicht wirklich ein Roman (und im Original Englisch), aber ein meiner Meinung nach wirklich, wirklich sehr gutes Buch über Queerness für die Schule ist: *Bus 57* von der Journalistin Dashka Slater. Hier wird die wahre Geschichte nacherzählt, wie ein Typ namens Richard den Rock einer agender* Person anzündet, und zwar im Bus 57. Vorne im Buch werden alle möglichen Begriffe sehr schön erklärt – und zwar so, dass man sie nicht nur selber versteht, sondern sie auch gleich Hans-Peter in der Familie oder dem Bekanntenkreis der Eltern erklären kann. Außerdem ist *Bus 57* nicht nur eine Geschichte über Queerfeindlichkeit, sondern auch über (strukturellen) Rassismus. Richard ist nämlich Schwarz und wird deshalb deutlich härter bestraft als eine *weiße* Person. Also gleich zwei Themen, über die wir in der Schule viel zu wenig sprechen! Ich finde, mit dem Buch lässt sich beispielweise auch schön begreiflich machen, dass es keine Wissenschaft ist, Neopronomen für jemanden zu benutzen. Sasha hat auf Deutsch das Pronomen sier[198], und nachdem man sich ein paar Seiten eingelesen hat, gewöhnt man sich wirklich schnell daran.

---

198 Im Englischen natürlich they, die deutsche Version wurde auch mit Sasha abgesprochen.

Wir haben sie also, die queere Literatur. Wir hatten sie immer schon. Und wir entdecken sie wieder, fischen sie aus den letzten Ecken der Bibliotheken. Ich wünsche mir so sehr, dass diese Werke neu verlegt und bekannt gemacht werden, dass sie in den Kanon aufgenommen werden, dass ein großes Publikum sie zu lesen kriegt, von Jugendlichen in der Schule bis zu den Professor*innen an der Uni. Und dass ganz viel neue queere Literatur dazukommt. Denn sie ist keine Nische. Wir sind kein Trend, der wieder vorbeigeht. Wir waren immer schon da und werden immer da sein. Queere Literatur ist nicht nur etwas für Spezialexpert*innen und Gender-Studies-Seminare, sie gehört in die Einführungsvorlesungen und an die Schulen. Das Geile ist aber: In der Schule muss man so viele Referate über Bücher halten und oft darf man sie sich (vielleicht in einem Rahmen) selbst aussuchen. Schockt eure Lehrkräfte mit ein bisschen gay agenda. Packt die queere community selbst in den Lehrplan, dahin, wo sie hingehört. Ich zähle auf euch, klar? Okay, cool. Weitermachen.[199]

Bühne frei für Bi_PoC Autor*innen

Wie so oft bei diskriminierten Gruppen sind auch bei Bi_PoC die Bücher am bekanntesten, die sich mit der eigenen Diskriminierung beschäftigen – also oft Sachbücher und Autobiografien oder eine Mischung aus beidem. Die will ich hier natürlich nicht unerwähnt lassen, es darf aber nicht der Anschein entstehen, dass das alles ist, was es gibt. Bis so vor zehn Jahren hatten vor allem Schwarze Autor*innen auf dem deutschsprachigen Buchmarkt kaum eine Chance, was eine riesig große Schande ist – und natürlich Teil unseres immensen Rassismusproblems. Wenn man sich aber erstmal fragt, wie rassistisch wir eigentlich genau sind oder wie das Bi_PoC konkret betrifft, dann sollte man auf jeden Fall

199 Lol, da hab ich ja fast ein kleines Manifestchen geschrieben, upsi.

erstmal *exit racism* von Tupoka Ogette und *Was weiße Menschen nicht über Rassismus hören wollen, aber wissen sollten* von Alice Hasters lesen. Mit diesen Büchern habe ich auch angefangen, mich mit Rassismus auseinanderzusetzen, habe mich ertappt gefühlt, war wütend auf mich, die ganze Achterbahnfahrt. *exit racism* ist ein Sachbuch[200] von Tupoka Ogette, das ihre Biographie mit grundlegenden rassistischen Mechanismen verknüpft und so etwas weniger theoretisch und dafür ein bisschen emotionaler ist. Beide zusammen sind eine super Kombi, finde ich. Außerdem haben beide gut strukturierte und themenbezogene Kapitel, die man auch einzeln easy in der Schule lesen kann, sei es für eine Analyse oder um endlich mal über Rassismus zu sprechen, der natürlich das komplette Schulsystem durchzieht.

Der wahrscheinlich erste Schwarze Autor in Deutschland war übrigens Anton Wilhelm Amo, der schon im 18. Jahrhundert Schriften veröffentlicht hat und Philosoph war. Er hat seine Doktorarbeit über die Rechtsstellung von Schwarzen Menschen in Europa geschrieben.[201] Die ersten Werke Schwarzer Autor*innen in Deutschland waren also allesamt wissenschaftlich – bis zum Beginn des 20. Jahrhunderts etwa. Ab da wurden Zeitschriften für Schwarze Arbeiter*innen herausgegeben und teilweise auch Theaterstücke wie *Sonnenaufgang im Morgenland* aufgeführt, in denen auf Stereotype hingewiesen wurde. Im Nationalsozialismus war an eine Veröffentlichung von Werken Schwarzer Autor*innen nicht mehr zu denken; Schwarze Menschen, indigene Menschen und People of Colour wurden verfolgt, in Konzentrationslager gebracht und ermordet. Ab den 1980er Jahren gab es dann aber wie-

---

200 Mit Mitmachteilen, yay!

201 Heißer Tipp, sich die auch mal anzuschauen, wenn man grade Kant liest. Der hat nämlich dazu aufgerufen, dass die Leute ihren Verstand benutzen sollen, Schwarzen Menschen hat er aber abgesprochen, dass sie überhaupt einen Verstand oder einen eigenen Willen haben. Heißt, sein Aufruf galt nur *weißen* Menschen, auch wenn er das in dieser Schrift nicht deutlich erwähnt hat.

der Literaturmagazine und -zeitschriften *(Afrokool, AWA Finnaba, Afrekete)* und die African Writers Association. Wer also deutsche Poesie und Kurzgeschichten von Bi_PoC Autor*innen sucht: Da gibt es eine riesige Sammlung! Man findet auf jeden Fall das Richtige für jede Schulart und jede Altersstufe, verspreche ich euch.[202]

Wenn wir also das Grundproblem, das Rassismus in unserer Gesellschaft darstellt, ansatzweise verstanden haben, können wir ein bisschen geschichtlich in die Thematik eintauchen. Zum Beispiel mit *Farbe bekennen. Afro-deutsche Frauen auf den Spuren ihrer Geschichte* von May Ayim, das 1986 das erste deutsche Buch war, das die Lebensgeschichte Schwarzer Frauen in Deutschland erzählte. Zugleich war es das erste Mal, dass jemand das Wort „afrodeutsch" schriftlich benutzt hat. Auch sehr interessant und wichtig für das Verständnis der deutschen Geschichte ist beispielsweise *Deutsch sein und schwarz dazu. Erinnerungen eines Afro-Deutschen* von Theodor Michael, der den Nationalsozialismus und ein Konzentrationslager überlebt hat. Zu empfehlen sind außerdem die autobiografischen Bücher *Schokoladenkind. Meine Familie und andere Wunder* von der Journalistin Abini Zöllner und *Feuerherz* von der Musikerin Senait Mehari. Zöllner ist in der DDR aufgewachsen und beschreibt mit Witz und Ironie, aber auch mit großer Präzision, wie sie und ihre Familie nicht wirklich dazu passen. Mehari ist in Eritrea geboren und hat ihre Kindheit erst im Waisenhaus und dann bei ihren Großeltern verbracht, weil ihr Vater vor der Armee fliehen musste und ihre Mutter sie ausgesetzt hat. Als ihr Vater sie zu sich holte, wurde sie von ihm nicht nur fast totgeschlagen, sondern auch als Kindersoldatin ausgebildet, bis ihr Onkel sie und ihre Schwestern zu sich in den Sudan holte. Nachdem der Vater jedoch nach Deutsch-

---

202 REIN THEORETISCH könnte man sich das als Schüler*in auch von der Lehrkraft wünschen, ich sags nur.

land emigriert war, folgten sie ihm, bis Mehari erneut vor ihm fliehen konnte – dieses Mal in ein Jugendwohnheim. Beide Geschichten sind herzzerreißend und erschreckend, aber wichtig für die Allgemeinbildung und die Erweiterung des eigenen Horizonts.

Langsam passiert was, und es wurde auch echt Zeit,[203] dass Bi_PoC Autor*innen die Belletristik aufmischen. Für große Furore hat da *The Hate U Give* von Angie Thomas in den USA und auch bei uns gesorgt. Riesen Plus: Ich finde, das kann man gut auf Deutsch oder auf Englisch im Unterricht lesen. Es ist ein Jugendbuch, die Sprache ist daher nicht zu schwer. In dem Roman geht es um die 16-jährige Starr, die zuschauen muss, wie ein Polizist ihren besten Sandkastenfreund ermordet – und wie das nicht nur scheinbar akzeptabel ist, sondern sich die Presse auch noch darauf stürzt, dass Starr Drogen verkauft haben soll, obwohl das mit der Tat gar nichts zu tun hatte. Und wir dürfen Starr dabei zuschauen, wie sie ihre Stimme findet, wie sie laut wird, wie sie ihren *weißen* Freundinnen und ihrem boyfriend klarmacht, dass sie ihre Privilegien checken sollen, und wie ihre Familie zusammenhält. Trotz der Brutalität ist das Buch zwischendrin auch sehr lustig. Da hat Angie Thomas safe einen Klassiker von morgen geschrieben. Ähnlich geht es mir mit *1000 Serpentinen Angst* von Olivia Wenzel. Die Protagonistin des Romans hat mehr Privilegien als alle anderen Familienmitglieder – und trotzdem muss sie ständig Angst haben. Als einzige Schwarze Frau im Theaterpublikum, wenn Neonazis an ihr vorbeigehen oder wenn Trump die Wahl gewinnt. Es ändert sich alles unglaublich schnell und trotzdem bleibt vieles gleich, genauso wie das Buch komisch ist und einen gleichzeitig zu Tränen rührt. Lebensrealitäten Schwarzer Menschen gehören einfach genauso in die Schule und in

---

203 Insert Lizzos *It's about damn time* here.

den Kanon wie die *weißer*, und da sind diese beiden Werke ganz klar große Empfehlungen.

Zwei Textsammlungen hätte ich noch im Angebot: Einmal *Schwarz wird großgeschrieben*, herausgegeben von Evein Obulor und dem RosaMag. Eine gelungene Mischung Schwarzer Autor*innen, auch queerer und trans* Menschen, aus Deutschland. Es geht um Ziele, Zukunftsvisionen, Träume – und um Raum für Schwarze Identitäten. Zum anderen *Encyclopaedia Almanica: Diese neue deutsche Enzyklopädie ist eine Verweigerung*, die von Amina Aziz herausgegeben wurde. Hier erzählen sechs Autor*innen von ihrem Alltag, von Migrationsgesellschaft, Freund*innenschaft, Depression, Rassismus und Feminismus – und alles das in Form von Twitter-Tweets.[204] Das ist alles nicht nur witzig und rüttelt an einem, es ist eine neue Art von Buch und genau das Richtige für unsere immer kürzer werdende Aufmerksamkeitsspanne. Danke, Internet.

Apropos Sammelband! Kien Nghi Ha hat auch einen herausgegeben, der heißt *Asiatische Deutsche Extended. Vietnamesische Diaspora and Beyond.* Darin wird am Beispiel der vietnamesischen Migration veranschaulicht, wie vielfältig das Leben in der deutschen Diaspora ist. Migration wird hier nicht nur als Problem begriffen, sondern als Potenzial. Dabei ist es formal mega divers gestaltet: Gesprächsrunden, Praxisberichte, Analysen, Fotoessays ... In dem Buch ist einfach komplett alles am Start. Damit ist es das erste Buch auf Deutsch über asiatisch-deutsche Menschen jemals – und kann so eine echt gute Basis bilden für Verständnis, Wissen und Forschung. Und, um noch kurz bei non-fiction zu bleiben: *Störgefühle. Über anti-asiatischen Rassismus* von Cathy Park Hong aus New York. Das Buch ist halb Biografie und halb Gesellschaftskritik und war sogar für den Pulit-

[204] Die eine Social-Media-App, die ich nicht habe, lol. Verpasse ich da was? Wahrscheinlich.

zer-Preis nominiert. Wir dürfen der Autorin dabei zusehen, wie sie als Tochter koreanischer Einwander*innen mit viel Scham, Misstrauen und Melancholie groß wird, bis sie entdeckt, dass diese „Störgefühle“ von Rassismus ausgelöst werden. Trotzdem schafft sie es, witzig zu sein. Komplett krass.

Auch Khuê Pham hat sich, wie sie selber sagt, literarisch an ihre Familiengeschichte angenähert, und zwar mit ihrem Roman *Wo auch immer ihr seid*. Darin geht es um die 30-jährige Kieu, die sich lieber Kim nennen lässt, weil das für ihre Freund*innen einfacher ist. Sie wünscht sich eine Familie, die einfach deutsch ist und es nicht erst werden muss. Für ihre Familienvergangenheit interessiert sie sich erst, als ihr Onkel, der seit seiner Flucht in Kalifornien lebt, die ganze Familie zusammentrommelt, um das Testament der Großmutter zu verlesen. Eine wahnsinnig interessante Familiengeschichte ist das – und holy shit, gibt es da plot twists, Kinder! Auch um eine tote Oma – was für eine Überleitung, fettes sorry – geht es in *Wovon wir träumen* von Lin Hierse. Im Zentrum des Romans steht eine deutsch-chinesische Familie, die Beziehung zwischen einer Mutter, die in Deutschland ein anderes Leben wollte, und einer Tochter, die ein anderes Leben will. Die beiden sind sich eigentlich sehr ähnlich, trotzdem gleichen sie sich überhaupt nicht. Okay, das war jetzt sehr vage, geb ich zu. Aber ihr werdet verstehen, was ich meine, wenn ihr es gelesen habt, ich verspreche es.

Die meisten dieser Werke sind, wie viele in diesem Teil des Buchs, relativ neu. Das ist einerseits super schön und andererseits super sad. Weil wir schon viel früher Geschichten von Bi_PoC Autor*innen hätten lesen sollen. Weil wir eigentlich keine Autobiografien, Textsammlungen und Romane brauchen sollten, um *weiße* Privilegien zu verstehen, von unserer Kolonialgeschichte zu erfahren oder rauszufinden, was Rassismus mit negativ

Betroffenen macht. Ich hätte das nicht alles erst Mitte 20 rausfinden dürfen, ich hätte das früher wissen müssen. Dazu gehört, dass ich es in der Schule hätte lernen müssen. In Geschichte und Sozialkunde, klar, aber genauso in Deutsch (oder Englisch). Mir hat als Jugendliche niemand erklärt, dass ich das N-Wort nicht zu benutzen habe. Dass auch benevolenter Rassismus Gewalt ist. Dass Rassismus nicht immer mit Absicht oder böswillig sein muss oder man automatisch ein Nazi ist, weil man rassistisch ist. Kurz: Ich wusste nicht, dass unser System von Grund auf rassistisch ist und Rassismus daher überall steckt. Weil es mir niemand erklärt hat – und das viel zu lange nicht. Und da sehe ich wirklich die Schule in der Pflicht. Jugendliche sollen als mündige Bürger*innen die Schule verlassen, also gehört es dazu, dass sie antirassistisch und rassismussensibel gebildet werden und das nicht erst selber über Instagram und das Internet nachholen müssen, wenn sie wollen – oder eben nicht, wenn sie nicht wollen. Das darf keine Option sein. Also rein in die Leselisten mit diesen und noch unendlich mehr Werken von Bi_PoC Autor*innen!

Klassenkampf im Bücherregal

So wirklich explizit gibt es Literatur aus der „Arbeiter*innenschicht" erst seit dem 19. Jahrhundert. Ich hoffe, ich habe nichts übersehen, aber aus früherer Zeit habe ich leider nicht wirklich etwas gefunden. Interessant wurden Themen wie Leben und Leiden von Arbeiter*innen nämlich erst im Naturalismus und im Realismus. Und das ist auch genau der Zeitpunkt, als diese mehr und mehr selbst schrieben und veröffentlichten. Zugleich hat sich eine wirkliche „Arbeiter*innenschicht" in Deutschland gebildet. Mit der Industrialisierung[205] gab es immer mehr Angestellte und Firmen, die immer größer wur-

[205] Mit der war Deutschland übrigens doll spät dran. Verschlafen können wir.

den – und das hatte zur Folge, dass die Arbeitsbedingungen immer schlechter wurden. Vorher war die arbeitende Gesellschaft eher in Familien- und Kleinbetrieben unterwegs, vor allem im Handwerk und in der Landwirtschaft. Das hat sich mit der Industrialisierung natürlich drastisch geändert: Auf einmal gab es fixe Arbeitszeiten, fixe Bezahlung und auch sowas wie erste Versicherungen und erste Gewerkschaften. Was aber natürlich einen großen Teil der Industrialisierung ausmacht, ist die unendliche Ausbeutung der Arbeiter*innen. Die konnte dann die Literatur nicht mehr ignorieren, nicht mal die deutsche, die sonst alles wegradiert bekommt.

Im Bürgerlichen Realismus ging es erstmal darum, die Welt real darzustellen, wer hätte das gedacht. Besonders wichtig war es dabei zum Beispiel, die Erzählstimme so unscheinbar wie möglich zu gestalten. Realismus heißt aber auch, sich auf die *reale* Welt zu konzentrieren – im Gegensatz zum Erzfeind des Realismus, der Romantik, in der ständig geträumt und verklärt wird. Das hassen wir jetzt im Realismus. Wissenschaft spielte eine große Rolle, genauso wie die Wirtschaft. Ein Problem, auf das die Autor*innen der Zeit schnell gestoßen sind: Eine objektive Realität gibt es gar nicht. Jede Person nimmt die Welt anders wahr, wie soll also irgendwas, das man schreibt, objektiv sein? Schwierig. Noch dazu interpretieren und deuten alle, die lesen, subjektiv für sich, was der Text darstellt. Probleme über Probleme also. Was für uns jetzt wirklich interessant wird, ist der Anspruch an die Literatur. Sie soll nämlich nicht mehr möglichst ausschweifend und „kunstvoll" – was immer das heißen soll – und ausgeschmückt sein, sondern genau das Gegenteil: Autor*innen sollen sich als Bürger*innen verstehen und, wie Kaufleute oder Handwerker*innen auch, einen nutzvollen Teil zur Gesellschaft beitragen. Und ihre Literatur soll das ganze Volk widerspiegeln und ansprechen, nicht nur Adel und reiche, hochgebildete Leute. Aus dieser Epoche kennen wir literarische Banger wie *Agnes Bernauer* von Friedrich Hebbel, *Woyzeck* von Georg Büchner und (leider) muss ich hier auch *Effi Briest* von Theodor Fontane erwähnen.[206]

Den Naturalismus haben wir in der Schule immer „Next-Level-Realismus" genannt, da ist nämlich alles ähnlich, aber nochmal ein bisschen verschärft. Hier soll Literatur quasi sein wie Wissenschaft: so neutral und objektiv, wie's geht. Hier kam der Bruch mit dem konservativen Bürgertum und seinen Ansichten. Im Naturalismus wurde endlich dahin geschaut, wo es wehtat. Familienideale und zum Beispiel die Stellung der Frau in der Gesellschaft wurden hier das erste Mal ausdrücklich angeprangert.[207] Es ging vor allem um Elend, ganz vor allem das Elend in den Großstädten, also: Arbeitslosigkeit, Wohnungsnot, Alkoholismus, Prostitution, Armut ... Alles, was bis dahin schön verdrängt wurde, rutschte jetzt in den Fokus der Literatur. Nix da schön umschreiben oder sich eine schöne Welt vorstellen: Hinschauen und sich verantwortlich fühlen war angesagt! Das hat sich auch sprachlich gezeigt. In Theaterstücken wurde dann beispielsweise absichtlich mit Dialekten und Sprachfehlern, aber auch mit Rülpsern auf der Bühne gearbeitet.

Der Naturalismus war nicht nur eine deutschsprachige Strömung, sondern eine europaweite: Europa war beherrscht von der Industriellen Revolution und allem, was mit ihr kam, aber auch von Urbanisierung (also einem massiven Wachstum der Städte) und insgesamt vom Imperialismus (also dem Fakt, dass Machthabende ihren Einfluss vergrößern und ihr Machtgebiet ausweiten wollten).[208] Heißt auch, dass die Bürger*innen in ganz Europa die gleichen Probleme hatten. Deshalb kommen einem, wenn jemand vom Naturalismus spricht oder wenn man dazu recherchiert, immer wieder

---

206 Das ist hier nur sehr grob, ne? Als Vorbereitung auf eine Klausur über den Realismus reicht das nicht.

207 In dem Zusammenhang ist auch *Aus guter Familie* von Gabriele Reuter entstanden. Mehr dazu im Kapitel über Literatur von Frauen!

208 Ein ganz großer Teil davon ist Kolonialismus!

Émile Zola aus Frankreich oder Giovanni Verga aus Italien unter, um nur zwei Beispiele zu nennen.

Interessant ist hier – und das habe ich in der Schule und an der Uni so nicht mitbekommen –, dass es gar keinen Zusammenhang zwischen den Schriftstellenden im Naturalismus und der Literatur der Arbeiter*innenbewegung gab. Es wirkt so, als stünden sie am gleichen Ende des Seils und würden sogar gemeinsam ziehen, doch das stimmt überhaupt nicht. Die Anführer*innen der Arbeiter*innenbewegung konnten mit der naturalistischen Literatur rein gar nichts anfangen, und Fans waren sie schon gar nicht. Und das ergibt komplett Sinn, wenn man sich die Schriftstellenden der Epoche so anschaut: Abgesehen davon, dass sie sich jetzt mit „niederen" Themen beschäftigen und sich sprachlich ein bisschen einfacher halten, hat sich nämlich nicht wirklich etwas verändert. Es schreiben immer noch meistens gut gebildete, reiche Männer – aber halt jetzt über Themen, die sie nur am Rande ihres Lebens mitbekommen und die sie selbst nie erlebt haben. Wieder wird über eine Menschengruppe geschrieben, anstatt Bestrebungen anzustellen, sie ihre eigenen Geschichten schreiben zu lassen. Gerhart Hauptmann zum Beispiel war Sohn eines Hotelbesitzers. Der Vater von Arno Holz[209] war Apotheker. Gabriele Reuter ist die Tochter eines internationalen Großkaufmanns. Das sind keine Arbeiter*innenkinder aus den „unteren Gesellschaftsschichten". Das heißt nicht, dass sie keine Probleme hatten, sondern nur, dass sie sich teilweise Probleme und Geschichten zu eigen gemacht haben, die nicht die ihren waren – richtiger Dauerbrenner in der Literatur! Es gab aber auch, und das eben zum ersten Mal, Autor*innen, die *wirklich* aus der „Arbeiter*innenschicht" kamen und aus eigener Erfahrung wussten, wovon sie schrei-

---

209 Das ist der Typ mit der Formel Kunst = Natur – X.

ben. Die sind und waren meistens, surprise surprise, deutlich weniger bekannt.[210] Wer hätte es gedacht?

Hermann Sudermann ist ein gutes Beispiel. Der war der Sohn eines Bauern und Bierbrauers und hat eine Apothekerlehre angefangen, die er aus gesundheitlichen Gründen abbrechen musste, und nur deswegen kam er ans Gymnasium und konnte in Königsberg studieren. Nebenher hat er als Hauslehrer gearbeitet, um sich das Studium überhaupt leisten zu können.[211] Was er an Prosa und Dramen geschrieben hat, kam leider nicht so gut an, deshalb hat er sein Studium abgebrochen und erstmal als Journalist gearbeitet. In Magazinen konnte er erste Erzählungen veröffentlichen – na gut, er war später auch Chefredakteur, aber trotzdem – und seinen Durchbruch als Dramatiker hatte er dann 1889 mit *Die Ehre* – ein kompletter Sensationserfolg war das. In dem Stück geht es darum, dass „Ober- und Unterschicht" nicht nur eine andere Wohnsituation haben und auch ansonsten ganz unterschiedlich leben, sondern dass sie eine komplett andere Vorstellung von Ehre haben (müssen). Es gibt in dem Buch ein Vorderhaus und ein Hinterhaus und – ach, ich will echt nicht zu viel spoilern, aber es ist richtig interessant und bisschen aufs Maul manchmal, lieb ich. Sudermann war jetzt natürlich kein Fabrikarbeiter, sondern hat studiert und alles, aber er wusste zumindest, worüber er schreibt, wenn es um die unterschiedlichen Schichten der Gesellschaft ging, weil seine Familie eben weder Geld noch Ansehen hatte. Wenn's also um naturalistische Werke geht, kann man statt *Bahnwärter Thiel* und *Papa Hamlet* (was beides komplette Banger sind, unbestritten) auch sehr gut *Die Ehre* lesen.

---

[210] In dem Buch über die Literaturepochen, mit dem ich fürs Staatsexamen gelernt hab, steht bei Naturalismus einfach nur Gerhart Hauptmann. Lol. NUR er. Als hätte es sonst niemanden gegeben.

[211] Nichts da die Eltern um Geld fragen wie Goethe und Lessing zum Beispiel.

In Bitterfeld haben sich 1959 Autor*innen getroffen, um zu diskutieren, wie Arbeiter*innen[212] aktiv geholfen werden kann, den Zugang zu Kunst und Kultur zu erleichtern. Die Lücke zwischen Kunst und Leben sollte geschlossen werden – und zwar mit dem Slogan „Greif zur Feder, Kumpel, die sozialistische Nationalkultur braucht dich!". Heute spricht man vom „Bitterfelder Weg". Aufgerufen hat dazu Walter Ulbricht, das war der Chef der SED (Sozialistische Einheitspartei Deutschlands). Zum einen ging es dabei darum, das Arbeitsleben literarisch zu behandeln, also zum Beispiel auch zu beschreiben, wie der Arbeitsalltag in einer Fabrik so ist. Zum anderen sollte aber gefördert werden, dass ebendiese Fabrikarbeiter*innen selber schriftstellerisch tätig werden. Künstler*innen sind daraufhin in Firmen und Fabriken gegangen, um Arbeiter*innen dabei zu unterstützen und sie zu fördern, selbst künstlerisch tätig zu werden. Und gleichzeitig wurden jene, die bereits Schriftstellende waren, selbst neu inspiriert dadurch und bekamen interessante Einblicke. Es wundert leider niemanden, dass die Werke über die Arbeiter*innen erfolgreicher waren als die *von* ihnen. Aber umsonst war das alles auf keinen Fall. In der ganzen DDR bildeten sich hunderte Schriftsteller*innenzirkel, immer mehr Anthologien mit Arbeiter*innen-Literatur kamen in die Buchhandlungen ... Und trotzdem fanden viele die Bewegung ein bisschen lächerlich oder duldeten sie nur – Klassismus lässt grüßen! Die Tagung fand nur zwei Mal statt, 1965 wurde der Bitterfelder Weg aufgegeben.

1961, also ungefähr zur gleichen Zeit, hat sich in Dortmund dann die „Gruppe 61" gegründet, die sich zur Aufgabe gemacht hat, sich künstlerisch mit der Arbeitswelt und deren Problemen auseinanderzusetzen. Maßgeblich

[212] Hier bin ich mal ein bisschen optimistisch und gehe davon aus, dass nicht nur Männer dabei waren. Eine Liste der Beteiligten habe ich aber nirgends gefunden.

beteiligt waren vor allem Fritz Hüser (ein Bibliotheksdirektor), Max von der Grün (ein Schriftsteller) und Walter Köpping (ein Gewerkschafter). Die Gruppe wollte also Arbeiter*innen, die geschrieben haben, mit Lektor*innen und Journalist*innen in der BRD zusammenbringen, um ihre Werke herauszubringen und sie einem breiten Publikum zugänglich und damit bekannt zu machen. Sie haben zum Beispiel den Sammelband *Aus der Welt der Arbeit – Almanach der Gruppe 61 und ihrer* Gäste herausgebracht, in dem um die 30 Autor*innen aus allen literarischen Sparten vertreten sind. Also gilt schon mal keine Entschuldigung mehr, gar nichts von Arbeiter*innen zu lesen, weil um Kurzgeschichten und Gedichte kommt man wohl kaum rum in der Schule.

Besonders zu erwähnen ist hier der *Paulus Verlag Recklinghausen*, der die Gruppe 61 sehr gefördert und zum Beispiel auch den Roman *Irrlicht und Feuer* von Max von der Grün veröffentlicht hat. Der Max klingt zwar nach Adel, war sicher irgendwann mal so, aber seine Mutter war Porzellanarbeiterin und sein Vater Schuhmacher. Weil sein Vater Zeuge Jehovas war, wurde er 1938 deportiert und Max von der Grün durfte das Gymnasium nicht mehr besuchen. Also ließ er sich zum Kaufmann ausbilden. Im Zweiten Weltkrieg war er drei Jahre in Kriegsgefangenschaft und schuftete in den verschiedensten Berufen, bis ihn die Arbeitslosigkeit in das Ruhrgebiet führte, wo er dann im Bergwerk arbeitete. Zwei Jahre nachdem er die Gruppe 61 mitgegründet hatte, erschien sein oben genannter Roman (sein zweiter zu diesem Zeitpunkt) und war ein riesiger Skandal. Von der Grün hat darin nämlich die Bergarbeit so dargestellt, wie sie wirklich war: lebensgefährlich. Er ist selber zweimal verschüttet worden und musste nach einem weiteren Unfall zum Grubenlokomotivführer umgeschult werden. Und von diesen Erlebnissen und den täglichen Risiken im Bergwerk handelt *Irrlicht* *und Feuer*. Der Protagonist ist Jürgen Fohrmann, der (wie von der Grün) Hauer[213] ist. Es geht im Buch auch um einen tödlichen Betriebsunfall und wie schlecht die Arbeitsbedingungen insgesamt sind. Das ist natürlich direkte Kritik an Arbeitgeber*innen und hat dazu geführt, dass von der Grün entlassen wurde. Ab da lebte er als freier Schriftsteller und veröffentlichte wirklich einen ganzen Haufen Werke: Romane, Erzählungen, Reportagen, Hörspiele und Theaterstücke. Auch im *Paulus Verlag* sind zum Beispiel *Der Honigkotten* von Bruno Gluchowski und *Krupp & Krause* von Karl Heinrich Helms erschienen.[214]

Was hier noch erwähnt werden muss, ist die ganz frisch, 2021, erschienene Anthologie *Klasse und Kampf*, in der 14 Autor*innen in Essays „über Herkunft und Scham, über Privilegien und strukturelle Diskriminierung, über den Aufstieg und das Unwohlsein im neuen Milieu" schreiben. Einer der Herausgeber*innen, Christian Baron, hat 2020 den Roman *Ein Mann seiner Klasse* verfasst, der autobiographisch ist. Darin verarbeitet er seine Kindheit an der Armutsgrenze, die Alkoholsucht und die häusliche Gewalt seines Vaters und die Depression seiner Mutter. Beide Werke tun beim Lesen oft weh und das ist gut so. Das muss sogar so. Immer wieder wünscht man sich, alles wäre nur Fiktion – ist es aber eben nicht. Und ich zumindest musste mich sehr oft an der eigenen, privilegierten Nase packen.

Die „Arbeiter*innenschicht" und Klassismus allgemein sind also immer noch nicht in der Mitte der deutschen Literatur angekommen, überhaupt nicht. Ganz besonders nicht die Autor*innen, die selbst entsprechende Lebenserfahrungen gemacht haben. Umso mehr ein Grund, auf

---

213 Den Beruf kann man wörtlich nehmen. Also das sind die Leute, die das Gestein raushauen.

214 Believe me, ich hab nach Frauen gesucht, echt, aber ich hab einfach keine gefunden, so sorry. Pls @ me, wenn ihr eine aus dem Verlag kennt

die Werke, die es gibt, besonderes Augenmerk zu legen und nicht nur kurz zu erwähnen, dass die Industrialisierung nicht für alle super geil war.

Es geht auch ohne Buch

Langsam, aber sicher kommen die, die Lehrpläne machen, dahinter, dass nicht nur Bücher Literatur sein können. In Bayern darf man zum Beispiel eine Ganzschrift in der Oberstufe durch eine Graphic Novel oder einen Film ersetzen – wow, hallo Fortschritt! Widmen wir uns doch deswegen auch nochmal den Non-book-Alternativen zu Dramen und Romanen, weil hui, da haben wir einiges: Podcasts, Liedtexte, Poetry-Slam-Texte,[215] Musikvideos, Comics, YouTube-Videos, Comedy-Bits, (Kurz-)Filme, Graphic Novels ... Die Liste ist quasi unendlich. Voraussetzung ist eigentlich nur, dass man irgendeine Form von niedergeschriebenem Text hat, weil man sich sonst einfach schwertut mit der Analyse. Aber zu vielen Podcasts gibt es Skripte, Videos haben Untertitel, die Texte von Liedern kann man googeln und Filme haben Drehbücher – also irgendwas findet sich schon. Auch die Poetry-Slam-Texte sind oft in Anthologien oder man kann den Autor*innen einfach schreiben und sie schicken einem den Text vielleicht, bei Comedy-Bits genauso.

Bei all diesen Formen von Literatur verhält es sich ganz ähnlich wie bei neueren schriftlichen Werken: Sie werden selten im Unterricht eingesetzt. Oder es gibt wieder *ein* Werk, das dann alle komplett cool finden, und dann ist es *das* „neue" top Werk für die Schule – für die nächsten 20 Jahre. Und der Grund dafür ist wieder derselbe: Neues in den Lehrplan einzuarbeiten ist halt kompliziert und aufwändig. Je neuer das Medium ist, desto geringer die Chance, dass die Lehr-

---

[215] Wenn ich übrigens noch ein Mal irgendwo lesen muss, dass im Unterricht „Poetry Slams" gelesen/geschrieben werden, schreie ich. Poetry Slam ist die Veranstaltung, Kids. Da liest man Texte vor.

kraft einen Plan davon hat. Dabei würde sich zum Beispiel eine Gedichtanalyse mit Lied-, Rap- oder gereimten Poetry-Slam-Texten so dermaßen gut anbieten, dass es einem fast ins Gesicht springt. Ich fände es sogar sinnvoll, die Analysewerkzeuge erstmal an aktuellen Werken zu üben, bevor man sich an ältere Texte heranwagt. Wir leben schließlich alle im Jetzt und können so den kulturellen Kontext leichter einschätzen als den reicher Männer um 1700. TikTok ist zum Beispiel jedes Mal komplett voll mit Gedichtanalysen, wenn Taylor Swift ein neues Album rausbringt. Wen ihrer Ex-Boyfriends meint sie mit welchem Lied? Ist sie jetzt bi oder nicht?[216] Wo the fuck ist der rote Schal von damals? Das alles wird aus Lyrics rausgelesen, reininterpretiert und in Zusammenhang gesetzt – und friends, das ist eine Gedichtanalyse, nichts anderes. Rap-Texte haben mega interessante Reimschemen und Rhythmen, bei Musikvideos kann man gut untersuchen, wie Texte visuell unterstützt werden oder wie vielleicht das Bild genau das Gegenteil vom Text erzählt. Da brauche ich nicht mal spezielle Texte empfehlen, weil sich einfach wirklich alles eignet.

Das ist jetzt vielleicht ein kleiner Stretch, aber ich bin der festen Überzeugung, dass man mit YouTube-Videos, im Speziellen mit Apology-Videos, wunderbar Argumentationsstrukturen analysieren kann. Mal ganz abgesehen davon, dass zum Beispiel Make-up-Tutorials auch nur Anleitungen sind – und die stehen im Lehrplan, nur mal so am Rande. Man muss vom James-Charles-Tati-Jeffree-Star-Drama nicht mal was mitbekommen haben oder wissen, wer Shane Dawson ist, um auch nur eins der Statement-Videos nicht durchanalysieren zu können. Dabei macht es komplett Spaß, sich einzufuchsen und zu schauen, wie hier die gleichen Dinge aus verschiedenen Perspektiven erzählt werden, und zwar immer so, dass die erzählende Person gut dasteht, klar. Ich pinkle mir schon fast in die

---

216 Ich bin Team Gaylor, obviously.

Hose vor Lachen, wenn ich höre: „I never thought I would have to make this video, this person was like family to me."[217] Nie liegen Wahrheit und Fiktion näher zusammen, als wenn Menschen sich rechtfertigen wollen, vertraut mir. Plus hätte hier die Klasse inhaltlich einen Vorsprung zur Lehrperson und das find ich manchmal super. Weil: Alle lieben es, mehr zu wissen als das Gegenüber, vor allem wenn das Gegenüber eigentlich die Machtposition hat. Das gibt Selbstvertrauen und das ist manchmal unbezahlbar. Eine Klasse hat schließlich niemals so viel Spaß, wie wenn die Technik nicht funktioniert und die Schüler*innen der Lehrkraft erklären können, wie die Technik nochmal genau funktioniert und wie man das Bild spiegeln kann. Also ruhig mal ran an Themen, wo man sich selber nicht ganz genau auskennt und die Schüler*innen erklären lassen! Kann nur riesiger Spaß für alle werden.

Performte Texte, wie Live-Auftritte oder Slam-Texte, zu analysieren kann super spannend sein. Langsam kommen die im Lehrplan an, allerdings find ich es ein bisschen unsinnig, nur die schriftliche Version zu analysieren. Poetry-Slam-Texte sind Bühnentexte, sie sollten wirklich unbedingt mit der Performance analysiert werden, so sind die nämlich gedacht. Meine Bühnentexte sind zum Beispiel gelesen überhaupt nicht funny, finde ich. Bei mir ist mindestens die Hälfte des Humors mein Körper, mein Gesicht und komische Geräusche, die ich mache. Das ist aber bei allen Texten ganz unterschiedlich – und deshalb super zum Analysieren. Was macht einen Text denn witzig? Was macht der Rhythmus? Welche Rolle spielt der Reim? Was tut das Gesicht dabei, das Textblatt (falls vorhanden), wie baut der Text Stimmung auf, wird das Publikum angesprochen? Die

---

217 Es gibt sicher auch deutsche Videos in dem Stil, da kennt ihr euch bestimmt besser aus als ich.

Möglichkeiten sind unendlich. Slam-Texte sind mega divers – und das in jeder Hinsicht. Es gibt Texte von allerhand verschiedenen Leuten zu allerhand verschiedenen Themen in allerhand verschiedenen Formen. Die Chancen stehen also gut, dass man im Internet zu einem bestimmten Thema einen passenden Slam-Text finden kann.

Besonders bei Texten aus „neuen" Medien ist es super ratsam, die Klasse entscheiden zu lassen, was sie interessiert, finde ich. Einfacher kriegt man junge Leute nicht an Literaturanalyse ran, als wenn sie eh schon Fans der Texte sind. Natürlich ist es riskant, als Lehrkraft zu sagen: „Gut, bei dem Thema kennt ihr euch besser aus, erklärt mal!" Trotzdem hat die Lehrkraft immer noch alles theoretische Wissen zur Analyse und Interpretation gepachtet – und das ist ja schließlich auf alle Texte anwendbar. Wenn also die Jugendlichen sich in Menschen von vor 300 Jahren hineindenken müssen, dann können sich die Erwachsenen auch ruhig mal in die Jugendlichen aus dem Hier und Jetzt hineindenken. Deren Lebensrealität hat nämlich genauso viel Beachtung verdient wie die klassischer Autor*innen. Moderne Texte sind eine riesige Chance, um exakt diese Lebensrealitäten in den Unterricht zu bringen und damit ernst zu nehmen. Wenn wir lesen müssen, was den jungen Goethe so aufgeregt hat und was der junge Schiller für Probleme hatte, können wir auch ruhig mal ins eigene Klassenzimmer schauen und in den eigenen heutigen kulturellen Kontext.

Also ran an die Songtexte und Musikvideos, an die Poetry-Slam-Texte und Auftrittsvideos, an die Story-Times und YouTube-Videos, an den neuen stuff und an Themen, die Erwachsene vielleicht auf den ersten Blick nicht so sehr interessieren oder mehr im Internet als in der Tagesschau zu Hause sind.

Okay, aber was, wenn du trotzdem die alten *weißen* Männer lesen musst?

Wir haben also weitaus mehr und diversere Werke zur Verfügung, als der Schulkanon vermuten lässt. Natürlich geht es bei Klassikern viel um Form und Sprachkunst, ihr Wirken und die zeitüberdauernde Rezeption, seh ich alles ein. Aber ich finde, wir müssen uns schon auch den Inhalt anschauen und überlegen, ob es wirklich zu verantworten ist, dass jugendliche Mädchen und Jugendliche allgemein eine Geschichte lesen *müssen*, in der ein Mann darüber schreibt, wie eine Frau gezwungen wird, ihren Vergewaltiger zu heiraten (*Die Marquise von O. …*), und alle dabei zusehen und das gut finden.[218] Oder die Geschichte einer Frau, die minderjährig verheiratet wird, ihr ganzes Leben todunglücklich ist und die zum Schluss mit grade Mitte 30 komplett enteignet und ehrlos stirbt, nur weil sie ihren Mann betrogen hat (*Effi Briest*) – auch das offenbar völlig zu Recht. Und da braucht mir jetzt niemand mit „das war halt damals so" kommen, weil das erstens oft nicht stimmt und zweitens kein Argument ist, wenn's auch andere Werke gibt, die man bedenkenlos und meist mit viel mehr Gewinn lesen könnte.

Jetzt werde ich eine These aufstellen, wegen der ich vielleicht bald „Teresa Cancel Culture Reichl" genannt werde: Die Werke, in denen Frauen nicht gut wegkommen, sind die größten Klassiker und das ist Absicht. Denn es kann einfach kein Zufall sein, dass genau diese Werke noch so viel mehr als andere gelesen werden, wenn alle gleich gut in den Lehrplan passen oder sogar vom selben Autor sind. Zum Beispiel: Lessing. Ich liebe Lessing, ich hatte ein ganzes Seminar zu Lessing. Im Rahmen seiner Möglichkeiten ist er ein guter Typ, find ich. Großartiger

---

[218] Es wird sogar oft behauptet, die Marquise hätte sich am Schluss in ihren Vergewaltiger verliebt, da rollen sich meine Zehennägel auf, ich sags euch.

Schriftsteller und Denker sowieso. Lessing hat gern Dramen geschrieben, die mit Frauennamen betitelt sind und in denen Frauen die „Hauptrolle" spielen. Das berühmteste von allen? *Emilia Galotti*. Emilia, die Titelheldin, taucht in ihrem eigenen Stück genau sechsmal auf. SECHSMAL. Sie hat quasi keine Charaktereigenschaften, außer dass sie schön und fromm ist, und eigene Meinung hat sie auch keine. Sie ist kein eigenständiger Charakter, sie ist ein Typ. Sie ist nicht auserzählt, macht keine Entwicklung durch. Bevor sie die erste Entscheidung ihres ganzen Lebens treffen muss, wird sie umgebracht aus Panik, sie könnte sich falsch entscheiden. Und diese Geschichte lesen wir immer und immer wieder in Schulen und in der Uni. Lessing hat aber auch zum Beispiel *Miss Sara Sampson* geschrieben, 20 Jahre davor. Das ist genauso ein bürgerliches Trauerspiel, genauso eine Liebesgeschichte, genauso ein Werk der Aufklärung und Empfindsamkeit. Mit dem Unterschied, dass Sara kein Typ, sondern eine vollständige Figur ist. Sara denkt, Sara trifft eigene Entscheidungen und hat eine eigene Meinung – gut, sie stirbt zum Schluss trotzdem, doch es ist ja auch ein Trauerspiel. Versteht ihr, was ich meine? Ich unterstelle da nicht mal böse Absichten im Sinne von „Ha, geil, ja, lass das Stück lesen, in dem die Frau nicht denkt, lieben wir", aber es ist mindestens Ignoranz. Es ist mindestens so, dass niemand mit der Wimper zuckt, wenn Frauenfiguren deutlich schlechter wegkommen als männliche. Und das immer und immer wieder.

Wir müssen also einen Weg finden, strukturelle Probleme in der klassischen Literatur sichtbarer zu machen. Wir müssen benennen, wann[219] ein Werk sexistisch, rassistisch, ableistisch, klassistisch oder sonst wie diskriminierend ist. „Damals war das eben so" hilft niemandem weiter. Warum war das damals so? War es wirklich so oder

---

[219] Ich wollte eigentlich „wenn" schreiben, aber lol, es sind einfach alle Werke betroffen.

war der Autor vielleicht ein Arsch? *Wieso* ist das Frauenbild, die Sicht auf die „Arbeiter*innenklasse“ und auf Menschen mit Behinderung oder Bi_PoC so? Wir müssen wirklich lernen, Klassiker feministisch(er) zu lesen und zu interpretieren. Um damit gleich loszulegen, mache ich das am Beispiel *Emilia Galotti* mal vor. Das ist übrigens der größte Liebesbeweis von mir für euch. Also los:

Emilia Galotti von Lessing ist einer der Überklassiker schlechthin. Ich hab schon erwähnt, dass ich das nur so mittel gut finde, aber wenn man die Willkürherrschaft behandeln will and all that jazz, ergibt das Buch in der zehnten Klasse schon Sinn,[220] gebe ich zu. Und, das muss man Lessing einfach lassen: Natürlich ist es krass gut geschrieben. Man kann den Prinzen ab der ersten Szene leidenschaftlich hassen – macht mega Spaß –, nur seine Titelfigur auszuarbeiten, hat er leider vercheckt. Ich habe auch extra nochmal meine Schulsachen aus der Zehnten gesucht und mir angeschaut, was wir da so behandelt haben.[221] Angefangen haben wir, ganz klassisch,[222] mit der Dramentheorie von Gottsched (natürlich die von Herrn Gottsched, nicht Frau Gottsched!). Top, das ist wichtig für das Drama der Aufklärung und um zu verstehen, was damals mit den Stücken erreicht werden sollte. *Eleos et phobos,* also Furcht und Mitleid, alles klar. Dann haben wir uns die einzelnen Figuren angeschaut. Emilia: 15, reiche Bürgerliche, gläubig und fromm, Gefühlsmensch, ist vom Prinzen verwirrt und angetan und will ihm nicht verfallen; außerdem denkt sie, sie sei tatsächlich in Appiani verliebt. Na gut. Ihr gegenüber der Prinz: ungefähr 30 und entzückt von Emilias Aussehen,[223] Gefühlsmensch und hat indirekt Schuld

[220] Also ich hab's in der zehnten Klasse gelesen.

[221] Nochmal: Nur Liebe für meine Deutschlehrerin, ich will sie auf keinen Fall persönlich kritisieren, ich kritisiere das System.

[222] Lol.

[223] Ew an der Stelle.

an ein paar Morden, ups. Auch interessant finde ich noch Gräfin Orsina, das ist die Ex-Geliebte vom Prinzen,[224] die wir als Verstandsmenschen betitelt haben. Sie will als denkende Frau anerkannt werden, wird aber nicht wirklich ernst genommen. Findet ihr nicht auch, dass einem da der Feminismus direkt ins Gesicht springt?!

Ich weiß noch, dass wir gelesen[225] und anschließend diskutiert haben: Der Prinz kann machen, was er will, klar kann er das, er ist der Prinz (und ein Arschloch). Emilias Vater hasst den Prinzen genau deswegen. Orsina ist eigentlich ausgefuchster als alle, aber sie ist halt „nur" eine eifersüchtige Frau, mit der Schluss gemacht wurde und die dafür Emilia hasst und Marinelli, den Diener des Prinzen. Der ist *noch* gerissener als alle anderen und eigentlich auch an allem schuld. Wir haben diskutiert, ob Emilia jetzt mit dem Prinzen vögeln soll oder nicht, inwieweit der Vater sich da einzumischen hat, ob jetzt der Prinz oder sein Diener böser ist und ob jemand Orsina wegsperren sollte. Kein Wort darüber, wie unterdrückt Emilia ist (weil sie eine Frau ist), kein Wort über die (*weiße*) Vorherrschaft egal welchen Mannes in dem Stück[226] und – was mich jetzt am meisten wütend macht – kein Wort darüber, dass hier ein Mann über eine Frau schreibt.

Wir haben teilweise über vorherrschende Frauenbilder gesprochen und darüber, dass vieles „damals halt einfach so war". Wie zum Beispiel, dass 15-jährige Mädchen einfach an 30-jährige Männer verheiratet wurden. Ich kann mich nicht erinnern, dass auch nur ein

---

[224] Das erfährt Emilia übrigens nur aus zweiter Hand, weil der Prinz ein fucking Waschlappen ist.

[225] Zumindest *sollten* wir es lesen. Ich meine mich zu erinnern, dass ich bei uns in der Gruppe die Einzige war, die es tatsächlich gelesen hat.

[226] Außer Graf Appiani, der arme Tropf, der einfach nur vorkommt, damit man ihn umbringen kann im ersten Akt.

einziges Mal betont wurde, dass hier eben ein Mann über eine Frau schreibt. Das sagt nämlich viel über das Frauenbild der damaligen Zeit aus, aber auch über das Frauenbild des Autors. Da ist *Maria Stuart* von Schiller ein schönes Beispiel, finde ich. Eine Tragödie über die damals mächtigste Frau der Welt, Elisabeth, und noch eine sehr mächtige Frau, Maria – und was hat Schiller, der alte Frauenfeind, daraus gemacht? Einen Zickenkrieg. Eine Geschichte darüber, wer hier in wen verliebt und wer deswegen auf wen eifersüchtig ist. Wären es zwei Könige, wäre das Stück ein reines Schachspiel geworden: geplante Züge, wer hat wie viel Macht und kann wen hinters Licht führen, wer hat die bessere Taktik? Weil es aber Frauen sind, ist es ein Stück über Konkurrenz zwischen Frauen und versteckte Liebesgeschichten geworden. Logo.

Eigentlich ist mein Punkt wieder der gleiche: Es muss einfach eine Rolle spielen, wer hier aus welcher Perspektive über wen schreibt. Denn – das behaupte ich jetzt einfach mal frech, sagt gern Bescheid, wenn ihr mir das Gegenteil beweisen könnt: Alle Autor*innen, zumindest die der Vergangenheit, auf jeden Fall aber die klassischen, sind auf irgendeine Art sexistisch, rassistisch, ableistisch, queerfeindlich oder klassistisch. Wenn nicht alle, dann die allermeisten davon. Und wir müssen das erkennen und benennen, um uns dafür zu sensibilisieren. Wenn wir also schon nicht alle aus einer unterdrückten Perspektive heraus lesen, können, nein müssen wir zumindest die Unterdrückung herauslesen, finde ich. Nur, weil nämlich zum Beispiel Lessing denkt, Emilias größtes Problem wäre ihr Ansehen und ihre Frömmigkeit und ihre Tugend und der ganze andere langweilige Quatsch, spiegelt das zwar sehr schön wider, was man so von 15-jährigen Mädchen (ich sage mit Absicht nicht Frau, übrigens) gehalten hat in der Aufklärung[227], was man aber denken *soll* und was man *wirklich* denkt, sind sehr oft zwei verschiedene Dinge.[228]

Ich weiß, dass man den Text von der Person, die ihn geschrieben hat, trennen soll. Dass es idealerweise egal ist, wer den Text geschrieben hat – aber das ist es eben leider nicht. Wenn Männer über Frauen schreiben, schreiben sie so, wie sie sich Frauen und deren Realität *vorstellen*. *Weiße* schreiben, wie sie sich Schwarze Personen, indigene Personen oder People of Colour *vorstellen*. Menschen ohne Behinderung schreiben, wie sie sich Menschen mit Behinderung *vorstellen* – und immer so weiter. Wenn wir uns aber mit dieser Vorstellung begnügen müssen, weil es vielleicht wirklich gerade kein anderes Werk gibt, müssen wir die Vorstellung als solche benennen und in der entsprechenden Epoche, im Kontext des Textes festmachen. Nur so können wir verstehen, wo diese Vorstellungen herkommen, wie sie so gefestigt werden konnten (Spoiler: eben viel durch Literatur) und wieso sie so gefährlich sind.

Was es braucht, ist das genaue Gegenteil von „Mei, das war halt damals so". Wir brauchen ein „und deshalb ist xy heute immer noch so". Ein „und das zeigt, wieso xy in Deutschland so ein Problem ist". Literatur kann das. Klassiker können das. Wir können darüber diskutieren, wieso Effi und Gretchen auf keinen Fall selbst schuld an ihrem Schicksal sind, obwohl Fontane und Goethe das fanden. Darüber, wieso der Prinz in *Emilia Galotti* im doppelten Sinne (als Mann und Prinz) machen kann, was er will. Darüber, wieso Iphigenie keinerlei Weiblichkeit zeigen darf, weil Goethe in seinem Schädel Weiblichkeit und Intelli-

227 Die Aufklärung war übrigens für Frauen ein kompletter Rückschritt. Danke, Kant und Hegel, auch dafür.

228 Das haben wir ja auch beim Vergleich von *Effi Briest* und *Aus guter Familie* schon gemerkt.

genz nicht zusammenbrachte. Darüber, wieso Marie aus *Woyzeck* vielleicht auch nicht das mega Arschloch ist, für das sie die meisten halten, sondern dass sie einfach sich und ihr Kind schützen will. Wieso Nathan antisemitisch dargestellt ist, obwohl er der Held ist und Lessing eigentlich genau mit dem Werk beweisen wollte, wie tolerant er ist. Wieso Thomas Mann überall als hetero Typ dargestellt wird, obwohl er das ganz offensichtlich nicht war und kein Geheimnis daraus gemacht hat. Wieso in all den Werken keine Schwarzen Personen, indigenen Menschen oder People of Colour vorkommen und die Gesellschaft immer als so homogen, also einheitlich, beschrieben wird, obwohl sie das doch nie war. Und so weiter und so fort etc. pp.

Wir haben nicht immer alle Perspektiven zur Hand im deutschen Literaturkanon. Das sollte uns aber wirklich, wirklich, *wirklich* nicht daran hindern, sie trotzdem mitzudenken. Das kriegen wir doch hin, oder?

Also nochmal zusammengefasst

Wenn ich Leuten von diesem Buch erzählt habe, kamen meistens zwei verschiedene Reaktionen.[229] Entweder: „Na ja, da wirst du lange suchen können, manchmal gibt es halt einfach nichts." Oder: „Also komm, da hat sich mittlerweile doch echt schon einiges getan. Das geht doch irgendwann von selber, aber es braucht eben seine Zeit." Jetzt, am Ende des Buches, will ich mit allem, was ich recherchiert, hundertfach durchdacht und zusammengetragen habe, behaupten: Beides stimmt nicht.

Ich bin der festen Überzeugung, dass es alles gibt in der Literatur. Dass wir Literatur aus allen Zeiten und Epochen, Kontinenten und Sprachen und aus allen unterdrückten Gruppen und Minderheiten haben. Heißt das, dass wir das alles problemlos beschaffen und lesen können? Nein, natürlich nicht. Aber schauen wir doch nochmal kurz darauf, was ich alles im Zuge meiner Recherchen finden konnte: Schriften eines Schwarzen Autors aus der Aufklärung, queere Dramen von Frauen aus dem Mittelalter, spannende Pseudonyme, wiederentdeckte Werke, gestohlene Schriftstücke, verloren geglaubte Briefe und Tagebücher, anonym veröffentlichte Werke, die man doch noch zuordnen konnte ... Und das, obwohl ich weder Professorin an der Uni noch die Überexpertin in einem der behandelten Fachgebiete bin. Ich bin einfach ein Literaturnerd, der ein bisschen zu gern in die Schule gegangen ist und ein bisschen zu motiviert Germanistik studiert hat.[230] Also überlegt mal, was es da alles noch zu finden gibt, wenn wir weitersuchen! Wenn Leuten und entsprechenden Institutionen endlich mehr Geld und Raum gege-

[229] Okay, meistens kam zuerst ein „Oha. Okay?".

[230] Und jetzt ein bisschen Geld bekommen hat, um das alles für euch zu recherchieren.

ben wird, damit sie danach suchen können. Da ist natürlich auch ganz viel dabei, das nicht für die Öffentlichkeit bestimmt ist und was wir weder finden sollen noch werden. Aber es gibt hundert Pro zig Werke, die irgendwo in irgendeinem Keller liegen oder in irgendeiner Privatbibliothek. Die verdrängt oder gar nicht erst herausgebracht wurden. Und die gilt es zu finden! Es ist nur förderlich für alle, wenn unser Kanon so divers wie möglich wird. Damit irgendwann nicht nur die Werke über bestimmte Gesellschaftsgruppen *aus* ebendieser Gruppe kommen, sondern alles wie zufällig ausgeglichen und divers, intersektional und diskriminierungssensibel ist.

Damit kommen wir zum zweiten Punkt: „Das wird doch alles schon viel besser." Klar wird es das. Wäre auch *wirklich* schlimm, wenn wir immer noch Zustände wie im 16. Jahrhundert hätten. Jedes „es ist doch schon viel besser" klingt für mich aber wie ein „du übertreibst ein bisschen" und jedes „das passiert irgendwann von selber" ist ein Schlag ins Gesicht für alle Wissenschaftler*innen und engagierten Leute, die uns bis hierher gebracht haben. Das ist alles nicht einfach so passiert und „mit der Zeit" gekommen. Es war harte, oft unbezahlte, weil für nicht wichtig befundene Arbeit. Weil eben immer noch alles eine „Nische" ist, was nicht *weiß*, cis, hetero, männlich, christlich, nicht-behindert und aus der „Oberschicht" ist. Das heißt, dass auch Menschen aus „Nischen" – also meistens negativ Betroffene der jeweiligen Diskriminierung – erforschen müssen, was sonst niemanden interessiert. Frauen erforschen Frauen. Queere Leute erforschen queere Leute. Bi_PoC erforschen Bi_PoC. Und so weiter und so fort. Natürlich ist das gut, natürlich soll geforscht werden, aber alle diese „Nischen" sind eben keine. Sie gehören in die Gesellschaftsmitte. Sie gehören in die Einführungsvorlesungen und in die Literaturgeschichtsbücher. Sie gehören in sämtliche Bücherregale, auf Leselisten und in den Schulkanon. Es reicht nicht, dass marginalisierte Menschen sich selbst erforschen – und zwar auch nur, wenn sie es sich leisten können und die dafür nötigen Zugänge haben. Wir alle müssen uns für uns alle interessieren und einsetzen. Dafür brauchen wir die *weißen,* cis, hetero, christlichen, nicht-behinderten Männer aus der „Oberschicht" und alle Menschen in Machtpositionen. Heißt: Lehrkräfte, Direktor*innen, Dozierende, Lehrstuhlinhaber*innen, die Gremien, die über die Abiturlektüren entscheiden, die, die die Deutschbücher entwickeln, die Verlage, die Bibliotheken … Ihr seid es, denen zugehört wird. Ihr entscheidet. Ihr könnt dafür sorgen, dass unser Kanon die komplette Gesellschaft widerspiegelt, und das sollte euch verdammt nochmal ein Bedürfnis sein. Da wird niemandem etwas weggenommen,[231] sondern es wird ergänzt, was bitter nötig und überfällig ist. Damit alle gesehen werden – damit sich alle gesehen fühlen können. Weil das doch das Wunderbarste ist, was Literatur kann.

Und das ist auch eigentlich alles, was ich mit diesem Buch will: beweisen, dass es Geschichten von und über uns alle gibt. Dass wir alle wichtig genug sind, um gesehen und gelesen zu werden. Dass wir es alle verdient haben, dass man sich in unsere Lage und unsere Perspektive hineinversetzt, mit uns mitfühlt und mitleidet und uns sieht. Mit all unseren struggles und anderen unsichtbaren Problemen, mit unserem Alltag und unseren Besonderheiten, mit unseren Beziehungen und Gefühlen, mit unserer Langeweile und unseren Aha-Momenten. Ich klinge jetzt wie eine Seite aus einem Poesie-Album, das check ich schon selber, keine Sorge. Aber Literatur ist so geil, auch klassische. Literatur hat mir so viel gegeben und mir so viel Leid erspart, weil ich von Leuten gelesen habe, denen es ging wie mir.[232] Und ich will genau das für alle, weil es

---

231 Außer denen, die selber gestohlen haben, und wir finden es jetzt raus!

232 Privat natürlich, nicht die Schullektüren lol.

für mich lebensnotwendig war und ist. Auch das habe ich schon ein paar Mal hier geschrieben, aber ich meine es komplett ernst: Wenn ihr Ergänzungen habt, schreibt mir bitte! Der Kanon soll immer größer und bunter und geiler werden und ihr alle zusammen wisst mehr als ich allein.[233]

Irgendwie wünsche ich mir, dass ich so ein Buch alle zehn Jahre oder so rausbringen kann, weil sich in Zukunft so viel getan haben wird, dass es regelmäßig ein neues Buch von dieser Sorte braucht. Weil wieder so viel ausgegraben und erforscht, so viel zum Kanon hinzugefügt wurde und so viele geile neue Literatur herauskommt, dass dieses Buch hier irgendwann komplett überholt ist. In zehn Jahren soll niemand dieses Buch lesen und sich denken müssen: „Komisch. Sie hat voll recht, ich hab auch noch nie was von einer Frau/einer queeren Person/einer Person mit Behinderung/einer nicht christlichen Person/einer Bi_PoC/einer Person aus der „Arbeiter*innenklasse" … gelesen in der Schule/im Studium." Weil dann hätte ich es umsonst geschrieben. Ich baue also auf die Leute in den Machtpositionen. Aber wenn ich ganz ehrlich bin, baue ich vor allem auf euch Lesende und auf die Jugend. Ihr seid so geil.[234] Ihr habt keine Angst vor nichts, you take no shit, ihr macht und ihr fordert, und zwar unermüdlich immer und immer wieder. Ihr wisst, was euch zusteht, und ihr verlangt es – völlig zu Recht. Also will ich, wenn ich euch um eine Sache bitten darf, dass ihr nervt! Ihr sollt so sehr nerven. Eure Deutschlehrer*innen, Vertrauenslehrkräfte, Schulleitungen, das Bibliothekspersonal, eure Eltern, wenn's sein muss eure Mitschüler*innen. Ich habe erzählt bekommen, wie einige von euch eure Lehrkräfte überredet haben, andere Lektüren zu lesen als die, die sie geplant hatten. Lehrkräfte sind oft froh um jeden Funken Begeisterung, den sie aus euch rauspressen können – aber oft sind sie auch

---

233 Es lesen safe auch Leute, die alleine mehr wissen als ich. Hello! Ich bin witzig dafür.

234 Ich klinge wie ein Boomer, aber ich fühl mich manchmal auch, als wäre ich eure Mutter, also passt das.

nicht froh darum, und dann müsst ihr eben nerven. Nervt euch euren eigenen Kanon zusammen! Ich glaube ganz fest, dass das klappen kann. Bitte sagt mir Bescheid, denn dann komme ich vorbei und, keine Ahnung, bring zur Belohnung einen Hund mit in die Klasse oder so!

Ich glaube, das war alles, was ich im Moment dazu zu sagen habe. Wir sehen uns in zehn Jahren beim nächsten Buch, in eurem Klassenzimmer mit einem Hund oder halt dazwischen im Internetz.

Danke fürs Lesen. Echt.

Teresa

Wenn du Bücher kennst, die hinten in der Empfehlungsliste fehlen, schreib mir!

Auf *Mussichdasgelesenhaben.com* findest du alle Empfehlungen aus diesem Buch, die ich mit deinen Zusendungen ergänzen werde.

teresareichl
teresareichl6918
teresareichl
Teresa Reichl

Buchempfehlungen

1. Komödien

- Dürrenmatt, Friedrich: *Der Besuch der alten Dame*, 1956
- Fleißer, Marieluise: *Pioniere in Ingolstadt*, 1928 (oder 1929 oder 1968)
- Gottsched, *Luise Adelgunde Victorie: Das Testament*, 1745
- Gottsched, Luise Adelgunde Victorie: *Der Witzling*, 1745
- Gottsched, Luise Adelgunde Victorie: *Die Hausfranzösinn oder die Mammsell*, 1744
- Gottsched, Luise Adelgunde Victorie: *Die Pietisterey im Fischbein-Rocke*, 1732
- Gottsched, Luise Adelgunde Victorie: *Die ungleiche Heirath*, 1743
- Hauptmann, Gerhart: *Der Biberpelz. Eine Diebskomödie*, 1893
- Hauptmann, Gerhart: *Schluck und Jau*, 1899
- Lessing, Gotthold Ephraim: *Minna von Barnhelm*, 1767
- Viebig, Clara: *Pharisäer*, 1899

2. Frauen[235]

- Fleißer, Marieluise: *Fegefeuer in Ingolstadt*, 1924
- Goethe, Cornelia: *Briefe und Correspondance Secrete 1767–1769*, 1990
- Gottsched, Luise Adelgunde Victorie: *Panthea*, 1744 (oder 1772)
- Haushofer, Marlen: *Die Mansarde*, 1969
- Haushofer, Marlen: *Die Wand*, 1963

---

[235] Vieles aus *Frauen Literatur* von Nicole Seifert

- Haushofer, Marlen: *Eine Handvoll Leben*, 1955
- La Roche, Sophie von: *Geschichte des Fräuleins von Sternheim*, 1771
- Reuter, Gabriele: *Aus guter Familie. Leidensgeschichte eines Mädchens*, 1895
- Schwarz, Sibylla: *Gesang wider den Neid. Sibylla Schwarz – Barockdichtung aus Greifswald*, 2013
- Schwarz, Sibylla: *Ich fliege Himmel an mit ungezähmten Pferden*, 2021
- Viebig, Clara: *Wildfeuer*, 1896

3. Judentum

- Baddiel, David: *Und die Juden?*, 2021
- Becker, Jurek: *Jakob der Lügner*, 1969
- Frank, Anne: *Tagebuch*, 1947
- Kerr, Judith: *Als Hitler das rosa Kaninchen stahl*, 1971
- Kertész, Imre: *Roman eines Schicksallosen*, 1975
- Levoy, Myron: *Der gelbe Vogel*, 1977
- Seghers, Anna: *Das siebte Kreuz*, 1942
- Seghers, Anna: *Transit*, 1944
- Tergit, Gabriele: *Effingers*, 1951

4. Islam

- Abdel-Samad, Hamed: *Mein Abschied vom Himmel. Aus dem Leben eines Muslims in Deutschland*, 2019
- Daas, Fatima: *Die jüngste Tochter*, 2021
- El Masrar, Sineb: *Muslim Girls. Wer sie sind, wie sie leben*, 2010
- El Masrar, Sineb: *Muslim Men. Wer sie sind, was sie wollen*, 2018
- Jagiella, Leyla: *Among the Eunuchs. A Muslim Transgender Journey*, 2021

- Yaghoobifarah, Hengameh und Aydemir, Fatma: *Eure Heimat ist unser Albtraum*, 2019
- Yaghoobifarah, Hengameh: *Ministerium der Träume*, 2021

5. Sinti*zze und Rom*nja

- Jovanovic, Gianni: *Ich, ein Kind der kleinen Mehrheit*, 2022
- Müller, Josef „Muscha“: *Und weinen darf ich auch nicht ... Ausgrenzung, Sterilisation, Deportation – eine Kindheit in Deutschland*, 2002
- Reinhardt, Dotschy: *Gypsy. Die Geschichte einer großen Sinti-Familie*, 2008
- Stojka, Ceija: *Meine Wahl zu schreiben – ich kann es nicht. Gedichte (Romanes, deutsch) und Bilder*, 2003
- Stojka, Ceija: *Reisende auf dieser Welt. Aus dem Leben einer Rom-Z*, 1992
- Stojka, Ceija: *Wir leben im Verborgenen. Erinnerungen einer Rom-Z*, 1988
- Tschawo, Latscho: *Die Befreiung des Latscho Tschawo. Ein Sinto-Leben in Deutschland*, 1984
- Tuckermann, Anja: *„Denk nicht, wir bleiben hier!“ Die Lebensgeschichte des Sinto Hugo Höllenreiner*, 2005
- Tuckermann, Anja: *Muscha*, 1994

6. Behinderte Autor*innen[236]

- Aguayo-Krauthausen, Raúl: *Dachdecker wollte ich eh nicht werden. Das Leben aus der Rollstuhlperspektive*, 2014
- AWO-Kreisverband Siegen-Wittgenstein/Olpe (Hrsg.): *Bei Hörgeschütz: Ruhig Blutdruck, Geschichten aus dem echten Leben*, 2013

---

236 Vieles von diewortfinder.com

- Barroso, Carlos: *Mein Leben und ich*, 2010
- Brauns, Axel: *Buntschatten und Fledermäuse*, 2022
- Ebner, Amelie: *Willkommen im Erdgeschoss: Wie ich mich mit 17 im Rollstuhl wiederfand*, 2017
- Feldwieser, Sabine (Hrsg.): *Das Leben ist, bevor man stirbt. Texte und Bilder zu Sterben, Tod und Jenseits von Menschen mit geistiger Behinderung*, 2011
- Fohrmann, Petra: *Ein Leben ohne Lügen! Die Tagebücher der Dagmar B.*, 2005
- Fraas, Christine (Hrsg.): *ICH kann schreiben. Briefe, Bilder und Geschichten von Hermine*, 1999
- Hanousek-Mader, Iris (Hrsg.): *Es war die Eule in mir*, 2014
- Herbrand, Monika (Autorin) & Can Gercekoglu (Co-Autor): *Wenn ich tanzen will. Autismus zum Anfassen*, 2012
- Huainigg, Franz-Joseph (Hrsg.): *Kann nicht schlafen. Literaturpreis Ohrenschmaus: die besten Texte, 2012*
- Keller, Christoph: *Jeder Krüppel ein Superheld. Splitter aus dem Leben in der Exklusion*, 2020
- Keller, Helen: *Die Geschichte meines Lebens*, 1905
- Koenig, Michaela: *Traust du mir das zu*, 2000
- Krieger, Armin: *Einsamer Junge*, 2005
- L'Audace, Luisa: *Behindert und stolz: Warum meine Identität politisch ist und Ableismus uns alle etwas angeht*, 2021
- Lavant, Christine: *Das Wechselbälgchen*, 1998
- Lusseyran, Jacques: *Das wiedergefundene Licht*, 1966
- Melle, Thomas: *Die Welt im Rücken*, 2018
- Metzler, Andree: *Der Unfall*, 2019
- Mevissen, Katharina: *Ich kann dich hören*, 2019
- Paulmichl, Georg: *Ins Leben gestemmt. Neue Texte und Bilder*, 1994
- Paulmichl, Georg: *Verkürzte Landschaft. Texte und Bilder*, 1990

- Paulmichl, Georg: *Vom Augenmass überwältigt. Briefe, Glossen und Bilder*, 2001
- Reeh, Alexander: *Immer nach den Sternen greifen*, 2009
- Russ, Michael et al.: *Special poetics. Neue Texte*, 2005
- Sellin, Birger: *Ich will kein Inmich mehr sein*, 1993
- Stabenow, Peter: *Fantasie und Wirklichkeit*, 2013
- Tucker, Bonnie Poitras: *Der Klang von fallendem Schnee. Leben ohne zu hören*, 2018

7. Queere Autor*innen

- Amborn, Erich: *Und dennoch Ja zum Leben: die Jugend eines Intersexuellen in den Jahren 1915–1933*, 1981
- Anonym: *Der Liebe Lust und Leid der Frau zur Frau*, 1895
- August Herzog von Sachsen-Gotha-Altenburg: *Ein Jahr in Arkadien – Kyllenion*, 1805
- Ayim, May: *Farbe bekennen*, 1986
- Conradi, Lou: *Baby Butch*, 2019
- De l'Horizon, Kim: *Blutbuch*, 2022
- Diderot, Denis: *Die Nonne*, 1792/1796
- Elbe, Lili: *Ein Mensch wechselt sein Geschlecht. Eine Lebensbeichte*, 1932
- Engler, Selli: *Erkenntnis*, 1927
- Engler, Selli: *Das Leben ist nur noch im Rausch zu ertragen*, 1929
- Engler, Selli: *Arme kleine Jett*, 1930
- Giese, Linus: *Ich bin Linus. Wie ich der Mann wurde, der ich schon immer war*, 2020
- Hirschfeld, Magnus: *Die Transvestiten*, 1925
- Kühnert, Phenix: *Eine Frau ist eine Frau ist eine Frau*, 2022
- Pelny, Marlen: *Liebe / Liebe*, 2021
- Rüling, Anna: *Welcher unter Euch ohne Sünde ist … Bücher von der Schattenseite*, 1906

- Russo, Meredith: *Als ich Amanda wurde*, 2016
- Schaefers, Marius: *In den buntesten Farben*, 2022
- Slater, Dashka: *Bus 57. Eine wahre Geschichte*, 2017
- Von Krafft-Ebing, Richard: *Psychopathia sexualis*, 1912
- Wedekind, Frank: *Frühlings Erwachen*, 1891
- Weirauch, Anna Elisabet: *Der Skorpion (Band 1, 2 und 3)*, 1919, 1921, 1931

8. Bi_PoC Autor*innen[237]

- Ayim, May: *blues in schwarz-weiss*, 1995
- Ayim, May: *Weiter gehen. Gedichte*, 2020
- Aziz, Amina et al.: *Encyclopaedia Almanica: Diese neue deutsche Enzyklopädie ist eine Verweigerung*, 2020
- Götting, Michael: *Contrapunctus*, 2015
- Ha, Kien Nghi: *Asiatische Deutsche Extended. Vietnamesische Diaspora and Beyond*, 2021
- Hagen, Zoe: *Tage mit Leuchtkäfern*, 2016
- Hasters, Alice: *Was weiße Menschen nicht über Rassismus hören wollen, aber wissen sollten*, 2019
- Hierse, Lin: *Wovon wir träumen*, 2022
- Hügel-Marschall, Ika: *Daheim unterwegs. Ein deutsches Leben*, 1998
- Khabo Koepsell, Philipp (Hrsg.): *Afro Shop, 2014*
- Mehari, Senait: *Feuerherz*, 2004
- Michael, Theodor: *Deutsch sein und schwarz dazu. Erinnerungen eines Afro-Deutschen*, 2013
- Obulor, Evein; RosaMag (Hrsg.): *Schwarz wird großgeschrieben*, 2021
- Ogette, Tupoka: *exit racism. rassismuskritisch denken lernen*, 2019
- Oguntoye, Katharina; *Opitz, May; Schultz, Dagmar: Farbe bekennen. Afro-deutsche Frauen auf den Spuren ihrer Geschichte*, 1986

---

237 Vieles von eulemagazin.de

- Otoo, Sharon Dodua: *Adas Raum*, 2021
- Otoo, Sharon Dodua: *Die Dinge, die ich denke, während ich höflich lächle … und Synchronicity. Zwei Novellen*, 2017
- Park Hong, Cathy: *Störgefühle. Über anti-asiatischen Rassismus*, 2022
- Pham, Khuê: *Wo auch immer ihr seid*, 2021
- Thomae, Jackie: *Brüder*, 2019
- Thomas, Angie: *The Hate U Give*, 2017
- Wenzel, Olivia: *1000 Serpentinen Angst*, 2020
- Zöllner, Abini: *Schokoladenkind. Meine Familie und andere Wunder*, 2013

9. „Arbeiter*innenklasse"

- Baron, Christian: *Ein Mann seiner Klasse*, 2020
- Baron, Christian; Barankow, Maria (Hrsg.): *Klasse und Kampf*, 2021
- Darer, Harald: *Blaumann*, 2019
- Gluchowski, Bruno: *Der Honigkotten*, 1969
- Helms, Karl Heinrich: *Krupp & Krause*, 1965
- Hüser, Fritz; Von der Grün, Max (Hrsg.): *Aus der Welt der Arbeit – Almanach der Gruppe 61 und ihrer Gäste*, 1966
- Johnson, Uwe: *Mutmassungen über Jakob*, 1959
- Mayr, Anna: *Die Elenden. Warum unsere Gesellschaft Arbeitslose verachtet und sie dennoch braucht*, 2020
- Seeck, Francis: *Solidarisch gegen Klassismus*, 2021
- Strittmatter, Erwin: *Ole Bienkopp*, 1963
- Sudermann, Hermann: *Die Ehre*, 1889
- Sudermann, Hermann: *Frau Sorge*, 1887
- Sudermann, Hermann: *Im Zwielicht*, 1887
- Von der Grün, Max: *Irrlicht und Feuer*, 1967
- Von der Grün, Max: *Männer in zweifacher Nacht*, 1962
- Wolf, Christa: *Der geteilte Himmel*, 1964

Danksagung

Ich glaub, am meisten habe ich tatsächlich dem Internet zu verdanken. Dass mich da Leute gefunden haben, die mir zuhören wollten, die interessant fanden, was ich zu sagen habe, und die mich unterstützen, wenn ich etwas nicht weiß. Danke an Menschen wie (und ich benutze hier die Instagramnamen, damit ihr sie gleich finden könnt) minoandtheirchaos, hamidala_, wayofkatrin, thisisphenix, luisalaudace, miloesl, timurs.time, charlottekuhrt, ninialagrande, dariadaria, seiten.verkehrt,[238] und (für mich privat) nochmal besonders susebockspringer, von denen ich so viel lernen durfte und die für das Internetz und für mich wichtige Aufklärungsarbeit leisten – sei es dieses Buch betreffend und darüber hinaus. Ich habe dieses Buch letztlich wegen einer Insta-Story schreiben dürfen. Das ist komplett nicht zu glauben für mich, auch jetzt noch.

Aus dem Real Life danke ich natürlich meinen Eltern, die mich meinen Kram haben studieren und mich arbeiten lassen, obwohl sie rein gar nichts damit anzufangen wissen, und mir einfach vertraut haben, dass ich meinen Weg schon gehe. Auch liebe Grüße an meinen Bruder, der dieses Buch nie lesen wird. Ich bin gespannt, ob du je rausfindest, dass du hier stehst. Danke an Lara, Tini, Lena, Eva, Dine, Feli und Gio dafür, dass ihr mich aushaltet, mich antreibt und für mich da seid. Danke an Lolo dafür, dass du mein ausgelagertes Hirn bist. Danke an Sabine für alles.

Danke an die Agentur Zweigold und Melanie fürs Hinter-mir-Stehen. Danke an Anita Schilcher, dass du mich eingestellt hast und ich von dir so viel lernen durfte, was ich so an der Uni nie mitbekommen hätte. Danke an Katharina,

---

238 ... und Menschen, die ich so krass fangirle und nicht persönlich kenne und mich deshalb nicht traue, sie hier reinzuschreiben. Aber die Liste ist in Wahrheit endlos.

Nadine und den Haymon Verlag für euer Urvertrauen in mich. Immer, wenn ich gedacht habe: „Shit, wieso haben sie sich nicht eine Erwachsene mit Ahnung geholt, um dieses Buch zu schreiben?“, hat es geholfen, dass ihr Profis seid, die wohl schon wissen, wen sie sich da in den Verlag holen. Danke auch an Marianne Glaßer und die Beratungsstelle DisCheck, besonders Asma und Julia.

Und danke an mich. Fürs Durchhalten, fürs Weitermachen und fürs Um-Hilfe-Fragen, wo es nötig war und ist.

Quellen und weiterführende Literatur

Abdel-Samad, Hamed: *Mein Abschied vom Himmel. Aus dem Leben eines Muslims in Deutschland.*

Abraham, Ulf/Kepser, Matthis: *Literaturdidaktik Deutsch. Eine Einführung.*

Afrozensus. https://afrozensus.de

Aguayo-Krauthausen, Raúl: *Dachdecker wollte ich eh nicht werden. Das Leben aus der Rollstuhlperspektive.*

Aguayo-Krauthausen, Raúl (2022): *Mehr Empowerment für behinderte Künstlerinnen und Künstler*. https://www.mdr.de/religion/kolumne-die-neue-norm-raul-krauthausen-kunst-und-behinderung-100.html

Amer, Sahar: *Crossing Borders: Love Between Women in Medieval French and Arabic Literatures.*

Aziz, Amina: *Encyclopaedia Almanica: Diese neue deutsche Enzyklopädie ist eine Verweigerung.*

Baddiel, David: *Und die Juden?*

Bädorf, Marc (2022): *Protagonisten im Rollstuhl*. https://www.deutschlandfunkkultur.de/behinderung-literatur-romane-100.html

BAMF-Forschungszentrum (2021): *Neue Studie „Muslimisches Leben in Deutschland 2020“ zeigt mehr Vielfalt*. https://www.bamf.de/SharedDocs/Pressemitteilungen/DE/2021/20210428-studie-mld-2020.html;jsessionid=A83A849137B16FC88178EA2D5D8372BA.internet281?nn=282772

Banuls, Andre: *Goethe an Cornelia. Die dreizehn Briefe an seine Schwester*.

Barankow, Maria/Baron, Christian: *Klasse und Kampf.*

Baumann, Melanie et al. (Hg.) (1990): *Cornelia Goethe. Briefe und Correspondance Secrete.*

Berg, Martina (2014): *Roswitha von Gandersheim, die erste deutsche Dichterin.* http://www.buechersammler.de/roswitha-von-gandersheim-die-erste-deutsche-dichterin

Beutin, Wolfgang et. al.: *Deutsche Literaturgeschichte. Von den Anfängen bis zur Gegenwart.*

Billington, Josie: *Reading Between the Lines: the Benefits of Reading for Pleasure. A Study of the Benefits to Adults of Regular Reading for Pleasure.*

Bissig, Florian (2019): *Warum Sie Klassiker der Literatur lesen sollten – ein Plädoyer.* https://www.tagblatt.ch/kultur/warum-sie-klassiker-der-literatur-lesen-sollten-ein-pladoyer-ld.1160849

Bodmer, Johann Jacob: *Beurtheilung der Panthea eines sogenannten Trauerspiels der Frau L.A.V.G. Nebst einem Vorbericht für die Nachkommen und einer Ode auf den Namen Gottsched.*

Bogdal, Klaus-Michael: *Europa erfindet die Z-Wort. Eine Geschichte von Faszination und Verachtung.*

Boyd, Connor (2019): *Transgender activists demand boycott of The Boy in the Striped Pyjamas novelist John Boyne after latest book follows lead character's decision to change sex.* https://www.dailymail.co.uk/news/article-6926981/Transgender-activists-demand-boycott-Boy-Striped-Pyjamas-novelist-John-Boyne.html

Briefwechsel zwischen Schiller und Goethe in den Jahren 1794 bis 1805. Erster und Zweiter Band.

Bremmer, Anne (2018): *Debatte um Hartz-IV-Reform: Ein Hilfesystem, das ausgrenzt, ist keine Hilfe.* https://www.tagesspiegel.de/politik/ein-hilfesystem-das-ausgrenzt-ist-keine-hilfe-8433610.html

BR Telekolleg (2012): *Was ist Literatur?* https://www.br.de/telekolleg/faecher/deutsch/literatur/01-literatur-fakten-100.html

BR Telekolleg (2015): *Was geht uns Faust heute an?* https://www.br.de/telekolleg/faecher/deutsch/literatur/goethe-faust-rezeption-100.html

Büro zur Umsetzung von Gleichbehandlung e. V.: *Heteronormativität.* https://www.bug-ev.org/themen/

schwerpunkte/dossiers/diskriminierung-von-trans-personen/trans-geschlechtlichkeit-hat-viele-ausp-raegungen/heteronormativitaet-und-das-binaere-geschlechtersystem

Büro zur Umsetzung von Gleichbehandlung e. V.: *Queer Lexikon*. https://www.bug-ev.org/themen/schwer-punkte/dossiers/diskriminierung-von-trans-per-sonen/trans-geschlechtlichkeit-hat-viele-ausp-raegungen

Bundesamt für Migration und Flüchtlinge (2021): *Muslimisches Leben in Deutschland 2020*. https://www.bamf.de/SharedDocs/Anlagen/DE/Forschung/Forschungsberichte/fb38-muslimisches-leben.html;jsessionid=315DFFECC4D8BDBC7604BB3E0F0C60B1.internet551?nn=282388

Bundesstiftung Magnus Hirschfeld: *Lili Elbe*. https://mh-stiftung.de/biografien/lili-elbe/?cookie-state-change=1656923313396

Bundesstiftung Magnus Hirschfeld: *Verfolgungsgeschichte*. https://mh-stiftung.de/forschungsprojekt-verfolgungs-geschichte

Bundeszentrale für politische Bildung (2006): *Antisemitismus heute*. https://www.bpb.de/themen/antisemitismus/dossier-antisemitismus/37974/antisemitismus-heute

Bundeszentrale für politische Bildung (2010): *Zwischen Verfolgung und Emanzipation*. https://www.bpb.de/themen/gender-diversitaet/homosexualitaet/38835/zwischen-verfolgung-und-emanzipation

Bundeszentrale für politische Bildung (2010): *Die Geschichte der Behindertenpolitik in der Bundesrepublik aus Sicht der Disability History*. https://www.bpb.de/shop/zeitschriften/apuz/32707/die-geschichte-der-behindertenpolitik-in-der-bundesrepublik-aus-sicht-der-i-disability-history-i

Bundeszentrale für politische Bildung (2014): *1994 - Homosexualität nicht mehr strafbar*. https://www.bpb.de/kurz-knapp/hintergrund-aktuell/180263/1994-homosexualitaet-nicht-mehr-strafbar

Bundeszentrale für politische Bildung (2014): *Ein unbekanntes Volk*. https://www.bpb.de/themen/europa/sinti-und-roma-in-europa/179536/ein-unbekanntes-volk-daten-fakten-und-zahlen

Bundeszentrale für politische Bildung (2015): *Deutsche Verwicklungen in den transatlantischen Sklavenhandel*. https://www.bpb.de/shop/zeitschriften/apuz/216485/deutsche-verwicklungen-in-den-transatlantischen-sklavenhandel

Bundeszentrale für politische Bildung (2017): *Sinti und Roma*. https://www.bpb.de/shop/zeitschriften/izpb/info-aktuell/239954/sinti-und-roma

Bundeszentrale für politische Bildung (2018): *Entwicklungen der trans Bewegung in Deutschland*. https://www.bpb.de/themen/gender-diversitaet/geschlechtliche-vielfalt-trans/245379/entwicklungen-der-trans-bewegung-in-deutschland/

Bundeszentrale für politische Bildung (2018): *Regenbogenfamilien in Deutschland*. https://www.bpb.de/themen/gender-diversitaet/homosexualitaet/269064/regenbogenfamilien-in-deutschland

Bundeszentrale für politische Bildung (2020): *Antiasiatischer Rassismus in Deutschland*. https://www.bpb.de/shop/zeitschriften/apuz/antirassismus-2020/316771/antiasiatischer-rassismus-in-deutschland

Caldart, Isabella (2019): *So klischeehaft werden Menschen mit Behinderung in Büchern dargestellt*. https://www.zeit.de/zett/2019-09/so-klischeehaft-werden-menschen-mit-behinderung-in-buechern-dargestellt

Calvino, Italo: *Warum Klassiker lesen?*

Cornelia Goethe Akademie: *Cornelia Goethe – ein Porträt*. http://www.cornelia-goethe-akademie.de/goethe.html

Daas, Fatima: *Die jüngste Tochter*.

Damm, Sigrid: *Cornelia Goethe*.

Davidson, James (2007): *Mad about the boy*. https://www.theguardian.com/books/2007/nov/10/history.society

Delvaux de Fenffe, Gregor: *Deutscher Sklavenhandel*. https://www.planet-wissen.de/geschichte/menschenrechte/sklaverei/pwiewissensfrage604.html

Deutsche Biographie: *August, Emil Leopold*. https://www.deutsche-biographie.de/sfz11326.html

Deutsche Vereinigung für Rehabilitation: *Zur Geschichte der DVfR*. https://www.dvfr.de/die-dvfr/geschichte-der-dvfr

Die Kanon. https://diekanon.org/

Die Wortfinder: *Literatur von Menschen mit geistiger Behinderung*. https://www.diewortfinder.com/literatur/literatur-von-menschen-mit-geistiger-behinderung/

Dragojević, Dunja/Von Richthofen, Luisa (2020): *Wie leben Schwarze Menschen in Deutschland?* https://www.dw.com/de/wie-leben-schwarze-menschen-in-deutschland/l-53843158

Ebner, Amelie: *Willkommen im Erdgeschoss: Wie ich mich mit 17 im Rollstuhl wiederfand*.

Edition naundob. https://www.naundob.de/

Ehlert, Jan (2007): *Behinderte in der Literatur*. https://www.tagesschau.de/inland/meldung2488.html

El Masrar, Sineb: *Muslim Girls. Wer sie sind, wie sie leben*.

El Masrar, Sineb: *Muslim Men. Wer sie sind, was sie wollen*.

Emory University (2014): *Can reading a novel change your brain? A study of brain scans suggest yes*. https://www.washingtonpost.com/national/health-science/can-reading-a-novel-change-your-brain-a-study-of-brain-

scans-suggest-yes/2014/01/06/171d9e6e-7163-11e3-8b3f-b1666705ca3b_story.html
EM Redaktion (2020): *Faust – auch heute noch aktuell?* https://www.eurasischesmagazin.de/artikel/Faust-auch-heute-noch-aktuell/20170245
Festival in Bremen, November/Dezember 1993, Katalog Bremen: *Ihr werten Frauenzimmer auf.*
Fleißer, Marieluise: *Ingolstädter Stücke.*
Fleißer, Marieluise: *Fegefeuer in Ingolstadt.*
Fleißer, Marieluise: *Pioniere in Ingolstadt.*
Forschungsgruppe Weltanschauungen in Deutschland (2021): *Religionszugehörigkeiten 2020.* https://fowid.de/meldung/religionszugehoerigkeiten-2020
Frauenzählen. http://frauenzählen.de
Freiburghaus, Katrin: *Warum Tonio davonkommt – Décadence im Frühwerk von Thomas Mann.*
Friedrich Verlag (2019): *Warum gibt es das Christentum in Deutschland?* https://www.friedrich-verlag.de/religion/kirche-kirchen/warum-gibt-es-das-christentum-in-deutschland-4154
Füssel, Stefan/Kreutzer, Hans Joachim: *Historia von D. Johann Fausten. Kritische Ausgabe.*
Gedenkstätte Deutscher Widerstand: *Josef „Muscha" Müller.* https://www.gdw-berlin.de/vertiefung/biografien/personenverzeichnis/biografie/view-bio/josef-muscha-mueller/?no_cache=1
Godeke, Karl: *Goethe und Schiller.*
Gottsched, Luise Adelgunde Victorie: *Der Witzling.*
Gross, Raphael (2009): *Schlinks „Vorleser": Kitsch und Tod.* https://www.faz.net/aktuell/feuilleton/debatten/bernhard-schlinks-vorleser-zementiert-klischees-ueber-juden-1784197.html
Ha, Kien Nghi: *Asiatische Deutsche Extended. Vietnamesische Diaspora and Beyond.*
Hamm, Heinz: *Goethes „Faust". Werkgeschichte und Textanalyse.*

Hasters, Alice: *Was weiße Menschen nicht über Rassismus hören wollen, aber wissen sollten.*

Haupt, Klaus-Werner: *Gabriele Reuter.* https://www.weimar-lese.de/persoenlichkeiten/r/reuter-gabriele/gabriele-reuter

Hauptmann, Gerhart: *Der Biberpelz. Eine Diebskomödie.*

Hueck, Carsten/Gerk, Andrea (2021): *Eine Suche nach Familie, nach Herkunft und Identität.* https://www.deutschlandfunkkultur.de/juedische-literatur-in-deutschland-eine-suche-nach-familie-100.html

Heinrich Böll Stiftung: *Sinti*zze und Rom*nja.* https://www.weiterdenken.de/de/sintizze-und-romnja

Heinrich Böll Stiftung: *Die Literatur von Sinti und Roma im deutschsprachigen Raum - Betrachtungen eines jungen Phänomens.* https://heimatkunde.boell.de/de/2009/02/18/die-literatur-von-sinti-und-roma-im-deutschsprachigen-raum-betrachtungen-eines-jungen

Hierse, Lin: *Wovonv wir träumen.*

Huyền Nguyễn, Thị Minh (2022): *„Störgefühle" von Cathy Park Hong: Warum alle dieses Buch über anti-asiatischen Rassismus lesen sollt*en. https://www.vogue.de/kultur/artikel/cathy-park-hong-stoergefuehle-anti-asiatischer-rassismus

In het Panius, Erwin (2020): *Zitternde Urningsherzen: Wie schwul war Hölderlin?* https://www.queer.de/detail.php?article_id=35742

Jüdisches Museum Berlin: *Lesenswerte Bücher zu Nationalsozialismus und Holocaust.* https://www.jmberlin.de/lesenswerte-buecher-zu-nationalsozialismus-und-holocaust#ap5

Kalscheuer, Daniela (2021): *Hörbare Stimmen: Literatur Schwarzer Autor*innen in Deutschland.* https://eule-magazin.de/hoerbare-stimmen-literatur-schwarzer-autorinnen-in-deutschland

Karasek, Hellmuth (1991): *Der Schock, ein anderer zu sein.* https://www.spiegel.de/kultur/der-schock-ein-anderer-zu-sein-a-25d62dc2-0002-0001-0000-000013491660

Kesting, Hanjo (1975): *Thomas Mann oder der Selbsterwählte.* https://www.spiegel.de/kultur/thomas-mann-oder-der-selbsterwaehlte-a-4c7324bb-0002-0001-0000-000041521068

Khuê Pham. https://www.khuepham.de

Koepsell, Philipp Khabo (2019): *Heimat, Identität und Rassismus.* https://www.goethe.de/ins/gb/de/kul/mag/21736571.html

Konrad, Susanne (2020): *Psychisch behinderte Schriftsteller*innen im Literaturbetrieb.* https://dieneuenorm.de/kultur/psychische-behinderung-literaturbetrieb

Krause, Tilman (2012): *Die homosexuellen Fantasien des Franz Kafka.* https://www.welt.de/kultur/literarische-welt/article108937061/Die-homosexuellen-Fantasien-des-Franz-Kafka.html

Kron, Stefanie: *Afrikanische Diaspora und Literatur Schwarzer Frauen in Deutschland.* https://heimatkunde.boell.de/de/2009/02/18/afrikanische-diaspora-und-literatur-schwarzer-frauen-deutschland

L'Audace, Luisa: *Behindert und Stolz.*

Landesverband Rheinland (2015): *erfasst, verfolgt, vernichtet. Kranke und behinderte Menschen im Nationalsozialismus.* Begleitprogramm zur Ausstellung. https://www.lvr.de/media/wwwlvrde/derlvr/aktionen/erfasst__verfolgt__vernichtet__ausstellung_im_landeshaus_2015/15_0189_erfasst_verfolgt_vernichtet__internet.pdf

Laquai, M.: *Alteritätserfahrung und Fremdverstehen als Grundlage und Ziel multi-perspektivischen Geschichtsunterrichts.*

Lebenshilfe (2014): *Menschen mit Behinderung in der Nazi-Zeit*. https://www.lebenshilfe.de/informieren/familie/menschen-mit-behinderung-in-der-nazi-zeit

Leidinger, Christine (2016): *Theo-Anna Sprüngli (1880-1953), besser bekannt als „Anna Rüling". Berühmte Berliner Rednerin, Kulturjournalistin, Ulmer Schauspielleiterin und Theaterdramaturgin*. https://www.lsbttiq-bw.de/2016/12/16/theo-anna-spruengli-1880-1953-besser-bekannt-als-anna-rueling-beruehmte-berliner-rednerin-kulturjournalistin-ulmer-schauspielleiterin-und-theaterdramaturgin

Lesbengeschichte (2004): *Selli Engler*. https://www.lesbengeschichte.org/bio_engler_d.html

Lesbengeschichte (2005): *Anna Elisabet Weirauch*. https://www.lesbengeschichte.org/bio_weirauch_d.html

Lesbengeschichte (2005): *Annette Eick*. https://www.lesbengeschichte.org/bio_eick_d.html

Lesbengeschichte (2005): *Anna Rüling*. https://lesbengeschichte.org/bio_rueling_d.html

Lessing, Gotthold Ephraim: *Minna von Barnhelm*.

Lili-Elbe-Bibliothek: *Klassiker der trans* Literatur*. http://lili-elbe.de/trans-buecher/buecher-transgender-klassiker

Linden, Philipp (2022): *Welche Sanktionen von Hartz IV-EmpfängerInnen sind angemessen?* https://www.uni-siegen.de/start/news/oeffentlichkeit/964090.html

Magnus Hirschfeld Stiftung: *Lili Elbe*. https://mh-stiftung.de/biografien/lili-elbe/?cookie-state-change=1656923313396

Magnus Hirschfeld Stiftung: *Verfolgungsgeschichte*.https://mh-stiftung.de/forschungsprojekt-verfolgungsgeschichte

Martin-Luther-Universität Halle-Wittenberg: *Anton Wilhelm Amo*. https://www.amo.uni-halle.de

Maskis, Rebecca (2021): *#AbleismTellsMe: Behinderte Menschen teilen Diskriminierungserfahrungen.* https://editionf.com/ableism-tells-me

Max von der Gruen. http://www.maxvondergruen.de.

Melle, Thomas: *Die Welt im Rücken.*

META Frauenbewegungsgeschichten. https://www.meta-katalog.eu

Michael, Theodor: *Deutsch sein und schwarz dazu. Erinnerungen eines Afro-Deutschen.*

Migrationsgeschichten (2022): *Asiatische Deutsche Extended.* https://migrations-geschichten.de/asiatische-deutsche-extended

Mitteldeutscher Rundfunk (2021): *Diese Auswirkungen hatte der „Bitterfelder Weg" für DDR-Kultur.* https://www.mdr.de/geschichte/ddr/politik-gesellschaft/kultur/bitterfelder-weg-102.html

Mitteldeutscher Rundfunk (2022): *Wie Sinti und Roma in Deutschland und Europe leben.* https://www.mdr.de/religion/wie-leben-sinti-roma-in-deutschland-europa-100.html

Mörchen, Helmut (2013): *Die verstecke Homosexualität großer Autoren.* https://www.deutschlandfunk.de/studie-die-versteckte-homosexualitaet-grosser-autoren-100.html

Obulor, Evein/RosaMag (Hg.): *Schwarz wird großgeschrieben.*

Ogette, Tupoka: *exit racism. rassismuskritisch denken lernen.*

Oguntoye, Katharina/Opitz, May/Schultz, Dagmar: *Farbe bekennen. Afro-deutsche Frauen auf den Spuren ihrer Geschichte*

Park Hong, Cathy: *Störgefühle. Über anti-asiatischen Rassismus.*

Paulus Verlag. https://www.spiegel.de/kultur/paulus-verlag-recklinghausen-a-d8b80ed5-0002-0001-0000-000046169691

Phạm, Khuê: *Wo auch immer ihr seid.*

Prado, Simon Sales (2020): *Warum in der Schule nur männliche Autoren gelesen werden.* https://sz-magazin.sueddeutsche.de/literatur/frauen-literatur-schullektuere-88783

Randall, Hannah (2019): *The Problem with 'The boy in the striped pyjamas'.* https://holocaustlearning.org.uk/latest/the-problem-with-the-boy-in-the-striped-pyjamas/

Reinhardt, Dotschy: *Gypsy. Die Geschichte einer großen Sinti-Familie.*

Russo, Meredith: *Als ich Amanda wurde.*

Schaefers, Marius: *In den buntesten Farben.*

Schilcher, Anita et al.: *Schritt für Schritt zum guten Deutschunterricht.*

Schilcher, Anita/Pissarek, Markus (Hg.): *Auf dem Weg zur literarischen Kompetenz: ein Modell literarischen Lernens auf semiotischer Grundlage.*

Schulz, Georg-Michael: *Einführung in die deutsche Komödie.*

Schwab, Waltraud (2002): *Der Unbeantwortete.* https://taz.de/!1123530/

Seifert, Nicole: *Frauen Literatur. Abgewertet, vergessen, wiederentdeckt.*

Slater, Dashka: *Bus 57. Eine wahre Geschichte.*

Sørensen, Bengt Algot: *Geschichte der deutschen Literatur 2. Vom 19. Jahrhundert bis zur Gegenwart.*

Spreckelsen, Tilman (2015): *Warum Klassiker?* https://www.faz.net/aktuell/feuilleton/familie/literatur-in-der-schule-warum-klassiker-13470077.html

Statista (2022): *Anzahl der Mitglieder der jüdischen Gemeinden in Deutschland von 2002 bis 2021.* https://de.statista.com/statistik/daten/studie/1232/umfrage/anzahl-der-juden-in-deutschland-seit-dem-jahr-2003

Statistisches Bundesamt (2022): *Bevölkerung in Privathaushalten nach Migrationshintergrund.* https://www.destatis.de/DE/Themen/Gesellschaft-Umwelt/Bevo-

elkerung/Migration-Integration/Tabellen/migrationshintergrund-geschlecht-insgesamt.html;jsessionid=CD0A9B18103FCF396B809CC719B4A894.live721
Stojka, Ceija: *Meine Wahl zu schreiben – ich kann es nicht. Gedichte (Romanes, Deutsch) und Bilder.*
Stojka, Ceija: *Reisende auf dieser Welt.*
Stoldt, Hans-Ulrich (2009): *Der Mogeldoktor.* http://www.spiegel.de/spiegelgeschichte/0,1518,652397,00.html
Sudermann, Hermann: *Die Ehre.*
Sudermannstiftung. https://sudermannstiftung.de
Tagung der Deutschen Thomas-Mann-Gesellschaft, Lübeck 2016: *On Myself. Autobiografisches Schreiben bei Thomas Mann.* http://www.thomasmann-duesseldorf.de/fileadmin/Redaktion/CFP_TM-Tagung_2016.pdf
Tesfai, Johannes (2021): *Neue deutsche Arbeiterliteratur.* https://www.akweb.de/gesellschaft/klasse-und-kampf-neue-deutsche-arbeiterliteratur
Thomas, Angie: *The Hate U Give.*
Translation Romani. http://www.translationromani.net
Tucker, Bonnie Poitras: *Der Klang von fallendem Schnee.*
Von der Grün, Max: *Irrlicht und Feuer.*
Von La Roche, Sophie: *Die Geschichte des Fräuleins von Sternheim.*
Von Praunheim, Rosa/Von Billerbeck, Liane (2018): *Mehr als nur Freundschaft zwischen Dichtern und Denkern?* https://www.deutschlandfunkkultur.de/film-ueber-homosexualitaet-in-der-goethe-zeit-mehr-als-nur-100.html
Walter, Hans-Albert (1976): *Die Literatur und die Welt der Arbeit.* https://www.zeit.de/1967/10/die-literatur-und-die-welt-der-arbeit
Wedekind, Frank: *Frühlings Erwachen.*
Welle, Florian (2016): *Wer war der echte Doktor Faust?* https://www.sueddeutsche.de/wissen/vorbild-fuer-goethe-figur-wer-war-der-echte-doktor-faust-1.3026113
Wenzel, Olivia: *1000 Serpentinen Angst.*

Whiteman, Honor (2016): *Reading books could increase your lifespan.* https://www.medicalnewstoday.com/articles/312167

Yaghoobifarah, Hengameh: *Ministerium der Träume.*

Yaghoobifarah, Hengameh/Aydemir, Fatma (Hg.): *Eure Heimat ist unser Albtraum.*

Zayid, Maysoon/Taptik, Seda (2020): *Was ist Ableismus & warum müssen wir aufhören, ableistische Sprache zu verwenden?* https://www.refinery29.com/de-de/ableismus-sprache-maysoon-zayid

Zöllner, Abini: *Schokoladenkind. Meine Familie und andere Wunder.*

Zwicker, Marianne: *Literatur von Sinti und Roma in Deutschland.* https://www.romarchive.eu/de/literature/literature-countries-and-regions/romani-literature-germany/

Bonustrack: Funfacts

Ich habe schon ein bisschen erklärt, dass unsere Herren der Literatur es bis heute gewohnt sind, dass man sie sehr, sehr ernst nimmt.[239] Sie selbst haben sich aber nicht immer so ultraseriös verhalten, wie man heute in der Schule oder an der Uni beigebracht bekommt. Deshalb habe ich hier ein paar funfacts gesammelt, die ich so aus meinem Studium, dem Internetz und von euch[240] erfahren habe. Alles gefactchecked natürlich.[241] Es doppeln sich hier auch ein paar Sachen aus den anderen Kapiteln, aber ich fand es schön, alles nochmal an einem Fleck zu haben. Ich denke, das lockert die Autor*innen ein bisschen auf, macht sie menschlicher – weil holy shit, sie waren einfach echt auch nur Menschen. Und vielleicht sind die funfacts auch gut für den Einstieg in ein Referat oder fürs Im-Hinterkopf-Behalten, wenn man anstrengende Werke lesen muss. Oder einfach, um Leute auf einer Party abzuschleppen. Gut, es müsste wohl eine Party der Theater-AG oder des Germanistik-Lehrstuhls sein. Trotzdem: Let's go!

- Lessing hat sein Geld versoffen und verspielt und musste immer wieder seine Eltern um Geld bitten.
- Schiller hatte vergorene Äpfel in seinem Schreibtisch, weil die ihn high gemacht haben und er dachte, er kann so besser schreiben. Goethe hat deswegen sogar gedroht, ihn nicht mehr zu besuchen, weil die Äpfel so gestunken haben.
- Goethe wäre mit Mitte 20 fast vom Hof geflogen, weil er immer betrunken war und sich so aufgeführt hat,

---

239 Mehr dazu noch im Kapitel über Komödien!

240 Danki! Und vor allem an Michelle Jonek und Sophie Gonera.

241 Bitte seht mir trotzdem nach, dass ich keine Quellen für die facts habe, weil das einfach oft Texte im Studium waren, die ich nicht mehr finde, oder Anekdoten, die die Dozierenden erzählt haben, und manches davon war einfach unmöglich zu googeln im Nachhinein.

dass Klopstock (der größte Literaturstar der Zeit) ihm die Freundschaft gekündigt hat.

- Goethe und Schiller haben in Jena Gras geraucht und Gedichte geschrieben. Die fanden sie aber nicht so gut, also sind sie wieder auf Opium umgestiegen.
- Sehr random, doch meine liebsten Zitate aus *Bekenntnisse eines englischen Opiumessers* von Thomas De Quincey sind: „Ich selbst, der nie ein großer Weintrinker gewesen bin, finde doch, dass ein halbes Dutzend Gläser meinen Geist angenehm anregt" und „[...] dass man, wenn man zu viel davon esse, etwas tun müsse, was dem Menschen von regelmäßigen Gewohnheiten her ganz besonders unangenehm ist, nämlich sterben."
- Goethe wollte mit 71 noch eine 17-Jährige heiraten (bzw. war er beim Antrag 74 und sie 19, trotzdem ew), sie hat aber abgelehnt. Tja.
- Goethe hat den *Götz von Berlichingen* in sechs Wochen runtergeschrieben – und war oft besoffen dabei.
- Goethe liebte Modelleisenbahnen, besaß eine der ersten überhaupt und hatte auch eine Sammlung bemalter Teller, die niemand anfassen durfte. Dafür hat er als Kind regelmäßig Porzellan aus dem Fenster geworfen, weil er das Geräusch so lustig fand.
- Büchner hat eine Doktorarbeit *Über das Nervensystem der Flussbarbe* geschrieben und ist später an einer Fischvergiftung gestorben. Ups.
- Büchner hat *Dantons Tod* geschrieben, während er selbst ständig damit rechnen musste, verhaftet zu werden.
- Not so fun fact: Ingeborg Bachmann war süchtig nach Tabletten und hat es niemandem gesagt. Dann ist sie mit einer Zigarette in der Hand eingeschlafen, hat ihr Haus angezündet, kam ins Krankenhaus, und weil die nicht wussten, dass sie süchtig ist, ist sie an den Entzugserscheinungen gestorben – mit nur Mitte 40.
- Hans Christian Andersen hatte unfassbare Panik davor, lebendig begraben zu werden. So sehr, dass auf sei-

nem Nachttisch immer ein Zettel lag, auf dem stand: „Ich bin nicht wirklich tot.“

- Schiller war quasi ständig besoffen, weil sein Arzt ihm dazu geraten hat, Wein statt Wasser zu trinken. Und auch Goethe war selten unter drei Flaschen am Tag.
- Georg Heym ist gestorben, weil er beim Schlittschuhlaufen in der Havel eingebrochen ist.
- Rainer Maria Rilkes Mutter wollte so gerne eine Tochter, dass sie ihn Sophie genannt hat, bis er sieben war, und ihn in Kleider gesteckt hat.
- Goethe hat Schillers Totenkopf zugeschickt bekommen und ihn sich auf den Schreibtisch gestellt. (Wobei man sich heute fast sicher ist, dass es nicht der echte Schädel war. Trotzdem eklig.)
- Ödön von Horvath ist von einem Ast erschlagen worden und gestorben – auf der Champs-Élysées. Und angeblich hatte er dabei ein Pornoheft unter dem Arm.
- Hans Christian Andersen war großer Fan von Charles Dickens. Die beiden haben sich Briefe geschrieben und dann hat Andersen sich selbst zu Dickens eingeladen – und ist einfach fünf (!) Wochen da geblieben. Dickens hatte da komplett keinen Bock drauf, hat sich überall beschwert und wollte eigentlich sogar selbst ausziehen, weil er sich scheiden ließ. Was ein Kollege, alter.
- 1803 ist das Drama *Die zwei Emilien* zwar anonym, aber mit Schillers Namen auf der Titelseite veröffentlicht worden. Eigentlich ist es jedoch von Charlotte von Stein.
- Brechts *Die Dreigroschenoper* ist zu großen Teilen eine Übersetzung der englischen *A Beggar's Opera* von John Gay. Brecht hat sie aber nicht übersetzt, sondern Elisabeth Hauptmann war das.
- E. T. A. Hoffmann hat seinen Kater so fest geliebt, dass er ihm eine Todesanzeige in der Zeitung gewidmet hat: „In der Nacht vom 29. bis zum 30. November die-

sen Jahres entschlief, um in einem besseren Dasein zu erwachen, mein treuer, geliebter Zögling, der Kater Murr [was ein sweeter Name] im vierten Jahr seines hoffnungsvollen Lebens. Wer den verewigten Jüngling kannte, wer ihn wandeln sah auf der Bahn der Tugend und des Rechts, misst meinen Schmerz und ehrt ihn durch Schweigen."

- Oscar Wilde (kein deutscher Autor, I know) hat in London einmal einen Hummer Gassi geführt.
- Franz Kafka war als Kind Bettnässer und musste immer in Klingelhose auf den Balkon, wenn er ins Bett gemacht hat.
- Thomas Mann hat die meisten seiner Werke als Novellen geplant (also kurze Erzählungen). Das hat mal wirklich nur so mittel geklappt (*Buddenbrooks*: 768 Seiten, *Der Zauberberg*: 1008 Seiten), lol.
- Michael Ende hatte eine Schreibtischschublade voller Ideen – seine Einfälle hat er literally auf allem aufgeschrieben: Flyer, Geldscheine, Blätter von Bäumen oder sogar benutzte Servietten.
- In Tübingen steht ein Schild, auf dem steht: Hier kotzte Goethe. Man ist sich aber nicht so ganz sicher, ob das wirklich stimmt.
- Goethe war super oft in der Ilm nackt baden und hat sich unter einer Brücke versteckt, um Leute zu erschrecken, die vorbeilaufen. Man nannte ihn auch die Nixe vom Ilmpark.
- Kant war nicht nur für seine Zeit sehr rassistisch und frauenfeindlich, er war auch komplett „deutsch": Hat seine Heimatstadt nie verlassen, hat alles mit Bleistift geschrieben (um seine Augen zu schonen, lol). Er hat sich immer über alle beschwert, zum Beispiel über einen Hahn in der Nachbarschaft, der ihm zu laut war, und er war süchtig nach Kaffee. Oh, und nach Opium auch.

- Goethe hat Gottsched mal auf der Straße gesehen und anschließend einem Kumpel einen Brief geschrieben, dass Gottsched aussehen würde wie ein Pferd. Sogar ein lateinisches Gedicht über sein Aussehen hat Goethe angehängt.
- Der Vater von Novalis hat Schiller einen Brief geschrieben, dass er seinen Sohn nicht vom Studium ablenken soll, sonst würde er ihn woanders hinschicken – Schiller war der Dozent.
- Goethe hat einem befreundeten Apotheker Kaffeebohnen mitgegeben, weil er wissen wollte, warum die ihn wach machen. Und der hat dann das Koffein entdeckt.
- Die Brüder Grimm (nicht Gebrüder übrigens) waren nicht nur Märchenonkel, sondern haben auch das erste deutsche Wörterbuch und die erste deutsche Grammatik geschrieben. Richtige brains.
- Büchner hat *Leonce und Lena* nur geschrieben, weil er den Text bei einem Wettbewerb einreichen wollte, um Geld zu gewinnen, weil er pleite war. Dann hat er aber, typisch Georg, die Frist verpasst. Upsi.
- Auf dem Denkmal in Weimar sind Goethe und Schiller gleich groß, obwohl Goethe deutlich kleiner war. So deutlich, dass die Leute Witze drüber gemacht haben. Vielleicht kommt daher sein Ego-Problem.
- Goethe hat Schillers Kindern eine Spielzeug-Guillotine – also eine Enthauptungsmaschine – geschenkt. Like. Wtf.
- Unser Obergelehrter Goethe war richtig räudig schlecht an der Uni, musste deswegen mehrmals wechseln und hatte einen so schlechten Abschluss, dass sein Vater eine Kanzlei aufgemacht hat, nur um ihn einstellen zu können, weil ihn sonst niemand genommen hat.
- Goethe und Schiller hatten beide starken Dialekt. Schiller hat, als er in Weimar ankam, so stark geschwäbelt, dass ihn fast niemand verstanden hat. Und Goethes

letzte Worte hat vor lauter Frankfurter Dialekt auch niemand wirklich verstanden.

- Hölderlin hat Goethe bei ihrem ersten Treffen nicht erkannt – und der war so beleidigt, dass er ihn immer nur „Hötterlin“ genannt hat von diesem Moment an.
- Hölderlins Lieblingsessen waren Spätzle, Lessing mochte am liebsten Linsen.
- Schiller hat immer kleine Pferdchen gezeichnet, wenn ihm beim Schreiben nichts eingefallen ist.
- Goethes Schwester Cornelia hat ihm oft Briefe geschrieben, die er so gut fand, dass er ihr verboten hat, ihm weiter so zu schreiben, weil das besser sei als alles, was er je könnte. Sie hat sich entschuldigt – er hat ihre Briefe verbrannt und sie ignoriert.
- Goethe und Schiller haben bei Schiller zuhause Schmähgedichte über andere Dichter geschrieben und dabei so laut gekichert, dass Schillers Frau das Fenster schließen musste, damit die Nachbarn sich nicht gestört fühlten. Boys will be boys, sag ich da nur.

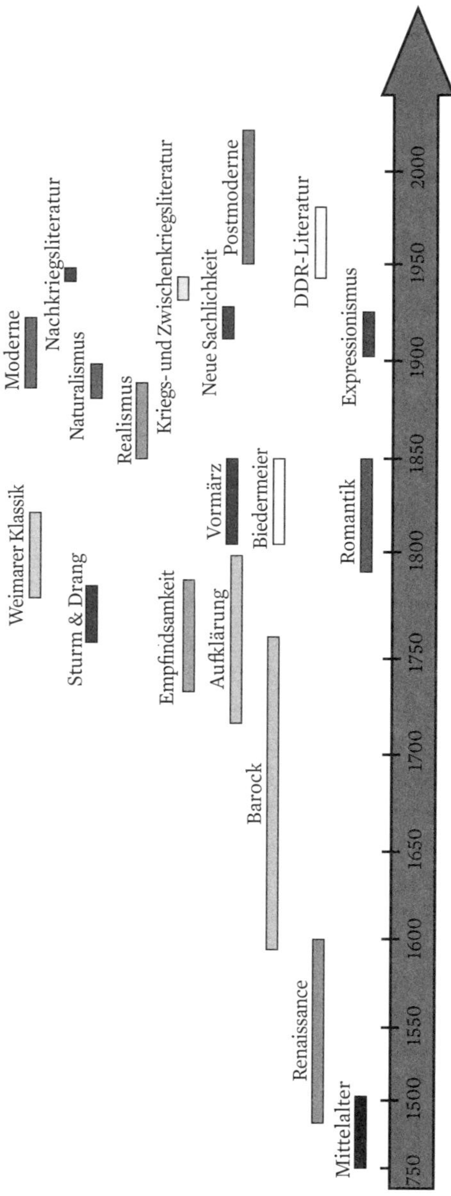

Übersicht der Literaturepochen

Bayerisches Staatsministerium für
Wissenschaft und Kunst

Dieses Projekt wurde im Rahmen des Stipendienprogramms des Freistaats Bayern *Junge Kunst und neue Wege* unterstützt.

Dieses Buchprojekt wurde überprüft von DisCheck, dem Beratungskollektiv für Unternehmen, Organisationen und Individuen, die ihre Medieninhalte diskriminierungssensibel und intersektional gestalten wollen. Wir bedanken uns für die konstruktive Zusammenarbeit! Kontakt: Instagram: @discheck_, E-Mail: discheck.kontakt@gmail.com

Auflage:
8 7 6 5
2028 2027 2026 2025

Haymon Verlag Ges.m.b.H.
Erlerstraße 10
A-6020 Innsbruck
office@haymonverlag.at
www.haymonverlag.at

ISBN 978-3-7099-8176-4

Inhaltliche Betreuung: Haymon Verlag / Katharina Schaller
Projektleitung, Lektorat: Haymon Verlag / Nadine Rendl
Buchinnengestaltung nach Entwürfen von: himmel. Studio für Design und Kommunikation, Innsbruck / Scheffau – www.himmel.co.at
Satz, Grafik auf Seite 230: Da-TeX Gerd Blumenstein, Leipzig
Umschlaggestaltung: actu&tactu, Aileen Dietrich & Carlotta Weiser, www.actu-tactu.de
Umschlagabbildung, Autorinnenfoto: Lolografie

Gedruckt auf umweltfreundlichem, chlor- und säurefrei gebleichtem Papier.